R 35929

Paris
1845

Fichte, Johann Gottlieb

thode pour arriver à la vie bienheureuse

MÉTHODE

POUR ARRIVER

A LA VIE BIENHEUREUSE.

Imprimerie Doudey-Dupré, rue Saint-Louis, 46, au Marais.

MÉTHODE

POUR ARRIVER

A LA VIE BIENHEUREUSE,

PAR FICHTE,

Traduit de l'allemand par M. Bouillier,

PROFESSEUR A LA FACULTÉ DES LETTRES DE LYON,
MEMBRE CORRESPONDANT DE L'INSTITUT;

Avec une Introduction par M. FICHTE le Fils.

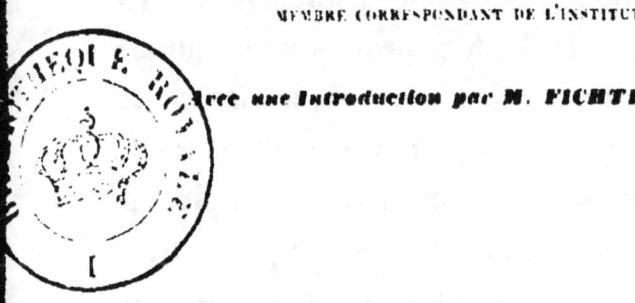

PARIS.

LIBRAIRIE PHILOSOPHIQUE DE LADRANGE,

Quai des Augustins, 19.

1845

AVANT-PROPOS.

Un des philosophes les plus distingués de l'Allemagne, M. J. H. Fichte, professeur de philosophie à l'université de Tubingen, a bien voulu m'envoyer une introduction pour mettre en tête de cette traduction d'un des ouvrages les plus remarquables de son illustre père. Le public français saura gré au philosophe allemand de cette bienveillante communication. Avec une clarté et une méthode toute française, il montre le principe et les rapports des grands systèmes philosophiques qui se sont succédé en Allemagne ; il redresse particulièrement les erreurs accréditées non-seulement en France, mais même aussi chez ses compatriotes, au sujet de la philosophie de Fichte. Héritier et éditeur de ses œuvres posthumes, historien savant et profond de la philosophie moderne depuis Descartes jusqu'à nos jours, qui mieux que lui est à même de bien connaître et bien juger la philosophie de son père ? Il s'efforce de faire en Allemagne ce que nous faisons en France, c'est-à-dire de concilier au sein d'un éclectisme supérieur des écoles opposées. Qui donc encore mieux que lui peut nous présenter toutes les garanties d'un jugement aussi impartial qu'éclairé[1] ? Aussi je me félicite de pouvoir renvoyer le lecteur à une pareille introduction pour toutes les généralités sur la philosophie allemande, et particulièrement sur la philosophie de Fichte, et dans cet avertissement je me bornerai à signaler les circonstances politiques et religieuses, les faits de la vie et les tendances du caractère de Fichte, qui peuvent plus

---

[1] M. J. H. Fichte se distingue en Allemagne par un éclectisme qui a pour objet la conciliation de l'idéalisme et du réalisme, de l'immanence dans le monde et de la transcendance de Dieu. Ce qu'il s'efforce avant tout de préserver, c'est la personnalité de Dieu et l'immortalité individuelle de l'âme compromise ou niée par les disciples de Hegel. Il a publié deux principaux ouvrages intitulés Essais sur l'Histoire de la Philosophie moderne (*Beyträge zur charakteristik der neuern Philosophie*; De l'Opposition du point culminant et du but de la Philosophie actuelle (*Über Gegensatz, Wendepunckt und siel heuti-*

spécialement servir à l'intelligence de la Méthode pour arriver à la vie bienheureuse (*Die Anweisung zum seeligen Leben*). D'où vient ce titre? Fichte, qui dans ses leçons se proposait de ranimer les idées morales et religieuses, l'avait emprunté au catéchisme qu'on enseignait alors à Berlin. Ce catéchisme, écrit sous l'influence de la philosophie de Kant, contenait un enseignement presque entièrement rationaliste ; il était

---

ger Philosophie). Dans le premer ouvrage, dont une seconde édition fort augmentée a été publiée en 1841, l'auteur fait un exposé critique remarquable de la philosophie moderne, depuis Descartes et Locke jusqu'à Hegel. Dans le premier volume du second ouvrage, il passe en revue toute la philosophie contemporaine, afin de préparer une réforme de la philosophie par la conciliation des systèmes opposés. Il tente lui-même cette conciliation dans le second volume consacré à la reconstitution de l'ontologie. Il a encore publié un petit écrit sur l'idée de la personnalité et de l'immortalité individuelle, et une curieuse et intéressante biographie de son père, en deux volumes (*J. G. Fichte's Leben une briefwechsel*). On ne peut connaître Fichte si on n'a pas étudié dans cet ouvrage sa vie et sa correspondance. En ce moment M. H. Fichte rend un nouveau service à la philosophie en publiant les œuvres complètes de son père. Enfin, il a exercé et exerce encore une grande influence sur les études philosophiques par sa Revue de Philosophie et de Théologie spéculative (*Zeitschrift fur Philosophie und speculative Theologie*), qui paraît depuis plusieurs années, d'abord à Bonn, où il a quelque temps enseigné, puis à Tubirgen, où il est actuellement professeur.

intitulé : Méthode pour arriver au bonheur, d'après la doctrine de Jésus (*Anweisung zur Glükseligkeit nach der Lehre Jesu*). Fichte fit annoncer sous ce titre ses leçons de 1806 dans les journaux de Berlin, et cette annonce publique et jusqu'alors inusitée d'un cours de philosophie, ce titre emprunté à un catéchisme, excitèrent quelque bruit et quelque scandale dans la ville; Fichte y fait allusion dans un passage de la dernière leçon et soutient la convenance d'une pareille annonce.

Pourquoi entre tous les ouvrages de Fichte qui n'ont pas encore été traduits dans notre langue, ai-je choisi cet ouvrage? C'est avant tout à cause de l'esprit moral et religieux dont il est pénétré. Bien des choses ont été dites en France contre le matérialisme du siècle, contre l'indifférence à l'égard de la vérité absolue, le scepticisme, le dédain des spéculations métaphysiques, de toute idée ou de tout sentiment vraiment religieux, contre la dévotion sèche et morte; rien jamais n'a été dit de plus fort et de plus éloquent. D'ailleurs, les énergiques conseils et les rudes reproches de Fichte à ses contemporains s'appliquent tout aussi bien à notre époque, et ce qu'il reprend chez eux peut également être repris chez nous. Il est impossible de rappeler les hommes avec plus de force de la vie sensible à la vie spirituelle, de l'apparence à la réalité, du néant et de la mort au principe éternel de l'être et de la vie. Il est impossible de mieux faire justice de la prétendue sagesse des sceptiques et des indifférents, des hommes positifs, des ennemis de toute spéculation, et de découvrir plus impitoyablement tous les sentiments secrets, les artifices, les équivoques par lesquels ces hommes corrompus et égoïstes, qu'il appelle les fanatiques de la méchanceté, s'efforcent de donner une apparence ou ridicule ou odieuse à tout ce qu'il y a de vrai, de grand et de généreux dans le monde. Il flétrit, il fait rougir toutes les faiblesses, toutes les lâchetés et tous les sentiments bas de notre nature ; il raffermit et il excite la force morale ; il exalte toutes les pensées et tous les sentiments qui poussent l'âme à la claire conception et à la pratique courageuse du vrai et du bien. On peut ne pas approuver toute sa métaphysique ; on ne peut pas ne pas recevoir de lui une impulsion plus généreuse et plus vive vers le vrai et le bien. A cet intérêt religieux et moral s'ajoute un intérêt historique et philosophique. Jusqu'à présent on ne connaît guère Fichte en France que par la Doctrine de la science de 1794 et par la célèbre formule du moi et du non moi, du moi qui pose le non moi et du non moi posé par le moi. On s'imagine que toute sa philosophie est contenue dans cette formule si célèbre et si décriée, et cependant elle ne se retrouve plus dans la suite de ses ouvrages, qui tous attestent de nombreuses et importantes évolutions dans sa pensée philosophique. De telle sorte que celui qui ne connaît que la doctrine de la science ne connaît que le point de départ de la philosophie de Fichte et est incapable d'apprécier son influence sur la philosophie allemande et ses rapports avec les systèmes de Hegel et de Schelling. Or, la Méthode pour arriver à la vie bienheureuse représente le dernier développement de la pensée philosophique de Fichte, puisqu'il n'a publié ultérieurement aucun ouvrage philosophique de quelque importance. Son traité sur Machiavel et ses discours à la nation allemande, qui ont paru plus tard, ne se rapportent que très-indirectement à la philosophie proprement dite. Le seul écrit philosophique qu'il ait lui-même publié depuis cette époque est une brochure intitulée : La Doctrine de la science dans son esquisse générale (*Die Wissenschastslehre in ihrem allgemeinem Umrisse*). Mais ce petit ouvrage, comme il le dit lui-même dans la préface, n'était composé que pour ses élèves et non pour le public. Tel est le double motif qui m'a décidé à traduire la Méthode pour arriver à la vie bienheureuse.

Je veux maintenant signaler dans la vie de Fichte quelques tendances et quelques faits qui peuvent servir à l'explication de l'esprit qui règne dans cet ouvrage. En général, je les emprunte à la vie et à la correspondance de Fichte, en deux volumes, publiés par son fils.

Dès sa jeunesse, Fichte a vivement manifesté des sentiments et des principes religieux. Il avait d'abord étudié la théologie, et s'était destiné à l'état de pasteur; il prêcha plusieurs fois en différents pays avec succès, comme il le dit dans une lettre au président du consistoire de la Saxe (*Vie et correspondance de Fichte*, 1ᵉʳ vol.,

p. 34). Il sollicita une place de pasteur, qui lui fut refusée, en raison de son esprit d'indépendance et de ses opinions démocratiques. Ce même esprit religieux se voit dans ses lettres à sa femme, et dans les habitudes de sa vie de famille [1].

Plus tard, professeur de philosophie à Iéna, il souleva néanmoins contre lui l'accusation d'athéisme. Les haines et les défiances politiques qu'avait excitées dans la plupart des cours de l'Allemagne le défenseur de la légitimité de la révolution française [2] se cachèrent, afin de l'ac-

---

[1] Souvent dans ces lettres il parle de la divine Providence et recommande une pieuse résignation à ses décrets. Tous les soirs dans sa maison la journée se terminait par un exercice de piété fait en commun. D'abord la famille, y compris les domestiques, chantait avec accompagnement du piano quelques versets d'un cantique, puis il parlait sur quelque passage de l'Évangile de saint Jean, et quand l'occasion s'en présentait, il ajoutait des paroles de consolation et de pieuses exhortations.

[2] En 1793, Fichte publia un ouvrage destiné à *rectifier les jugements du public sur la révolution française*, qui a longtemps été mis à l'index dans toute l'Allemagne. Il y soutient qu'il ne peut y avoir de constitutions invariables et que le peuple a le droit de les changer. « Tous les événements du monde, dit-il dans la préface, sont à mes yeux une série de tableaux que le grand Précepteur de l'humanité nous présente afin que nous apprenions ce qu'il nous est néces-

cabler sous l'apparence d'un zèle hypocrite pour les grandes vérités morales et religieuses.

Un article sur le fondement de notre foi en la divine Providence, publié par Fichte dans le Journal philosophique, fut le prétexte de cette accusation d'athéisme. Placé encore à son premier point de vue philosophique, il définissait la Providence, l'ordre moral qui unit entre elles les volontés individuelles. Le gouvernement de Weimar voulut d'abord défendre Fichte, mais il fut bientôt obligé de céder à des influences étrangères. Fichte, ainsi attaqué, se défendit vigoureusement : il ne voulut se prêter à aucune rétractation, à aucune concession. On se serait contenté de peu, il n'accorda rien, il sacrifia tout à ses convictions et à la dignité de sa chaire. La vie de Fichte abonde en pareils exemples que

---

saire de savoir. Ainsi je regarde la révolution française comme une riche et belle peinture sur ce grand texte : les droits de l'homme et la dignité de l'homme. » Cet ouvrage et un autre qu'il publia à la même époque sous le titre de *Revendication de la liberté de la pensée adressée aux princes de l'Europe qui jusqu'ici l'ont opprimée*, le firent accuser d'être un Jacobin par les aristocrates allemands. (Voir la préface, mise par M. Lortet, à la traduction des trois leçons faites à Berlin, en 1813, sur l'idée d'une guerre légitime. Lyon, 1831.)

doit être toujours prêt à suivre quiconque aime la vérité et la philosophie pour elles-mêmes.

Obligé de quitter Iéna, il se réfugia à Berlin, où le gouvernement lui accorda un asile. J'ai rappelé cette accusation d'athéisme, et la polémique qui en fut la suite, parce qu'elle exerça une grande influence sur son esprit, en le provoquant à approfondir davantage l'essence de Dieu, de la Providence et de la religion. Plus d'une fois, Fichte lui-même s'est félicité de l'influence de cet événement sur les développements ultérieurs de sa pensée.

Réfugié à Berlin, il se détourne quelque temps de l'agitation des opinions régnantes ; il se livre tout entier à ses études, et fait un retour plus profond sur lui-même. (*Voir la Correspondance et la vie de Fichte*, 1er vol., p. 409.) C'est l'époque d'un renouvellement et d'un élan nouveau de sa pensée philosophique. Il franchit de plus en plus les limites du moi, dans lesquelles il avait paru se renfermer d'abord. Déjà dans la doctrine de la science, ce qu'on n'a pas assez remarqué, non-seulement en France, mais même en Allemagne, d'après le témoignage de son fils, au-dessus de ce moi intelligent qui a conscience de lui-même, qui est nous-mêmes, il avait placé un moi infini, absolu, qui pose tout ce qui est, qui est cause et principe du non moi (*Voir* le § 5 de la Doctrine de la science), et qui ne se confond pas avec le moi conscient de lui-même, quoiqu'au fond il ne soit qu'un avec lui[1]. Il développe alors ce qui n'était encore qu'indiqué dans la Doctrine de la science, et ce moi illimité devient successivement pour lui le savoir absolu, l'être absolu qui, dans l'existence, se réfracte, se brise en moi et en non moi. De plus en plus, il aperçoit l'être divin comme le fondement de notre être, et notre existence comme la conséquence de notre participation avec lui. De plus en plus, il voit en lui le subjectif et l'objectif, le moi et le non moi se confondre comme dans la source commune d'où ils découlent également, et c'est là qu'il cherche la raison de l'accord du subjectif et de l'objectif dans la connaissance humaine. Ainsi il arrive à poser le principe de l'identité

---

[1] Dans une lettre à Jacobi que nous aurons occasion de citer, Fichte reproche à ceux qui l'accusent de se contredire de n'avoir pas lu jusqu'au paragraphe 5 de la Doctrine de la science.

du subjectif et de l'objectif, et par là il prépare les voies à Hegel et à Schelling; ainsi son âme se pénètre de plus en plus du vrai sentiment religieux qu'il s'efforce de ranimer dans tous les cœurs.

Dès la première année de son séjour à Berlin, en 1800, Fichte publie des ouvrages qui forment, pour ainsi dire, la transition entre le premier point de vue et les derniers développements de sa doctrine philosophique. Tels sont la Destination de l'homme qui a été traduite en français par M. Barchou de Penhoën, et l'exposition plus claire que le soleil de l'essence de la philosophie nouvelle (*Sonnenklarer Bericht uber das Wesen der neueren Philosophie*, Berlin, 1801). Dans la troisième partie de la Destination de l'homme, il s'efforce de concilier la réflexion avec la croyance. En se plaçant au point de vue pratique, il y explique comment conformément à notre nature un monde devait nous apparaître. A cette même époque, il indiquait encore l'élargissement du premier point de vue de la doctrine de la science, dans une lettre écrite à Jacobi (Berlin, 8 octobre 1800) : « La différence entre vous et moi, dit-il dans cette lettre, vient de ce que je n'ai pas encore pu établir mon système du monde intelligible. » Il annonce dans cette même lettre que l'année suivante il veut développer cette pensée : qu'il y a dans la philosophie deux parties opposées, réunies dans l'idéalisme transcendental comme dans leur centre, l'intelligence finie comme esprit, et la puissance inférieure de l'intelligible comme noumène. (*Vie et correspondance de Fichte*, 1ᵉʳ vol., p. 415.) Ainsi Fichte ne considérait plus alors la doctrine de la science que comme la base d'une philosophie complète divisée en deux parties, dont l'une devait expliquer le monde sensible et l'autre le monde moral.

Mais Fichte avait trop le désir de propager la vérité, et de faire passer ses idées et ses sentiments dans l'esprit de la jeunesse, pour s'en tenir longtemps à des méditations solitaires, ou même à des publications écrites. Bientôt, sans aucune charge de professeur, et avec la simple tolérance du gouvernement, il se mit à faire des leçons, et réunit autour de lui un nombreux et brillant auditoire. Il n'y avait pas encore d'université à Berlin. L'université aujourd'hui si célèbre de la capitale de la Prusse, et cette chaire glorieuse de philosophie dans laquelle se sont immédiatement succédé Fichte, Hegel et Schelling, ne datent que de 1809, époque à laquelle l'université de Francfort sur l'Oder fut transférée à Berlin. En attendant la constitution de l'université de Berlin, Fichte fut nommé professeur de philosophie à l'université d'Erlangen. En même temps, on lui accorda la faculté de passer les hivers dans la capitale. Pendant deux années, Fichte alla faire son cours à Erlangen; mais il n'y retourna plus à partir de la guerre de 1806 et de la bataille d'Iéna. Résolu de s'associer aux destinées de la monarchie prussienne, il suivit d'abord jusqu'à Kœnigsberg et ensuite jusqu'à Memel les débris de l'armée et du gouvernement. La paix conclue, il revint à Berlin, où il demeura jusqu'à la fin de sa vie.

C'est à l'Université d'Erlangen que Fichte commença cette série de leçons, où il faut chercher le dernier mot de sa philosophie. Il y traita d'abord, comme à Iéna, de l'essence du savant, mais d'un point de vue plus élevé, puis il passa en revue les caractères fondamentaux de l'esprit du siècle; enfin, dans un troisième cours, il traita de la méthode pour arriver à la vie bienheureuse; mais ce dernier cours fut fait à Berlin, dans l'été de 1806, et non à Erlangen, à cause de la guerre commencée avec la France. Ces trois cours furent successivement publiés à Berlin, chacun en un volume, pendant l'année 1806.

Le premier de ces ouvrages a pour titre : De l'Essence du savant (*Uber das Wesen der gelehrten*). Selon Fichte, le savant, dans la plus haute signification de ce mot, est celui qui est saisi, possédé, enthousiasmé par l'idée sous une des formes quelconques qu'elle revêt, c'est celui qui est appelé à l'introduire dans le monde par une face quelconque, ou à la présenter aux autres d'une manière théorique. C'est pourquoi il comprend dans la notion du savant non-seulement celui qui étudie et enseigne, mais les bons chefs de gouvernement, les vrais législateurs et les vrais hommes d'état. Par idée, il entend le principe absolu qui forme le monde, la révélation éternelle de Dieu se manifestant sous une forme particulière dans la conscience.

Le second cours publié à Berlin, la même année, a pour titre : Caractères fondamentaux de l'esprit du siècle (*Grundzüge des gegenwartigen Zeitalters*). Jamais prédicateur ne fit entendre à son siècle de plus dures vérités. Profondément affecté de l'abaissement de la patrie allemande, alarmé des nouveaux dangers qui la menacent, Fichte s'indigne contre l'égoïsme de ses contemporains, et signale cet égoïsme comme la cause de toutes ces hontes et de toutes ces misères. C'est sans doute sous cette impression qu'il a tracé son plan d'histoire universelle, et qu'il y a marqué la place de l'humanité actuelle. Selon lui, il y a cinq grandes époques dans l'histoire de l'humanité. La première est l'état d'innocence; la seconde est caractérisée par le péché qui commence, par la transformation de l'instinct de la raison en une autorité qui contraint extérieurement; la troisième époque est l'état de péché parfait, constitué par l'indifférence pour toute vérité, par le mépris de l'instinct de la raison et de toute autorité. Le monde actuel en est, selon Fichte, à cette troisième époque. La vie dans le genre et pour le genre a entièrement disparu ; il ne reste plus que la vie individuelle avec tout ce qui s'y rattache. Mais que chacun cesse de vivre exclusivement de cette vie individuelle pour se consacrer au service du genre humain avec tout ce qu'il a, avec tout ce qu'il peut, et alors seulement, une restauration de l'état et des mœurs sera possible. Cette restauration engendrera les deux époques suivantes : la quatrième, qui est celle de la justification qui commence, et la cinquième, qui est celle de la justification achevée ou de la sanctification. Fichte a repris et développé ces différentes vues dans son dernier ouvrage : la Doctrine de l'état (*Staats Lehre*), composé en 1813, et imprimé seulement après sa mort, en 1820[1]. Dans ces leçons, Fichte prétend ne s'adresser pas seulement aux savants et aux étudiants, mais à tout le monde ; il évite les formes systématiques, pour adopter ce qu'il appelle une forme populaire, qui malheureusement laisse néanmoins subsister une certaine obscurité dans un assez grand nombre de déductions importantes. Ce reproche peut

---

[1] Fichte est mort à Berlin, âgé de cinquante-et-un ans, le 27 janvier. Intrépide et dévouée comme lui, sa femme, en soignant les malades et les blessés dans les hôpitaux encombrés de Berlin, fut atteinte d'une maladie contagieuse, dont Fichte fut lui-même frappé en veillant auprès d'elle. Il en mourut, et sa femme fut sauvée.

s'adresser peut-être plus particulièrement aux leçons sur la Méthode pour arriver à la vie bienheureuse, qui est le point culminant de toutes ces leçons, et contient le principe suprême auquel elles doivent emprunter leur force et leur clarté métaphysique.

Au milieu de quelles circonstances extérieures Fichte entreprenait-il ainsi de ranimer ou d'épurer dans les âmes le sentiment religieux? quels ennemis et quels préjugés avait-il à combattre? quelles circonstances le favorisaient? Après la mort du grand Frédéric, une réaction avait eu lieu en Prusse contre l'influence voltairienne et le hardi rationalisme de ce roi philosophe. Cette réaction vint des protestants orthodoxes et des piétistes. Elle aboutit au fameux édit de religion donné en 1788 par le ministre Wolner, édit dont le but était de défendre l'orthodoxie protestante et les livres sacrés contre les attaques ou les interprétations non moins dangereuses du rationalisme. A son tour cette réaction en provoqua une autre. Attaqué de toute part par les rationalistes et les libres penseurs, l'édit de religion n'eut pas une longue durée; il fut aboli en 1798 par Frédéric-Guillaume III. Dans l'ordonnance remarquable qui rapportait cet édit, il disait que la raison et la philosophie doivent être les compagnes inséparables de la religion, et que la vraie religion ne doit pas avoir besoin de la force et de la contrainte [1]. Ainsi Fichte avait à combattre contre le discrédit dont l'édit réprouvé de Wolner avait frappé les idées religieuses qu'il prétendait protéger et défendre par la force et la contrainte. Il avait également à combattre contre le faux esprit religieux, contre le piétisme et la superstition, pour faire triompher à leur place le véritable et pur esprit religieux, ou, comme il le dit lui-même, la conception de Dieu en esprit et en vérité.

D'un autre côté, cette époque de misères, de désastres inouïs pour l'Allemagne, était propre à ranimer dans les âmes l'esprit religieux. Quelques années plus tard, les proclamations qui appelaient aux armes contre Napoléon les populations allemandes revêtaient une couleur reli-

[1] Voir l'introduction que j'ai mise à la Théorie de la religion dans les limites de la raison, abrégé très-clair du grand ouvrage de Kant, traduit de l'allemand par M. Lortet. 1 vol. in-12. Paris, Joubert.

gieuse, et la landwehr de 1814 portait sur ses shakos une croix et le nom de Dieu [1].

Après avoir ainsi déterminé la place qui appartient à la Méthode pour arriver à la vie bienheureuse dans le développement philosophique de Fichte, et les circonstances sociales et religieuses qui ont pu exercer quelque influence sur la nature des idées qui y sont développées, j'arrive au livre lui-même. Dans cet ouvrage, Fichte évite les formes de la démonstration et de la déduction scientifique. Il a la prétention de s'adresser non-seulement aux étudiants et aux savants, mais à tous les hommes doués d'un cœur droit et de bonne volonté. Il ne croit pas qu'entre la philosophie et le peuple il existe un abîme. Avec quelle énergie il repousse cette opinion qui condamne le grand nombre à demeurer nécessairement étranger aux résultats et à l'esprit de la philosophie! Il montre (deuxième leçon) que soutenir l'impossibilité d'élever par une voie populaire le grand nombre à la connaissance des prin-

---

[1] Un manuel à l'usage des soldats de la landwehr était en forme de catéchisme et contenait des formules religieuses et bibliques.

cipes de la métaphysique, c'est le condamner à une éternelle dépendance de l'esprit, c'est l'exclure à jamais du domaine de la pensée et de la vraie religion, qui consiste à voir Dieu, non pas avec un œil étranger, mais avec l'œil propre de son esprit. Il distingue parfaitement entre la philosophie telle qu'elle doit être enseignée dans les écoles et la philosophie telle qu'elle doit être enseignée au peuple, ou, pour me servir de ses expressions, entre l'exposition scientifique et l'exposition populaire.

L'exposition scientifique (deuxième leçon) consiste dans le dégagement de la vérité du sein de l'erreur par l'élimination successive de toutes les vues fausses et contradictoires qui lui sont opposées. Dans cette élimination successive de toutes les antithèses, dans ce dégagement de la vérité du sein du chaos où la vérité et l'erreur sont mêlées ensemble, consiste l'essence de l'exposition scientifique. Au contraire l'exposition populaire exprime purement et simplement la vérité comme elle est en elle-même, sans la mettre en opposition avec l'erreur; elle s'adresse au sens naturel de la vérité, elle compte sur l'assentiment volontaire de cet esprit de vérité. Elle ne démontre pas, mais elle se fait approuver et comprendre. L'exposition scientifique suppose qu'elle s'adresse à un esprit malade placé sous l'empire de l'erreur; l'exposition populaire suppose qu'elle s'adresse à un esprit qui n'est pas encore suffisamment développé, mais qui est sain et n'est pas placé sous l'empire de l'erreur. « Comment, dit Fichte, le philosophe pourrait-il douter que l'esprit naturel de vérité est suffisant pour conduire à la connaissance de la vérité, puisque lui-même n'y est d'abord arrivé que par cette voie ? » Ainsi, avec Descartes, avec Leibnitz, avec Kant, avec tous les philosophes du dix-huitième siècle, Fichte ne doute pas de la possibilité d'une philosophie populaire, c'est-à-dire de la possibilité, comme il le dit lui-même, d'élever tous les hommes par la raison à la connaissance du vrai Dieu, et en conséquence à la jouissance de la vie réelle et du bonheur véritable.

Quelle est cette vie bienheureuse dont Fichte veut enseigner la route ? Elle n'est pas placée au delà des nues et par delà cette existence.

Ici-bas et dès à présent elle réside dans le cœur de celui qui veut fermement la posséder. Il dépend de nous de faire, dès cette vie, descendre le ciel en notre âme. Mais jamais il ne l'atteindra ni en deçà ni au delà de la tombe celui qui le cherche dans les objets particuliers, dans la vie sensible, dans les qualités objectives de l'existence. A ceux qui confondent le bonheur avec la jouissance sensible, Fichte n'accorde pas même les honneurs de la discussion. Il accable des plus impitoyables sarcasmes, il écrase de son dédain ces hommes qui pensent « que rien de réel n'existe si ce n'est le ventre d'abord et ensuite ce qui le soutient, ce qui lui donne à dîner. » (Deuxième leçon.) Le vrai bonheur appartient seulement à celui qui, s'élevant au-dessus du monde de l'apparence et de la variété, embrasse avec amour l'unité absolue et le vrai, le bien, le beau absolu qui en émanent. Voilà la pensée profondément religieuse et morale dont le principe et les développements sont exposés dans les leçons sur la vie bienheureuse.

Le bonheur, la vie et l'amour véritables sont des termes synonymes et ils dérivent d'une source commune. La vie et le bonheur, la mort et le malheur sont identiques. Il n'y a point de vie sans amour. La source commune, éternelle et suprême de la vie et du bonheur, est l'être absolu, principe de l'idéal et du réel, que Fichte, dans des ouvrages antérieurs, avait désigné sous les noms de moi infini ou de savoir absolu. A cet être seul appartient l'existence dans son sens le plus élevé ; en lui toutes les différences, toutes les antithèses s'évanouissent. Il est un, simple, identique à lui-même, immuable et invariable. L'essence de l'être n'est pas l'immobilité et l'inertie, mais l'activité et la vie. L'être ayant pour essence l'activité ne demeure pas enfermé et caché en lui-même, il se produit au dehors, il se manifeste dans le monde des antithèses finies, il se brise, il se réfracte pour ainsi dire en pénétrant dans l'existence. Fichte insiste beaucoup sur la distinction de l'être (*Seyn*) et de l'existence (*Daseyn*), c'est-à-dire de l'être en lui-même et de l'être se manifestant, se produisant en dehors. Il donne le nom général de forme à l'ensemble des manifestations de l'être, à tout ce qui découle en lui de son existence. L'être étant ce qu'il est, a forme ne peut pas ne pas être ce qu'elle est, puisqu'elle n'est autre chose que la manifestation, l'expression de l'être. Pour que la forme fût autre, il faudrait que l'être fût autre.

La liaison de l'être et de la forme est nécessaire et indestructible. La forme est contemporaine de l'être. Ainsi s'évanouissent toutes les difficultés et toutes les contradictions inhérentes à l'idée de création. « Arrière, s'écrie Fichte dans la sixième leçon, ce fantôme d'une création divine qui trouble la pensée, d'une création de ce qui n'était pas en Dieu, de ce qui n'était pas éternel et nécessaire ! Arrière le fantôme d'une émanation où Dieu n'est pas et abandonne son œuvre ! Arrière le fantôme d'une séparation et d'une expulsion du sein de l'être de Dieu qui nous rejette dans la vie du néant et fait de Dieu un maître arbitraire et ennemi ! » Fichte dans cette leçon interprète aussi de la même manière le début de l'évangile de saint Jean : Au commencement était le Verbe, et le Verbe était Dieu, et Dieu était le Verbe, c'est-à-dire, selon lui, l'existence ou la forme est contemporaine de l'être, est inséparable de l'être, est l'être lui-même, c'est-à-dire encore que tout ce qui est et tout ce qui doit être, doit être éternellement en Dieu et doit être lui-même. L'existence réelle a pour expression l'être uni à la forme. L'être serait anéanti s'ils étaient séparés.

Mais comment l'existence se distingue-t-elle de l'être ? Qu'est-ce que l'existence considérée en elle-même par rapport à l'être ? Comment l'unité produit-elle la variété sans cesser d'être l'unité ? L'être tout entier se manifeste dans l'existence ; l'existence n'a pas d'autre fondement et d'autre soutien que l'être. Quelle peut donc être la forme fondamentale de l'existence ? quel sera le caractère essentiel par lequel elle se distingue de l'être ? L'être doit se manifester en tant qu'être et sans cesser de demeurer l'être, sans se mêler et se confondre avec l'existence. Il doit donc se distinguer de son existence; mais puisque en dehors de l'être il n'y a rien que sa propre existence, c'est dans l'existence elle-même que doit avoir lieu cette distinction. En d'autres termes, l'existence doit se saisir elle-même, se connaître et se poser comme simple existence en opposition avec l'être absolu dont elle n'est qu'une manifestation, une image. Donc, conclut

Fichte, c'est la conscience d'elle-même comme pure image de l'être absolu qui est la forme fondamentale de l'existence ; donc, le savoir est la seule forme possible de la manifestation de Dieu en dehors de son essence absolue. Dans le système de Fichte l'être et le connaître ou le savoir sont inséparables. Nul être ne peut exister en dehors du savoir, c'est-à-dire nul être ne peut exister s'il n'est su et pensé, et réciproquement tout savoir ou tout connaître à un contenu réel, c'est-à-dire suppose, enveloppe un être. Aussi, selon lui, c'est la conscience ou le savoir absolus, non pas nos vides représentations, nos vaines imaginations, qui créent le monde des choses déterminées. Savoir, c'est distinguer, caractériser ; or, toute caractérisation suppose quelque chose de fixe et d'immobile ; ainsi le savoir ou la notion en s'appliquant à l'infinité de la vie divine, la transforme en quelque chose de fixe et de déterminé qui constitue le monde. Ainsi, dans l'existence comme existence, l'être se transforme en une essence fixe et déterminée. En réfléchissant sur lui-même, le savoir se divise, il ne se saisit pas seulement lui-même en tant que savoir, mais il se saisit comme telle et telle chose sous tel ou tel point de vue. La réflexion est donc le principe de la variété infinie du monde, et le transforme à l'infini, en imprimant sans cesse à son essence des déterminations fixes et nouvelles. Si Fichte attribue non-seulement à la pensée de Dieu, mais aussi à la pensée de l'homme ce pouvoir créateur qui engendre le monde et toute la variété infinie de ses formes, c'est parce que la pensée pure de l'homme, ou, comme nous le dirions dans notre langue philosophique, la raison, est au fond la pensée ou la raison même de Dieu. La vie réelle du savoir, dit-il, est dans sa racine l'être lui-même et l'essence de l'absolu. Tout être particulier est un produit du savoir absolu, tout être particulier n'existe qu'en tant que su et pensé par ce savoir absolu.

Si nous changeons maintenant les termes pour éclaircir la pensée de Fichte, ceci revient à dire que le principe du monde et de la variété des choses finies est dans l'intelligence et dans les idées de Dieu. En effet, où trouver la raison de l'existence et de la variété des choses finies dont l'ensemble constitue le monde, ailleurs que dans l'intelligence divine imprimant certaines déterminations à son être absolu conformément à ses idées éternelles ? Tout être particulier, dit Fichte, n'existe qu'en tant que su et pensé par le savoir absolu, c'est-à-dire tout être particulier n'est qu'une idée de Dieu, ou du moins n'existe qu'en conformité avec une idée de Dieu, cause et type universel de tous les êtres de son espèce. Donc, c'est par son intelligence et ses idées que Dieu sort de son unité, de son être absolu et inaccessible, et se manifeste dans l'existence, c'est-à-dire dans le monde des antithèses et des choses finies. Le principe de ces antithèses et de cette variété ne peut être en dehors de lui-même, et en conséquence il ne peut être que dans son intelligence et dans les idées de son intelligence. C'est là, à ce qu'il me semble, ce que veut dire Fichte, lorsqu'il affirme que le savoir absolu est la forme fondamentale de l'existence.

Le lien indissoluble qui, selon lui, unit l'être avec la forme, est l'amour. C'est l'amour qui pousse l'être dans l'existence, c'est l'amour qui rattache l'existence à l'être, et l'empêche de constituer un nouvel être entièrement séparé de lui. Au sein de cet amour, l'être et l'existence,

Dieu et l'homme se confondent. Mais qui se réfracte se brise, se divise, en pénétrant de l'être dans l'existence? Est-ce l'essence même de Dieu? Non, car cette essence est absolument une, simple et indivisible, et en conséquence telle elle est en elle-même, telle elle ne peut pas ne pas être dans l'existence. Ce n'est pas l'être, mais l'image de l'être qui entre dans le changement et la variété. Ce qui nous apparaît comme divers, n'est pas divers en lui-même, mais seulement dans la pensée, dans la réflexion qui brise en des formes infinies l'être éternel toujours un et identique à lui-même. L'être inaccessible en lui-même se produit au dehors, se manifeste dans l'existence; et la forme fondamentale, la seule forme possible de l'existence de l'être, est la conscience ou le savoir; tel est en résumé le fondement de toute la métaphysique contenue dans la Méthode pour arriver à la vie bienheureuse.

D'après Fichte, l'homme, comme tous les autres êtres particuliers de la nature, est une manifestation de l'être, et son existence dans sa racine n'est que l'existence divine elle-même. Lui aussi il n'existe que comme chose sue et pensée, c'est-à-dire comme une idée de Dieu. Néanmoins il a son existence propre et indépendante, car l'idée se saisissant elle-même devient indépendante et libre, quoiqu'au fond elle soit l'existence divine. Dieu, dit Fichte dans la quatrième leçon, repousse en partie de lui sa propre manifestation, en tant qu'elle prend conscience d'elle-même, et la pose comme indépendante et libre. Il pose la liberté et l'indépendance dans sa propre existence sous la forme de la réflexion et du moi. (Huitième leçon). Ces êtres ainsi posés avec un certain degré d'individualité et d'indépendance dans le sein même de l'existence de Dieu, n'y apparaissent pas un moment pour ensuite s'évanouir à jamais. Dieu ne les crée pas pour les replier un jour et les perdre dans son essence infinie. Produit de la réfraction primitive opérée dans son essence même par le savoir divin, et partie intégrante de la forme fondamentale et absolue de l'existence divine, nul individu ne peut périr. « Fondée sur la forme primitive de l'existence de l'être, l'existence des individus participe au développement sans terme de toute l'essence divine qui est divisée en eux et distribuée en eux d'après une règle absolue de division ayant sa raison dans l'essence de Dieu même. » (Neuvième leçon.) Ainsi, d'après Fichte, notre moi, indépendant et libre, est tout aussi impérissable que l'essence même de Dieu dans laquelle il a sa racine.

De ces principes métaphysiques, il déduit la méthode qui conduit au vrai bonheur. Le bonheur dont l'homme est susceptible dépend des divers points de vue sous lesquels il envisage le but et la nature du monde. Ces divers points de vue dépendent eux-mêmes du plus ou moins de clarté avec lesquels il conçoit le monde, et des divers degrés de la vie intellectuelle, qui sont au nombre de cinq. (Cinquième leçon.)

Le plus inférieur et le plus grossier de ces points de vue consiste à prendre ce qui tombe sous nos sens pour l'unique et suprême réalité. A celui qui objecte que les choses sensibles sont réelles, puisqu'il les voit ou les touche, Fichte répond : « Non, ces choses n'existent pas; elles n'existent pas précisément parce que l'œil les voit, parce que l'oreille les entend. Qu'il sache que nous coupons court à toute discussion avec lui, comme incapable d'apprendre et de comprendre. »

Avec le point de vue immédiatement supérieur commence seulement la vraie vie spirituelle. Il consiste à considérer le monde comme une loi d'ordre, comme une loi établissant l'ordre et l'équilibre, dans l'intérêt de la liberté du grand nombre. A ce point de vue, cette loi est la première réalité. En second lieu, se placent la liberté et le genre humain, car une loi suppose des êtres libres auxquels elle s'adresse. Enfin, en troisième lieu, se place le monde des sens qui n'est que le théâtre sur lequel s'exerce la liberté. Ce point de vue est celui de la philosophie morale de Kant, et, selon Fichte, des stoïciens dans l'antiquité.

Le point de vue d'une moralité supérieure est le troisième auquel s'élève la vie intellectuelle. Comme le précédent, il s'appuie sur une loi du monde moral ; mais cette loi n'est plus simplement ordonnatrice de ce qui est, elle est encore créatrice d'un monde nouveau. L'homme qui est pénétré de son esprit veut réaliser en lui et dans les autres l'humanité telle qu'elle doit être, c'està-dire une image pure de l'essence divine. Ce saint et le bon, l'humanité destinée à le réaliser, la loi ordonnatrice qui doit conduire l'humanité à sa destination, et, en dernière ligne, le monde sensible, théâtre sur lequel s'exercent la liberté et la moralité, telle est à ce point de vue la hiérarchie des réalités.

Le point de vue de la moralité supérieure sert de transition au point de vue plus élevé de la religion. Placé à ce nouveau point de vue, l'homme conçoit le saint et le bon comme l'apparition immédiate en nous de l'essence même de Dieu. Aux regards de l'homme religieux tombent partout les enveloppes qui cachent Dieu aux autres hommes. Il n'est plus embarrassé de répondre à cette question : Qu'est-ce que Dieu? « Dieu est ce que fait l'homme voué à lui et inspiré par lui. Voulez-vous voir Dieu tel qu'il est en lui-même, face à face? Ne le cherchez pas au delà des nues, partout où vous êtes vous pouvez le trouver. Contemplez la vie de ceux qui se donnent à lui, et vous le contemplerez lui-même. Abandonnezvous vous-même à lui, et vous le trouverez dans votre propre conscience. » (Cinquième leçon.) La vraie religion consiste dans la conscience intime de notre union avec Dieu; elle est un esprit intime qui pénètre et vivifie toutes nos pensées et toutes nos actions. Ce n'est pas une occupation se suffisant à elle-même, s'accomplissant à certains jours et à certaines heures; ce n'est pas non plus un songe pieux, car elle est nécessairement active; elle est inséparable de la manifestation de la vie et de l'action divine en nous.

Fichte se borne à indiquer le cinquième point de vue, celui de la science, parce qu'il ne peut être développé dans un ouvrage d'exposition populaire, et parce qu'il n'est pas nécessaire au bonheur, quoique travailler selon ses forces à réaliser la science en soi et dans les autres soit un précepte de haute moralité. S'élever à l'intelligence, à la conception du comment du rapport de la variété à l'unité, voilà le propre de la science.

Le bonheur de l'homme est subordonné à ces degrés divers de sa vie spirituelle, qui sont autant de degrés d'après lesquels l'homme peut jouir du monde et de lui-même. Mais au-dessous de tous ces degrés de la vie spirituelle, Fichte place encore un état de mort et de néant spirituels dans lequel l'âme indifférente se porte également sur tous les objets sans croire à rien, sans se passionner pour rien, sans rien aimer, sans rien haïr. Il trace un énergique tableau de cet état de mort et d'ensevelissement de l'homme vivant, qui lui-même ne s'inquiète pas de lui-même, et laisse flotter les rênes, s'abandonnant tout entier à l'aveugle fatalité. Cet état de néant spirituel est aussi un état de privation, de néant absolu de toute jouissance; car pour jouir il faut aimer, il faut aimer l'être sous l'une quelconque de ses faces. Il est vrai qu'exempt de jouissance, cet état est aussi exempt de douleur; mais, ajoute Fichte avec une forte et profonde raison, « mieux vaut encore la douleur, car, dans la douleur, on se sent au moins, on se possède, et ce seul sentiment est un inexprimable bonheur comparé à la privation absolue du sentiment de soi-même. Ensuite la douleur est l'aiguillon salutaire qui doit nous exciter, et qui, plus tôt ou plus tard, doit nous pousser à nous réunir avec l'objet bien-aimé et à vivre en lui. » (Septième leçon.) A cet état d'indifférence et de mort, il déclare préférer même la passion pour la jouissance sensible. Cette jouissance est fondée sur l'amour de l'être, considéré comme vie sensible et organique. Elle appartient au système général de la vie, et, à ce titre, elle ne doit pas être entièrement proscrite, mais elle n'est digne ni de beaucoup d'estime ni de beaucoup d'attention.

Placé au point de vue de la stricte conformité à la loi, qui est le premier degré de la région supérieure de la vie spirituelle, l'homme s'élève au-dessus de tout ce qui est hors de lui et ne dépend pas de lui. Mais la loi, l'impératif catégorique impose un ordre absolu, inconditionné, et en conséquence exclut l'inclination et l'amour. Dans l'application rigoureuse de ce système, l'homme moral, dépourvu de toute passion, de toute sympathie, de tout amour, se bornerait à conformer sa conduite à ce jugement froid et absolument désintéressé, que tel ou tel acte est conforme ou n'est pas conforme à la loi. La loi se suffit à elle-même; elle n'a pas besoin de Dieu, et si cette doctrine ne nie pas Dieu, elle n'y arrive que par une inconséquence. Ainsi, quelle que soit la grandeur de ce point de vue opposé à celui de la jouissance sensible, il aboutit rigoureusement à l'exclusion de l'amour, et, en conséquence, à la négation du bonheur, à une pure apathie. Placée entre la jouissance purement sensible et le vrai bonheur spirituel, cette apathie est comme un terme intermédiaire qui, par une barrière insurmontable, sépare ce qui est bas et vil de ce qui est noble et sacré.

La véritable vie, le bonheur spirituel commencent seulement pour l'homme qui s'est élevé au point de vue de la moralité supérieure. A ses yeux, le monde n'est qu'un moyen pour arriver jusqu'à l'être intime de Dieu, le monde sensible n'est qu'un point d'appui pour s'élancer dans le monde suprasensible qu'engendre la conception de l'émanation vivante de l'être, et de la manifestation de l'essence divine dans la réalité, dans le saint, le juste, le beau, le vrai, dans les idées. Alors sacrifiant à l'amour de l'être divin sa volonté propre et ses buts particuliers, il découvre au-dedans de lui-même la part de cet être divin qui est le fondement de son existence; en la contemplant, son âme s'enivre d'une joie et d'un bonheur ineffables, et ne veut plus rien que ce qui est conforme à la nature divine, c'est-à-dire que ce qui fait sa joie et son bonheur. Néanmoins l'âme, dans cet état, n'est pas encore parvenue à son plus haut degré de bonheur, car elle tient encore à son être particulier, et au sentiment de sa personnalité, car elle laisse encore une partie de son bonheur dans la dépendance des résultats de son action sur le monde extérieur. Mais c'est précisément par là que Dieu va l'élever à un degré supérieur; car, par les échecs extérieurs plus ou moins répétés de son activité, il éclaire et purifie de plus en plus la conception du véritable objet de son amour, et il l'amène enfin à comprendre que sa destination n'a pas d'autre but que son activité, que le développement de l'être divin dans son âme, que ce qui dépend de lui, et non le succès dans le monde extérieur qui ne dépend pas de lui.

Ainsi l'âme s'élève au point de vue de la vraie religion. Parvenue à ce degré supérieur, elle ne vit plus que dans l'amour et par l'amour de Dieu. Elle absorbe son existence particulière dans l'existence divine, et sa volonté personnelle dans la volonté divine. Complétement détachée des choses de ce monde, elle n'en attend plus rien pour sa joie et son bonheur. Placé tout entier dans le sentiment de son activité et de son union intime avec Dieu, son bonheur est indépendant des vicissitudes des choses extérieures. Mais l'âme, ainsi unie avec Dieu par la raison et par l'amour, ne s'endort pas au sein d'une oisive et stérile contemplation. Elle doit manifester sans cesse par son activité le Dieu qui est en elle.

Au milieu de cette morale on peut facilement signaler quelques tendances mystiques singulièrement mêlées à quelques tendances stoïciennes. Aussi souvent on a accusé l'auteur de la doctrine de la science d'avoir fini par le mysticisme; néanmoins je ne puis convenir de la vérité de cette accusation. J'invoque contre elle l'esprit tout entier de la philosophie morale de Fichte. Il n'a jamais cessé d'être le philosophe et l'énergique apôtre de l'activité morale. Toute sa vie il a travaillé à l'exciter en lui et chez les autres, et il a enseigné sous mille formes diverses, et par ses discours et par ses exemples, qu'agir était notre mission sur cette terre. Il est vrai qu'il assigne un rôle élevé à l'amour dans cette méthode pour arriver à la vie bienheureuse. Mais il ne place l'amour qu'après la pensée, qu'il déclare l'élément fondamental de la véritable vie. D'ailleurs comment conçoit-il cet amour qui unit l'homme avec Dieu? ce n'est pas comme un principe stérile de contemplation et d'extase, mais comme le principe énergique de l'action morale. Pour lui la religion n'est pas un songe pieux ou bien une certaine occupation se suffisant à elle-même, mais un esprit qui pénètre et vivifie toute l'activité morale, et c'est uniquement dans la conscience de cette activité qu'il fait résider le bonheur. Cet amour n'étouffe donc pas l'activité et il n'étouffe pas davantage la raison. Car d'après le système de Fichte, c'est la raison qui en nous découvrant notre participation avec Dieu et une portion de la vie divine contenue au sein de notre propre vie, engendre et exalte l'amour. Fichte prescrit encore d'absorber, d'anéantir notre propre volonté au sein de la volonté divine; mais par là il me paraît seulement signifier d'une manière énergique qu'il faut conformer notre volonté avec la volonté divine, ce qui est l'éternel précepte de l'éternelle morale. Où donc trouver ici cet anéantissement de la raison et de l'activité qui sont le caractère fondamental du mysticisme? Voir le mysticisme dans une pareille doctrine, ne serait-ce pas abuser de quelques formules trop littéralement interprétées? Y voir le stoïcisme serait également abuser de quelques autres passages dans lesquels Fichte veut établir l'indépendance du bonheur de l'homme religieux, à l'égard des choses du dehors, des biens et des maux de l'humanité, et du succès heureux ou malheureux de ses efforts pour l'améliorer. Cette indépendance absolue ressemble un peu, au premier abord, à la morale du stoïcisme. On peut même soutenir que la morale du stoïcisme est une conséquence assez directe de la doctrine de la science, mais il ne s'agit ici que de la méthode pour arriver à la vie bienheureuse. Or, dans d'autres passages il repousse une telle impassibilité comme inconciliable avec l'amour de l'humanité. En effet dans l'admirable portrait qu'il trace de l'homme vraiment moral et religieux, il nous le montre profondément affecté du bonheur ou du malheur, de la vertu ou de la perversité des autres, et sans cesse travaillant à l'ennoblissement de ses frères, sans jamais se laisser décourager par la stérilité de ses efforts. L'homme religieux de Fichte n'a point cette facilité banale à s'accommoder de toutes choses que le siècle appelle sagesse, et qui n'est au fond que lâcheté ou inertie. Autant il aime le bien, autant il s'anime d'une sainte indignation contre le mal, et autant il éprouve de joie à la vue des hommes qui marchent au vrai bonheur, autant il éprouve de tristesse à la vue des hommes qui s'en éloignent. Il aime les hommes qui manifestent en eux l'être divin, il hait ceux qui dans leur personne en obscurcissent et souillent l'image. Mais par-dessus tout il déteste ces méchants fanatiques qui, non contents de leur propre infamie, s'efforcent de la répandre partout hors d'eux. Cependant, quelque triste que se présente à ses yeux le spectacle de la réalité, il conserve la paix de son âme, et jamais il ne se désespère, car il trouve un asile assuré contre le désespoir dans une foi inébranlable au développement de cette part d'être divin, qui est le fondement de l'existence de l'humanité. « Il regarde au delà du présent dans l'avenir. Toute l'infinité s'ouvre devant lui; il peut autant qu'il lui plaira y puiser de siècles pour la réalisation de son idée. » (Dixième leçon[1].) Ainsi, quoique portant dans son propre cœur une source inaltérable de paix et de bonheur, le sage de Fichte ne demeure point impassible comme le sage de Zénon à l'aspect des biens et des maux de l'humanité, et au sein de l'amour et de la contemplation de Dieu, il conserve toute son activité morale. Ainsi la morale contenue dans le livre de la vie bienheureuse diffère à la fois de la morale du stoïcisme et par l'amour de Dieu et par l'amour des hommes.

J'en ai dit assez pour bien faire comprendre la pensée de l'auteur de la méthode qui conduit à la vie bienheureuse. Se détacher du contingent pour s'attacher à l'immuable, rejeter l'accidentel et le néant pour dégager l'éternelle et absolue réalité qui est en nous, se concentrer sur l'unité,

---

[1] On peut voir avec quelle hardiesse Fichte a développé l'idée de la perfectibilité dans la troisième partie de la Destination de l'homme. Il conçoit un état social tellement perfectionné que la pensée même du mal sera bannie de l'esprit de tous les hommes. Dans la plupart de ses ouvrages, sous un point de vue ou sous un autre, il développe et justifie cette idée de la perfectibilité.

c'est-à-dire sur Dieu, sur le bien absolu, et non se répandre et se perdre sur la variété des choses finies et apparentes, c'est-à-dire des faux biens, voilà en quelques mots toute cette méthode. Elle est la vraie, elle est celle qui, sauf la différence des termes, se retrouve au fond de toute saine morale, car elle revient tout entière à cet antique et immuable précepte : suivez la raison, non les sens ou l'imagination; attachez-vous à ce qui ne passe pas, et non à ce qui passe; à la vérité, à la justice absolue, et non à des plaisirs et à des intérêts d'un jour; car là seulement est la sagesse, la paix de l'âme et le bonheur.

A travers tous les développements successifs de sa métaphysique, Fichte, avec plus d'ardeur peut-être qu'aucun autre philosophe, s'est constamment efforcé d'agir sur les caractères, de fortifier, de régénérer les âmes, d'inspirer le respect pour notre propre liberté et pour la liberté d'autrui. Ses leçons d'Iéna, d'Erlangen, de Berlin, sont également animées de ce même esprit moral.

On sait que ses efforts ne furent pas stériles;

il réussit à faire passer dans les âmes de ses contemporains quelque chose de son énergie morale ; il contribua par ses paroles et par son exemple à susciter dans la jeunesse des écoles d'héroïques défenseurs du moi menacé de la patrie allemande. En traduisant dans notre langue ces éloquentes et énergiques protestations en faveur de tout ce qui élève l'âme humaine, et contre tout ce qui l'abaisse et l'avilit, j'ai cru, je le répète, servir en quelque chose les éternels intérêts de la vraie morale et de la vraie religion.

Je ne veux pas faire ici une critique détaillée de la métaphysique à laquelle Fichte rattache cette morale. Je ne discuterai pas jusqu'à quel point elle n'est qu'un développement de la doctrine de la science. Je me borne à signaler quelques grandes vérités au sein de cette métaphysique à laquelle on peut dans certaines parties reprocher quelque obscurité et quelque confusion.

Fichte comprend l'être, comme Malebranche et Fénélon l'ont compris, comme la raison nous force de le comprendre. L'être est un, simple, immuable, infini; à lui seul appartient l'existence absolue et tout ce qu'il y a de positif dans les choses, toute réalité; le moi et le non moi, le sujet et l'objet, découlent nécessairement de sa réalité suprême. Cet être absolu est à la fois le principe de l'un et de l'autre, et c'est en ce sens qu'il est sujet-objet, c'est-à-dire que tout ce qu'il y a d'essentiel dans le sujet et l'objet existe en lui, moins les limites qui en nous les bornent et les divisent.

Je crois également avec Fichte et la plupart des philosophes allemands, que si le sujet et l'objet, le moi et la nature, se connaissent et se correspondent dans la connaissance, c'est qu'ils sont de même étoffe, c'est qu'il y a quelque chose en eux d'identique qui provient de l'être absolu, source commune dont ils dérivent. Qu'on y prenne garde; c'est là précisément ce que la philosophie française exprime en d'autres termes, lorsqu'elle dit avec Malebranche que nous ne connaissons rien qu'en Dieu et par Dieu, ou, avec l'école éclectique, que la raison impersonnelle est le principe de l'intelligence tout entière, et intervient dans la plus humble comme dans la plus élevée de nos connaissances. Enfin, j'admets encore avec Fichte que le savoir est la forme nécessaire de l'existence, en ce sens que ce sont les idées créatrices de l'intelligence divine qui constituent la variété des êtres finis et contingents au sein de cette unité absolue en dehors de laquelle rien n'est et ne peut être. C'est par ces principes que Fichte se rattache étroitement à Schelling, et l'idéalisme transcendental à la philosophie de la nature ; c'est à l'occasion de ces principes que s'est élevée la question vivement débattue de savoir qui a emprunté à l'autre du maître ou du disciple.

Je sais qu'aujourd'hui en France ces principes ne sont point en odeur de sainteté. Il est de mode de les repousser sans examen, sous la vague accusation de panthéisme. Cependant, plus j'y songe, plus je me pénètre de leur vérité, et moins je comprends qu'on puisse en contester l'évidence, à moins d'être sceptique ou manichéen. Sans nul doute, on peut errer dans la déduction et l'interprétation de ces principes; sans nul doute on peut en abuser, et mettre ainsi en péril ou nier la réalité dérivée des choses finies en général, et notre réalité propre en particulier. Mais quel principe ne serait condamné, si l'on en jugeait par l'abus qu'on en peut faire? On peut échouer dans l'explication de la déduction de toutes choses du sein de l'être absolu et de la participation du fini avec l'infini; mais le fait même de cette déduction et de cette participation n'est-il pas d'une évidence incontestable aux yeux de la raison? A tous les adversaires de bonne foi qui nous accusent de panthéisme, nous posons encore une fois ces simples questions :

D'où vient toute réalité, sinon de la réalité suprême? comment ce qui n'existe pas par soi peut-il un seul instant continuer d'être sans s'appuyer sur ce qui existe par soi? comment concevoir quelque chose de fini qui ne soit pas dans le sein de l'infini, et où trouver le principe de la distinction existant par l'infini et au dedans de l'infini, sinon dans l'intelligence et dans les idées de Dieu?

Je me demande avec inquiétude où s'arrêtera cette timidité métaphysique croissante, que semble inspirer aujourd'hui parmi nous le fantôme sans cesse évoqué du panthéisme? En viendra-t-on à nier l'infinité de Dieu et ses plus immédiates conséquences, ou bien les passera-t-on soigneusement sous silence? Soutiendra-t-on que l'idée d'infini n'est autre chose que l'indéfini, le chimérique produit d'une imagination inquiète, qu'il n'y a rien de nécessaire et d'absolu? Abandonnera-t-on saint Augustin, Descartes, Malebranche, Fénelon, Bossuet, pour en revenir à Hobbes, à Locke et à Condillac, afin de sauver plus radicalement la religion et la morale? Bientôt sans doute on ne pourra, sans passer pour impie, dire avec le Catéchisme que Dieu est partout, sur la terre, au ciel et en tous lieux, ou bien, avec saint Paul, que Dieu est en nous et que nous vivons en lui. Il est impossible d'entasser à ce sujet plus de vaines subtilités, plus de ridicules contradictions, que ces adversaires de la philosophie, qui, dans l'ardeur de leur zèle, ne prennent pas garde qu'ils anathématisent chez les philosophes ces mêmes formules que chez eux ils proclament sacrées.

Pour quiconque ignore ce qui se passe, tout ceci aurait certainement l'air d'une ironique fiction, et cependant ce n'est que l'exacte reproduction de la singulière polémique dont la philosophie est aujourd'hui l'objet. Espérons que tous les esprits éclairés sans exception reconnaîtront bientôt que, pour rejeter ces principes métaphysiques, il faut ne tenir plus nul compte de la raison, il faut nier toute espèce de lien des hommes les uns avec les autres, et des hommes avec Dieu; il faut renverser tout vrai fondement de la morale et de la religion. J'ai discuté ailleurs, dans la Théorie de la raison impersonnelle [1], la vérité de la plupart de ces principes; ici je me borne à exprimer quelques-unes des réflexions que m'inspire l'aveugle et inconcevable discussion qui s'efforce vainement de les dénaturer et de les compromettre.

L'enseignement de Fichte était une vraie prédication. Il ne voulait pas seulement instruire les esprits, mais convertir les âmes; il aspirait à une communication complète avec ses auditeurs. Dans la dernière leçon de la Méthode pour arriver à la vie bienheureuse, il énumère avec un

[1] *Théorie de la raison impersonnelle.* 1 vol. in-8°. Paris, Joubert 1845.

esprit d'observation et une sagacité remarquables, les causes, les préjugés qui, de son temps, s'opposaient à la communication complète d'une doctrine. Ces causes et ces préjugés, on le reconnaîtra sans peine, sont aussi de notre temps et opposent le même obstacle à qui enseigne avec foi, pour persuader et convertir. Deux raisons principales, selon Fichte, s'opposent à cette communication complète : d'abord l'auditeur ne se livre pas avec tout son cœur à la doctrine enseignée, mais seulement avec son intelligence ou son imagination ; il est uniquement mu par la curiosité, et d'ailleurs il est indifférent au contenu de la doctrine, ou bien il ne prend garde qu'à l'extérieur, à l'arrangement des mots, aux formes oratoires, et demande seulement qu'on charme son oreille. Il pense que le professeur lui-même n'a pas d'autre but que de faire admirer son esprit et de plaire un moment à ceux qui l'écoutent, et qu'on ne pourrait, sans lui faire injure, sans le transformer en un fanatique, supposer qu'il prend au sérieux sa propre doctrine et qu'il s'efforce d'y convertir les autres.

Un second obstacle est dans ce scepticisme généralement répandu, qui proscrit toute opinion tranchée, qui recommande de ne prendre aucun parti décisif, et répète que rien n'est absolument vrai, rien n'est absolument faux. « De toute part de prétendus sages, dit Fichte, me conseillent plus de modestie; ils me recommandent d'annoncer ce que j'enseigne comme mon opinion personnelle et non comme la vérité absolue ; mais cette prétendue modestie me semble la plus grande des impudences; c'est une abominable arrogance que de s'imaginer que quelqu'un tienne à savoir ce que personnellement nous pensons sur telle et telle chose, et d'ouvrir la bouche pour enseigner, quand on ne possède pas la science, mais seulement des opinions et des conjectures. » A ces obstacles qui empêchent la communication intime et féconde de toute doctrine sérieuse, s'ajoutent encore, selon Fichte, des influences journalières qui agissent plus ou moins sur chacun. D'abord il signale la haine à peu près générale contre toute polémique sérieuse. Cette haine dérive de l'impuissance à saisir, ou à supporter ou à défendre la vérité. Il est vrai qu'elle prétend se justifier en attribuant pour motif à toute polémique la satisfaction d'une passion personnelle. Mais que prouvent ceux qui pensent et parlent ainsi, sinon qu'ils seraient incapables de faire de la polémique autrement que par haine ou envie? Tous les sentiments généreux sont tournés en dérision. Quiconque témoigne d'une idée ou d'un sentiment religieux, est déshonoré. Ici le siècle, selon Fichte, peut donner pour excuse que presque toujours, jusqu'à présent, on a voulu lui imposer la superstition comme la vraie religion; mais il est bien loin d'être au-dessus de la superstition, comme il s'en vante; voyez-le plutôt trembler et frémir quand on ébranle fortement quelqu'une de ses racines. Nous ne pouvons rien savoir d'assuré pas plus les uns que les autres; nous ne valons pas mieux les uns que les autres; quiconque croit savoir avec plus de certitude ou bien valoir mieux que les autres, est un fou ou bien un sot présomptueux. Tel est, selon Fichte, le principe général auquel se ramènent toutes les railleries sous lesquelles un siècle impie prétend accabler l'homme sérieux et convaincu qui croit à la vérité absolue et l'enseigne avec ardeur. Ce n'est pas seulement dans ce livre, mais dans la plupart de ses autres leçons et de ses autres ouvrages, que Fichte, avec la même vigueur, signale et combat ces influences dangereuses et ces détestables maximes qui, parmi nous, ont encore aujourd'hui tant d'empire.

J'espère que ces détails et cette analyse aideront à l'intelligence de la méthode pour arriver à la vie bienheureuse. Si tous ne saisissent pas clairement ou n'approuvent pas la métaphysique qui y est contenue, tous du moins seront touchés des nobles sentiments que Fichte exprime avec tant de force et d'éloquence. On ne peut lire un seul ouvrage de Fichte sans que l'âme ne s'élève et se fortifie. Ces sentiments reçoivent une force nouvelle de l'autorité et de l'exemple de la vie de Fichte lui-même. En effet, toute sa vie a été, et toute la nôtre devrait être, en conformité avec ces nobles paroles qu'il prononçait à Iéna, au début de sa carrière de professeur de philosophie :

« Je suis un prêtre de la vérité, je suis à sa solde, je me suis engagé à faire, à oser, à souffrir tout pour elle. Si j'étais persécuté et haï à cause d'elle, si je mourais même à son service, que ferais-je d'extraordinaire ? Je ne ferais rien que ce que je dois absolument faire[1]. »

BOUILLIER.

[1] *De la Destination du savant et de l'homme de lettres*, quatrième leçon, Iéna, 1794, traduit en français par M. Nicolas, professeur de philosophie à la faculté de théologie de Montauban.

INTRODUCTION

PAR M. FICHTE LE FILS.

Je m'empresse de vous envoyer les renseignements philosophiques que vous m'avez demandés sur l'ouvrage de la vie bienheureuse et sur le système philosophique entier de mon père; je vous autorise à les placer en tête de votre traduction. Permettez-moi de commencer par deux observations générales nécessaires pour envisager d'un point de vue plus élevé les questions que je veux traiter. Permettez-moi encore de parler ici avec la franchise d'un homme qui a la conscience d'apprécier impartialement les avantages propres à une nation étrangère. D'abord je suis persuadé que l'intérêt qu'on porte aujourd'hui dans votre patrie à la littérature et à la philosophie allemande, aura une grande importance dans l'histoire de la civilisation, si l'on en fait une étude consciencieuse et approfondie. Si la philosophie allemande, qui est peut-être aussi la philosophie de l'humanité, doit jamais devenir le bien commun de toutes les nations, ce sera seulement en se pénétrant de l'esprit de votre nation et en passant par votre langue. Par le nom de philosophie allemande je ne désigne pas un système isolé ou une école particulière, mais l'esprit de libre recherche qui dirige toutes les parties du savoir vers un même but ; esprit qui, du moins jusqu'à présent, a été presque exclusivement propre à la nation allemande. Je ne désigne pas même seulement l'esprit philosophique, mais encore l'esprit qui règne dans l'étude de la nature, comme, par exemple, dans les travaux de M. Humboldt, et surtout dans le bel ouvrage qu'il vient de publier sous le titre de *Kosmos*. Ce que j'ai principalement en vue, c'est la pensée fondamentale de la philosophie allemande, que nous avons l'habitude de nommer idéalisme, expression qui a reçu diverses interprétations, et qui néanmoins a un sens juste et précis. Souvent laissé de côté, souvent repoussé par des systèmes d'origine française ou anglaise, l'idéalisme renaît toujours dans l'esprit germanique par sa propre force, se développe d'une manière de plus en plus vaste et hardie, et résout avec assurance et simplicité la grande énigme de la création et de l'homme. Je vais tâcher de définir cette pensée fondamentale de la manière la plus nette et la plus précise.

Si la philosophie allemande, entendue en ce sens, doit jamais obtenir une influence universelle et devenir pour l'humanité une lumière bienfaisante qui réconciliera la foi et le savoir, mission que lui reconnaît quiconque a pénétré dans son esprit, ce ne sera vraisemblablement qu'en prenant chez vous la vraie forme populaire qui la rendra accessible à toutes les intelligences. Je ne veux pas parler ici seulement de la propagation extérieure de votre langue, qui, comme la langue grecque dans l'antiquité et la langue latine dans le moyen âge, est devenue la langue universelle des gens instruits ; mais surtout du génie propre de votre nation et de votre langue, qui ne peut s'approprier et reproduire que ce qui est clairement et sainement pensé, ce qui est convenablement mûr, ce qui est conforme à la réalité. Vos romantiques, par leur redondance nébuleuse, ont tenté de corrompre la clarté plastique de votre langue ; mais ils n'ont pas réussi. Votre nation, avec son tact si juste et si délicat, a repoussé cet élément étranger.

Ce n'est pas la première fois, et ce n'est pas seulement chez vous, que je manifeste mon opinion sur l'importance de l'intérêt attaché par la France à nos efforts philosophiques. Il y a déjà dix ans que, dans un examen critique de l'ouvrage de M. Victor Cousin, sur la philosophie française et allemande[1], j'ai soutenu la même opinion vis-à-vis de mes compatriotes. Comme ce petit écrit n'est vraisemblablement pas arrivé jusque chez vous, je me permets de citer ici ce passage qui, d'ailleurs, me paraît propre à marquer en peu de traits la différence de position littéraire entre la philosophie française et la philosophie allemande.

« Ce qui distingue les Français dans leurs productions scientifiques, et ce qui a une liaison plus profonde qu'on ne le croirait avec la juste appréciation de la vérité, c'est la clarté, c'est l'achèvement harmonieux de l'idée, la rigueur de l'exposition, la netteté des définitions. En général, ils se roidissent moins que nous dans des conclusions extrêmes; ils se complaisent moins dans leur propre originalité; et si les philosophes allemands, à cause de leur terminologie inflexible, de la négligence de leur exposition, semblent ne faire que des monologues avec eux-mêmes, les philosophes français sont continuellement en relation les uns

---

[1] J.-H. Fichte. Sur les conditions d'un théisme spéculatif à l'occasion de la préface de Schelling à l'ouvrage de Cousin sur la philosophie française et allemande, p. 7 et 8. — 1835.

avec les autres; ils s'orientent et se corrigent sans cesse d'après la lutte des opinions. On croirait, en les lisant, assister à une conversation vive, où chaque parole, au milieu d'une assemblée animée, trouve certainement une réponse. Donc, quoique M. Cousin, dans cet ouvrage, soit obligé de se défendre contre les reproches, en partie absurdes, de quelques-uns de ses compatriotes, tout cependant y montre le commerce rapide des pensées et la vive influence immédiatement produite par ses écrits, tandis que chez nous, au milieu de la surabondance des idées et des tendances diverses, la plupart des philosophes parlent longtemps dans le désert. En ajoutant à cela, comme un don caractéristique de l'esprit français, la prompte compréhension et l'application heureuse de nouvelles idées, même à la condition de ne pas saisir un problème dans toute sa profondeur, il faut avouer que les Français possèdent précisément ce qui nous manque et dont l'acquisition devient de plus en plus urgente pour nous. En même temps il nous faut prendre garde d'abandonner à cette nation voisine, qui se développe si rapidement et si énergiquement, l'avantage de la pensée et de la profondeur scientifique.

» C'est en cela que consiste l'importance de l'esprit français à l'égard de la philosophie allemande, et l'influence qu'il doit exercer sur nous. Au degré dans lequel les Français s'assimilent nos théories, nous pouvons reconnaître extérieurement le degré de clarté et d'achèvement scientifique de ces théories. Ils sont les premiers et les plus irrécusables juges de la clarté, de la maturité, de la justesse d'une idée. Si, de l'aveu de M. Cousin, il résulte que, sauf quelques pensées et quelques excitations générales, rien, pour ainsi dire, de la philosophie allemande n'a pénétré dans la pensée française, nous ne devons pas en attribuer seulement la faute aux Français, mais reconnaître que les grands résultats de notre philosophie n'ont pas encore été présentés dans toute la rigueur scientifique ni dans une exposition populaire. »

Des expériences ultérieures m'ont tout à fait confirmé dans les mêmes vues. En rapport personnel avec de jeunes philosophes de votre pays, j'ai dû souvent remarquer l'énergie et le talent avec lesquels ils saisissaient des pensées nouvelles pour eux et les reproduisaient par une force et une activité propre, en leur donnant souvent une forme nouvelle, la plus heureuse et la plus populaire. C'est pour cela que je désire vivement que des hommes comme vous, et tant d'autres jeunes penseurs, se familiarisent avec le véritable esprit de notre philosophie et avec ses pensées fondamentales. Votre clarté et votre mode d'exposition donnera le dernier coup de lime à nos doctrines, et leur assurera une propagation universelle.

Mais il faut pour cela, avant tout, et permettez-moi de parler sur ce second point avec autant de franchise que sur le premier, que vos penseurs pénètrent jusqu'à la racine et aux idées fondamentales de la philosophie allemande moderne. Or, à mon avis, ils n'y ont pas encore pénétré, malgré des recherches de détail estimables. J'ai déjà avoué que la faute en devait être attribuée en partie à notre mode d'exposition philosophique; mais le fait que je viens de signaler n'est pas moins vrai, et il importe de le contester, si l'on veut arriver à ce grand but que j'ai indiqué.

Mais comment constater ce fait? Non-seulement, quoique cela soit très-important, par les idées encore généralement répandues en France sur notre philosophie, et par ce qu'on en écrit, mais aussi par les systèmes et les doctrines vers lesquels on y retourne et qu'on donne comme base des études philosophiques. Descartes, Malebranche, Leibnitz, sont certainement de grands penseurs et les pères vénérables de la philosophie moderne; mais ce qu'ils contiennent de vraiment philosophique, nous le possédons sous une forme plus concentrée et plus consciente d'elle-même, et de plus, nous possédons une découverte nouvelle que nous devons à Kant et en général à tout l'idéalisme moderne. En revenant à ces philosophes, nous ferions en philosophie ce qu'on ferait en physique, en revenant à Muchenbroek et S'Gravesende, sans tenir compte des développements que lui ont donnés des savants plus modernes, tels qu'Arago, Poisson, etc.

Je suis conduit à ces conclusions en voyant les jugements et les critiques de plusieurs de vos écrivains sur la philosophie allemande actuelle. Je prends pour principal exemple celui qui a écrit le dernier, et qui, sous beaucoup de rapports, est le plus instruit; M. Ott, auteur de l'ouvrage intitulé : *Hegel et la philosophie allemande depuis Kant*. On ne peut pas lui refuser assurément d'avoir, avec assiduité et avec soin, pris une connaissance extérieure du matériel de cette philosophie. Mais examinez si on trouve dans l'ouvrage du docteur Ott les idées qui depuis Kant ont été les idées réellement conductrices de la philosophie allemande, et que j'exposerai dans les pages suivantes. Je vous prie encore de considérer si les doctrines exposées dans son livre ne doivent pas paraître d'autant plus paradoxales et bizarres, qu'il a rapporté plus en détail leurs formules, sans donner au lecteur la pensée commune et fondamentale qui, comme un fil, les rattache les unes aux autres. Cependant je suis bien loin de blâmer sévèrement les auteurs de ces ouvrages critiques, car je sens trop bien moi-même combien il est difficile d'exposer d'une manière complète toutes ces doctrines, de faire ressortir l'unité et les résultats communs de tous ces efforts, sans avoir acquis une vue générale de tout le développement de la philosophie allemande depuis Kant, par une étude impartiale des volumineux écrits de tous ces penseurs. En outre, M. Ott a eu le tort de prendre pour guide principal l'ouvrage de M. Michelet, professeur à Berlin, intitulé : *Histoire des derniers systèmes de la philosophie en Allemagne*, 1837-1838. Mais en Allemagne, tout homme sans prévention convient que cet ouvrage est écrit par un hegelien trop partial pour qu'on puisse ajouter foi à ses analyses et à ses critiques. Ainsi je crois pouvoir dire que vous n'avez en France qu'une connaissance encore imparfaite de l'esprit philosophique de l'Allemagne. M. Ott ne présente pas en général cet esprit sous un jour très-favorable ; il avertit de se mettre en garde contre lui, et il croit que l'esprit de la philosophie française, dépendant de sa nationalité, est incompatible avec l'esprit de la philosophie allemande (avant-propos, pages 6 et 7). Il trouve même qu'il y a peu d'honneur pour sa patrie à s'occuper de philosophie allemande (page 541). Nous ne voulons pas maintenant discuter ce point avec lui; la question pourra mieux se décider quand votre nation, aussi spirituelle que juste dans les affaires scientifiques, aura acquis une connaissance vraie de la philosophie allemande exposée d'une manière si singulière dans les derniers écrits dont elle a été l'objet. Elle pourra sans doute bientôt puiser cette connaissance dans le grand ouvrage sur la philosophie allemande, composé par M. Wilm de Strasbourg, et couronné par l'Académie des sciences morales et politiques. M. Wilm connaît aussi bien la théologie et la philosophie allemande que la langue française, ce qui nous fait espérer qu'il sera le meilleur médiateur possible entre la philosophie des deux nations. Quant à moi, ce que je me propose de traiter ici est beaucoup moins vaste, je veux seulement définir l'idée de l'idéalisme.

Quoique l'idéalisme ait revêtu des formes différentes dans les derniers systèmes de la philosophie allemande, il n'en est pas moins le fondement et le fil conducteur qui les relie les uns aux autres. Si M. Ott l'avait bien compris, il n'aurait pas fait consister l'idéalisme tout entier de Kant et de Fichte en ceci : Que le moi seul existe, et que le monde n'est qu'une illusion (page 40); il n'aurait pas pu en face de cet idéalisme poser Hegel comme réaliste, ni se contenter de caractériser d'une manière générale la philosophie de Kant et de Fichte comme athée, et celle de Schelling et de Hegel comme panthéiste par leurs tendances. C'est ailleurs, comme je vais le montrer, qu'il faut chercher la vraie signification et le dernier résultat de ces systèmes. Permettez-moi donc de revenir sur l'idée générale de l'idéalisme telle que Kant l'a ressuscitée dans la Critique de la raison pure.

Premièrement, comment peut-on reconnaître l'être objectif placé en dehors du savoir, ou bien, si nous prenons la question par son autre face, comment l'activité subjective, libre et intime de notre pensée peut-elle reconnaître l'essence objective et les lois nécessaires des choses? Comment, dans l'examen interne de nous-mêmes, pouvons-nous surprendre les lois propres des choses, et les déterminer d'une manière définitive et infaillible? Voilà l'énigme, voilà le miracle de notre connaissance, le problème que la philosophie seule amène à la conscience, et qu'elle seule peut résoudre. Mais depuis que cette question a été posée, tous les philosophes ont reconnu qu'elle ne peut être résolue qu'en démontrant qu'il y a quelque chose de commun et d'identique dans ces deux termes opposés, l'objectif et le subjectif, la nature et l'esprit, le réel et l'idéal, peu importe le nom par lequel on désigne cette antithèse qui partout se présente. Le même peut seulement connaître le même. Déjà Empédocle avait dit : « Nous voyons la terre par la terre, l'eau par l'eau, l'éther par l'éther divin, le feu par le feu, l'amour par l'amour, la haine par la haine amère. » Il faut donc rechercher quelle est la nature de ce quelque chose d'identique, et c'est en quoi consiste la difficulté de la question, c'est l'origine de la variété des systèmes qui ont tenté de la résoudre.

Secondement. C'est ainsi que Kant a pris la question; mais d'une manière profonde et originale, en découvrant ou plutôt en retrouvant la pensée de l'idéalisme dans la forme limitée, il est vrai, de la subjectivité. Par là il a exercé sur la philosophie allemande une influence qui dure encore. Dans la préface de la deuxième édition de la Critique de la raison pure, Kant exprime ainsi la pensée fondamentale de son idéalisme : la métaphysique n'a pas pu faire de progrès tant qu'elle a supposé que la connaissance doit se régler sur les objets; qu'on suppose le contraire, à savoir que les objets se règlent sur la connaissance, et à l'instant deviendra clair ce qu'aucune métaphysique jusqu'à présent n'a pu expliquer. Car si on suppose que l'objet de l'intuition se règle d'après les lois de notre faculté d'intuition, et que toute expérience porte l'empreinte des lois de notre esprit, on comprendra aussitôt qu'il peut y avoir des intuitions *à priori*, qui précèdent et déterminent toute perception sensible, comme cela se voit en géométrie, et qu'il y a des lois *à priori* de l'entendement pour toute expérience possible. Or cela est inexplicable pour la philosophie dogmatique qui a régné jusqu'à présent. En un mot, dit Kant, nous reconnaissons *à priori* dans les choses ce que nous y mettons nous-mêmes.

Troisièmement. Le principe de Kant peut donc se formuler ainsi : L'objectif (Kant n'explique pas si sous cette notion d'objectif il comprend seulement l'apparence ou bien la chose en soi) ne peut être connu qu'autant qu'il est conforme aux lois de la conscience et de l'intelligence. C'est parce que les lois du subjectif, de l'intelligence et de la raison sont aussi les lois de l'objectif, qu'il y a pour nous un objectif susceptible d'être connu, un monde du réel accessible et entièrement pénétrable à notre connaissance. De là résulte aussi l'explication de la connaissance absolue *à priori*, qui impose des lois aux choses objectives, mais seulement dans les limites de l'expérience, parce que les lois auxquelles les choses objectives obéissent elles-mêmes, portent l'empreinte primitive de l'intelligence et de l'entendement. L'objectif est compréhensible, parce qu'il est rationnel et identique à l'intelligence. La raison, la pensée est donc ce quelque chose de commun entre le subjectif et l'objectif. (Critique de la raison pure, § 1.) Tel est le principe de l'idéalisme dans sa plus haute généralité.

Quatrièmement. Ce principe à sa première réapparition dans Kant, pour ne pas avoir l'air d'une pure hypothèse métaphysique, pour ne pas se confondre avec les nuages de la théosophie, comme cela était déjà arrivé bien souvent avant Kant, ne pouvait se produire que dans cette forme, ferme et sévère que lui a donnée l'auteur de la Critique et de la raison pure [1].

[1] Je rappelle ici seulement Malebranche et Berkeley, dont l'esprit a tant d'analogie. Ils ont saisi le principe de l'idéalisme avec autant de décision qu'aucun autre philosophe après eux. Mais leur idéalisme est resté scientifiquement insuffisant, hypothétique et théosophique. La pensée fondamentale de Malebranche que nous avons la conscience de toutes choses seulement en Dieu et par Dieu, repose sur cette vue vraie et profonde, à savoir, que toutes les choses réelles, même les choses matérielles, ne sont intelligibles pour le sujet que parce qu'elles sont primitivement pensées et produites par l'intelligence, et portent ainsi l'empreinte objective de la raison. Dieu peut donc seul servir de médiateur pour notre connaissance des choses, ou, d'après l'expression plus déterminée de Berkeley, ce sont les idées de Dieu qui sont l'objet de nos intuitions sensibles, et par Dieu seul nous voyons et nous reconnaissons tout ce que nous voyons et reconnaissons. Incontestablement ceci est bien aussi de l'idéalisme, et en lui donnant une base plus philosophique et une forme plus claire, ce serait même un idéalisme

Nous ne connaissons immédiatement, et par le fait, aucune autre raison et point d'autres lois de la pensée, que celles qui se trouvent dans la conscience humaine. Par conséquent, Kant ne devait reconnaître qu'à la conscience la prérogative de déterminer l'objectif d'après ses propres lois. Il fut le fondateur de l'idéalisme dans la forme subjective, et c'est pour cela qu'il ne put pas directement faire des lois de l'esprit humain les lois absolues de l'univers : Il s'en tint à cette assertion plus modeste, que l'esprit humain ne voit les choses qu'autant que la constitution primitive et les conditions de cette intelligence le permettent. De là vint sa distinction prudente entre les choses en soi et leur apparence, distinction qui pourtant ne l'empêche pas d'accorder à l'esprit humain une connaissance réelle de l'objectivité en deçà de ces limites, et le pouvoir d'approfondir cette connaissance parfaite-

---

plus satisfaisant et plus profond que celui de Kant. Nous verrons même que Kant, dans ses derniers ouvrages, va au delà de la première forme propre de son idéalisme, et se dirige du côté de Berkeley et de Malebranche. Néanmoins l'idéalisme, tel que ces philosophes l'ont présenté, n'est pas susceptible d'une démonstration satisfaisante et scientifique, et il offre l'apparence d'une sophistique ingénieuse, pour me servir d'un terme dont votre nation s'est précisément servie pour désigner la doctrine de son penseur le plus profond. Au reste vous verrez quel cas je fais de Malebranche dans la seconde édition de mon Histoire de la philosophie moderne, p. 437-444. (*Beiträge zur Charakteristik der neueren Philosophie.*)

(NOTE DE L'AUTEUR.)

ment et dans toutes ses parties. Par là, je crois avoir écarté les malentendus sur le système de Kant, qui se trouvent même dans la plupart des ouvrages critiques de l'Allemagne. Je ne puis développer ici complétement cette idée, et je suis obligé de renvoyer à ma Caractéristique de la philosophie moderne.

Cinquièmement. Ainsi donc, dans la critique de la raison pure, à laquelle à cause de cela il donne le titre de traité sur la méthode de la connaissance humaine, Kant répond de la manière suivante à la question de la possibilité de la connaissance. La raison de la possibilité de connaître les objets de l'expérience est dans ce fait que les lois de l'esprit qui connaît, s'étendent sur les choses elles-mêmes. A la question plus précise, qui était, comme on le sait, l'objet principal de la critique de la raison pure, à savoir, comment les jugements synthétiques *à priori* sont-ils possibles, Kant répond, et sa réponse est la réponse vraie et définitive : Puisque l'expérience comme synthèse empirique dans sa possibilité est la seule manière de connaître, qui donne de la réalité à toute autre synthèse, comme synthèse *à priori*, elle n'a de vérité, c'est-à-dire de l'accord avec son objet, que parce qu'elle contient seulement ce qui est nécessaire à l'unité synthétique de l'expérience. Kant formule encore de la manière suivante le principe suprême de toute connaissance. Chaque objet est soumis aux conditions nécessaires de l'unité synthétique du varié de l'intuition dans une expérience possible.

Ceci est un des résultats les plus importants de la critique de la raison pure de Kant ; mais j'avoue que, sans une explication plus ample, on reconnaîtra difficilement le sens profond et les conséquences fécondes de ces formules un peu barbares. En voici le sens le plus simple : tel que je dois penser un objet dans une expérience possible, selon les conditions générales sous lesquelles seulement il peut arriver à l'expérience, tel il est nécessairement dans les limites de l'expérience ; la liaison nécessaire des qualités qui se trouvent dans la pensée *à priori* de cet objet, constitue aussi précisément son essence *à priori*. Donc un jugement synthétique *à priori* sur un objet naît par la pensée des conditions, des qualités, des prédicats, etc., par lesquels seulement il est susceptible de tomber sous l'expérience, et dans ce jugement il y a une anticipation de toute expérience possible relativement à cet objet. Voilà ce qui explique pourquoi Kant, dans un autre passage, appelle la pensée et principalement la pensée *à priori* une anticipation de l'expérience. De même que le mathématicien qui, avant toute expérience, examine les rapports fondamentaux d'une pyramide dans une pensée géométrique pure, anticipe nécessairement l'essence de cette pyramide telle qu'à l'infini elle devra se retrouver dans toute expérience possible d'une pyramide quelconque; de même anticipe la pensée philosophique construisant *à priori* le concept de la chose. Fichte et Schelling ont désigné ce procédé sous le nom de construction philosophique; Hegel, sous le nom de pensée pure et dialectique.

Sixièmement. Voici maintenant le sens plus profond de ce même principe de Kant. (§ 5.) La pensée *à priori* est donc une nouvelle création de l'objet pensé dans la pensée pure. Tel l'objet est sorti de cette création nouvelle, tel non-seulement il doit être pensé, mais encore tel il doit être d'une manière absolue.

L'objet existe tel non-seulement dans le concept, mais aussi dans l'intuition. La pensée pure ne renferme pas seulement les conditions de sa conception, mais aussi de son intuition dans la réalité.

Ici s'élève une dernière question qui nous conduit au delà du point de vue de Kant, ou du moins du point de vue de la critique de la raison pure.

Comment se fait-il que notre pensée, notre pensée à nous, procédant *à priori* et sans s'inquiéter de l'intuition et de l'expérience, puisse cependant de cette manière épuiser, par anticipation et par une sorte de prophétie de la raison, les conditions de toute intuition des choses, c'est-à-dire les conditions de leur être réel conforme à l'expérience? Quelle est la raison la plus élevée de ce remarquable accord entre la pensée pure et l'intuition, entre la notion *à priori* et ce qui tombe sous l'intuition? Si l'on considère d'une manière superficielle la critique de la raison pure, on pourrait croire que Kant a déjà abordé et résolu cette question ; mais un examen plus attentif montre que ce qu'il en dit ne fait qu'augmenter la nécessité de la résoudre. Il démontre dans son chapitre sur les schématismes des notions pures de l'entendement de quelle manière les catégories de l'intuition et leurs objets peuvent être rapportés aux catégories de l'entendement ; il démontre aussi comment a lieu une pensée de ce qui est donné par l'intuition, c'est-à-dire, il ne démontre que la liaison extérieure et de fait de la pensée et de l'intuition dans la conscience réelle. Mais par là il ne résout pas la question de l'unité et de l'accord de la pensée *à priori* avec l'intuition et l'expérience réelle, unité en vertu de laquelle, par exemple, la révolution complète d'une comète calculée à l'avance par l'astronome d'après quelques éléments, doit réellement s'accomplir dans l'espace infini conformément à ce calcul idéal *à priori*.

On voit que la solution complète de la question posée dans le § 1ᵉʳ de la raison pure dépend de la solution de ce dernier problème, et que, si elle doit être résolue par l'idéalisme, l'idéalisme, tel que nous l'avons vu dans la Critique de la raison pure, n'est pas arrivé encore à tout son développement. Kant, par une intuition de son génie, a entrevu ce développement, mais il n'a pas modifié en conséquence les traits fondamentaux de sa théorie déjà achevée. C'est Fichte qui, le premier, incontestablement est entré dans cette voie, et c'est à lui que se rattachent tous les développements ultérieurs de l'idéalisme.

Septièmement. D'où vient que notre pensée *à priori* (§ 6) peut découvrir toutes les lois et toutes les conditions de toute intuition possible, ou de toute expérience réelle dans cette activité de notions *à priori* qui a sa source en elle-même, comme le fait l'astronome ou le géomètre dans l'exemple que nous venons de donner ? Le nécessaire dans la pensée ne peut être le nécessaire dans l'intuition, c'est-à-dire dans la réalité des choses, qu'en supposant que cette réalité ait sa raison d'existence, sa cause créatrice dans un acte intellectuel, dans lequel l'intuition et la pensée ne sont pas divisés et séparés comme dans la conscience humaine, mais absolument identiques et coagissantes? Cet acte devrait donc être en même temps l'acte de leur création, ou au moins une partie nécessaire, une condition fondamentale de cet acte de création duquel sont émanées toutes les choses finies. C'est en ceci que consisterait en même temps la raison de la possibilité de la connaissance des choses par une pensée *à priori*. Le résultat d'un idéalisme développé jusqu'à ce point ne pourrait donc être présenté que dans les trois thèses suivantes : 1° Il n'y a qu'une pensée absolue, ou bien Dieu, considéré comme pensée absolue qui puisse être conçu comme la raison de l'être et de la possibilité de la connaissance des choses ; 2° de même la raison de la possibilité d'une connaissance *à priori* des choses ne peut être trouvée que dans la raison absolue, ou dans Dieu considéré comme raison absolue ; 3° dans la raison absolue seule ou dans Dieu considéré comme raison absolue, peut être trouvée la raison de l'accord de l'être et du penser, de l'objectif et du subjectif. Ce qu'il y a de commun et d'identique, ce qui sert de médiateur entre l'objectif et le subjectif, est précisément la raison. Elle existe d'une manière objective dans l'objectif, c'est-à-dire dans l'univers qui perçoit l'intuition; telle est la racine du point de vue idéalistique de la nature, qui, pour l'idéaliste, est quelque chose de très-réel et non pas une illusion. Dans le subjectif, dans l'esprit humain, la raison devient consciente d'elle-même, et en conséquence elle peut reconnaître la nature, c'est-à-dire ce qui est analogue et homogène avec elle-même. Mais cet identique dans le subjectif et dans l'objectif n'est que la raison du monde, l'esprit animant l'univers, et non l'esprit absolu et créateur, l'esprit de Dieu qui est en soi. On peut ici, il est vrai, objecter que, dans le développement graduel de l'idéalisme au travers des systèmes qui se sont succédé, la conception première et la plus immédiate consistait à prendre la raison du monde, l'identique entre le subjectif et l'objectif, comme la raison absolue, c'est-à-dire Dieu même. Or cette conception conduit inévitablement à des conséquences panthéistiques, et on ne peut nier que le principe de la philosophie de Hegel et de Schelling, qui suppose précisément cette identité, ne porte essentiellement ce caractère panthéistique. Mais dans ce principe même est déjà contenue la nécessité d'aller au delà, et de prendre cette identité pour une identité posée, effectuée, créée, par la raison absolue, par Dieu qui est supérieur à ce monde. La jeune école philosophique, qui a paru après Hegel, a commencé à donner ce dernier développement nécessaire de la pensée fondamentale de l'idéalisme. Elle a vaincu le principe purement panthéistique par lui-même, c'est-à-dire elle a conçu et développé d'une manière plus conséquente et plus rigoureuse ce qu'il y avait de vrai et de juste en lui, et par là, en même temps, elle l'a purifié des erreurs partielles qui y étaient contenues. A ce point de vue, les systèmes de la philosophie allemande qui, extérieurement et en apparence, sont en contradiction les uns avec les autres, ont cependant, selon moi, une liaison intime, et se confirment, s'expliquent les uns par les autres. Ils ne sont que les degrés, nécessairement enchaînés les uns aux autres, du développement d'une même pensée grande et fondamentale.

Huitièmement. Le rapport de Kant et de Fichte à cette pensée idéalistique peut être exprimé de la manière suivante : Kant, après avoir établi la forme subjective de l'idéalisme dans la critique de la raison pure, comme nous l'avons indiqué, a déjà pu, dans son dernier grand ouvrage, la *Critique du jugement*, entrevoir, par une intuition de génie, le but suprême de l'idéalisme. C'est lui qui a jeté les semences d'où sont sortis les systèmes ultérieurs. Dans la critique du jugement téléologique, il a montré la nécessité d'un être suprême, dans lequel l'intuition et la pensée sont l'acte intellectuel ab-

solument unique et indivisible d'un esprit absolu
(§ 7), auquel il donne le nom d'*intellectus archetypus*. La pensée discursive de cet intellect rapportant à l'unité toute l'infinité du monde doit être
en même temps intuition, c'est-à-dire, son intuition
ne pouvant être conçue que comme créatrice et efficiente, l'activité créatrice de Dieu ne peut consister que dans cet acte intellectuel en qui la pensée
et l'intuition coïncident de tous points et sans
cesse se pénètrent. Ainsi l'idéalisme, dans son
principe et dans son fondement général, est devenu le plus élevé réalisme. Les choses, de même
que notre pensée et notre connaissance des choses,
ont leur fondement et leur principe dans la raison
absolue de Dieu. On peut donc donner ici, comme
dernier résultat, cette proposition : C'est seulement
parce que les choses sont primitivement pensées et
intuitionnées, et en conséquence réalisées et créées
par l'esprit de Dieu, que notre intelligence peut les
penser et les intuitionner. Notre pensée est une
pensée en second des pensées primitives de Dieu,
que Dieu en même temps réalise par son intuition.
Nous ne pouvons pas ici expliquer davantage de
quelle manière et avec quelles limites Kant a développé cette pensée, à la fin de sa Critique du jugement, dans le chapitre intitulé *Ethicothéologie*.
Cependant c'est là une partie du système de Kant
peu connue et mal appréciée, même en Allemagne,

et je me permets de renvoyer à ce que j'en ai dit dans ma Caractéristique de la philosophie moderne (p. 541).

Neuvièmement. En ce qui concerne Fichte, je proteste tout d'abord contre cette interprétation vulgaire de sa doctrine, qui en fait un idéalisme subjectif de la même nature que celui de Kant. Je peux invoquer un document qui doit faire cesser toute contradiction, les deux premiers volumes des œuvres complètes de Fichte, qui viennent de paraître, et qui contiennent ses écrits sur la philosophie théorétique, et l'introduction que j'ai mise en tête. En Allemagne comme en France, on n'a ordinairement considéré le système de Fichte que d'après sa première exposition dans les doctrines de la science de 1794, et d'après les formules dont il s'y sert de moi et de non moi, du moi qui se pose et du non moi posé par le moi. Ainsi, en entendant le moi dans le sens de quelque chose réel et substantiel, et même dans le sens du moi individuel, on a conclu que, d'après l'idéalisme de Fichte, l'objectif (le monde) n'était pas autre chose qu'une illusion nécessaire du moi. Ce point de vue est déjà réfuté par cette simple remarque historique que Fichte, dans les expositions ultérieures et sans doute plus mûres de son système, ne s'est plus servi de toute cette nomenclature. En effet, ces formules n'expriment pas la pensée caractéristique de son système. Nous allons exposer cette pensée caractéristique, d'où il résulte que Fichte, le premier, a établi l'identité du subjectif et de l'objectif, fondement de l'idéalisme de Schelling et de Hegel, mais qu'il ne l'a développé que d'une manière incomplète, car, partant de ce principe, il n'en a déduit et approfondi que la première partie, à savoir, l'essence de l'esprit, et il a méconnu l'essence de l'autre moitié, à savoir, de la nature, dont le développement était réservé à Schelling. Ainsi nous conservons le rapport ordinairement établi entre ces deux penseurs, nous le rectifions seulement par cette remarque que ce principe a été posé par Fichte, qui a formulé comme Schelling l'identité du subjectif et de l'objectif.

Je résume, dans les thèses suivantes, les principes les plus généraux de la philosophie de Fichte. 1° L'essence et le problème fondamental de la philosophie, comme science, consiste à ramener à l'unité absolue, comme à son principe, tout le varié que nous découvre l'expérience; tout ce qui est varié, sans exception, tout ce qui a une antithèse, un pendant quelconque en dehors de lui, est le non absolu. Celui donc qui peut faire voir une antithèse à côté ou dans ce qu'un système philosophique pose comme son principe suprême, comme son absolu, renverse par là même tout ce système.

2° Avant Kant, dans tous les systèmes de philosophie, l'absolu était placé dans l'être objectif, dans la chose morte. L'absolu était la chose la plus réelle, et le monde une variété de choses finies. Or chacun, en y pensant, s'apercevra que nécessairement tout être objectif suppose une conscience subjective, une pensée de cet être, de telle sorte que l'être seul ne serait qu'une moitié en face d'une autre moitié, à savoir, la pensée de cet être; il ne peut donc être considéré que comme membre d'une antithèse supérieure et primitive. L'unité absolue, c'est-à-dire la notion du vrai absolu, ne peut donc être placée ni dans l'être, comme l'a fait la philosophie dogmatique, ni dans la conscience qui lui est opposée, dans la notion d'un moi subjectif, mais dans le principe de l'unité et de l'indivisibilité de ces deux éléments. A propos de cette seconde opinion, Fichte lui-même dit qu'on l'a ordinairement imputée, par un malentendu, à son système et à son moi, et que rien n'est plus absurde. La nécessité générale de ce principe de l'unité absolue doit être immédiatement reconnue. Il ne peut être question d'un être, de quelque chose de réel, sans supposer un autre élément, qui est le savoir de cet être; avec l'être on pose donc un savoir de cet être. De même, lorsque nous parlons d'un savoir, il s'agit d'un savoir réel et pas seulement d'une vide représentation, d'une fiction de notre esprit, par là même qu'il a un être pour objet et qu'il porte cet être en lui, comme son contenu réel.

3° Ainsi, c'est une erreur, c'est une opinion superficielle et empirique, de croire qu'il peut y avoir un être quelconque en dehors du savoir, car alors pourrais-je savoir cet être et en parler? C'est encore une erreur de croire qu'il peut y avoir un savoir en dehors de l'être, car comment serait-il savoir? car comment serait-il autre chose qu'une vide imagination? Mais au contraire, ces deux choses se pénètrent mutuellement. Tout être est dans la région du savoir, tout être est accessible au savoir et susceptible d'être connu dans toute sa profondeur; tout savoir, à son tour, embrasse et enferme l'être; tout savoir est primitivement de lui-même et par lui-même, absolument *à priori*, capable de connaître la vérité. Donc, l'unité absolue, ce principe suprême de toute variété, de toutes les antithèses ramenées à l'antithèse suprême de l'être et de la conscience, ne peut pas plus être posée dans l'être que dans la conscience qui lui est opposée, pas plus dans la chose que dans la représentation de la chose. Dans le premier cas ce serait un réalisme exclusif ; dans le second, un idéalisme subjectif également exclusif. On ne peut le poser que dans le principe de l'indivisibilité absolue du savoir et de l'être ; principe qui est en même temps le principe de leur distinction primitive.

4° Or, dans la première exposition de son système de l'année 1794, qui presque seule est généralement connue, Fichte a appelé ce principe le moi infini, vis-à-vis du moi fini et divisible que nous avons appelé conscience. Plus tard, ayant sans doute reconnu le malentendu causé par cette expression, il l'a entièrement abandonnée et il lui a donné le nom de savoir pur et absolu ou de raison. Il l'a nommé savoir pur parce que ce n'est pas le savoir d'un objet quelconque, mais le principe de tout savoir positif, et en même temps le principe de tout être réel. Ainsi ce principe, comme unité du réel et de l'idéal, considéré de son côté réel, peut être tout aussi bien appelé être absolu. Nous l'avons ainsi compris plus haut, et c'est sous ce nom que Fichte l'a désigné dans la méthode pour arriver à la vie bienheureuse. De là l'idée fondamentale de ce dernier ouvrage, qui peut se résumer de la manière suivante : Dieu seul est ; à lui seul convient le prédicat de l'être dans son sens le plus élevé, c'est-à-dire dans le sens de la plus haute existence. N'ayant en elle-même aucune autithèse, et étant en même temps le principe de toutes les antithèses et existences finies.

5° Fichte, dans ce même ouvrage, continue d'argumenter ainsi : Cet être ne doit pas être conçu comme un être mort désormais fixe et immobile, car alors il ne serait plus l'être, l'être absolu, mais cette chose objective dont la philosophie dogmatique fait son absolu, produit d'une réflexion qui ne peut pas s'élever au-dessus de la sphère des notions finies. Au contraire, cet être doit être conçu comme n'étant que vie et activité. Or, cette vie ou cette activité est absolument libre, contente d'elle-même; elle se manifeste sans obstacle, car qui pourrait arrêter les manifestations de la vie divine? La vie de Dieu est donc en même temps son bonheur et son amour. Ces trois notions ne signifient, au fond, qu'une seule et même chose, et l'esprit de l'homme ne peut posséder en lui-même la vie, le bonheur et l'amour, qu'en s'élevant vers Dieu, leur source éternelle, qu'en participant à la vie de Dieu; mais l'esprit humain ne peut atteindre jusque-là qu'en s'élevant à la pensée et en pénétrant dans le monde des idées. « La pensée, dit Fichte, est l'élément de la vie réelle. »

6° Par là s'explique encore, dans les mêmes leçons, une autre notion importante, la notion de l'existence. Précisément parce que l'être de Dieu consiste dans la vie et dans l'amour, il ne reste pas enfermé en lui-même; il se manifeste dans l'existence, dans le monde des antithèses finies. Dans le langage plus abstrait dont nous nous sommes servis, cette thèse pourrait s'exprimer ainsi : Dieu n'est pas seulement l'identité générale du subjectif et de l'objectif; mais il se réfracte aussi dans des antithèses réelles, il existe dans la forme de différences déterminées. Par là s'explique encore comment la forme fondamentale de l'existence de Dieu, distinguée de celle de l'être, ne peut consister que dans le savoir ou la conscience. Comme nous l'avons vu plus haut, dans la région du savoir tout être objectif peut et doit être élevé au savoir et à la conscience; de même, le savoir vrai et réel n'est qu'une conscience de l'être et de la réalité. Cette pensée est principalement développée dans la seconde partie de la troisième leçon. Ainsi on comprend comment la conscience humaine, par cela seul qu'elle s'élève au-dessus du savoir des objets individuels, sensibles, arrive à la notion du savoir général, c'est-à-dire à la science du savoir, à la doctrine de la science et à la notion du vrai être. La doctrine de la science est donc en même temps doctrine de l'être ou ontologie (métaphysique), et par suite, en montrant dans le vrai être, c'est-à-dire en Dieu, la vraie source de la vie et du bonheur pour l'homme, elle devient la doctrine de la vie, la doctrine du bonheur, la *méthode pour arriver à la vie bienheureuse*, et c'est en cela que se trouve la vraie signification d'une philosophie appliquée.

J'espère qu'en retenant la liaison de ces pensées, et en comparant avec elle le développement que Fichte leur a donné dans son ouvrage, on ne sera plus arrêté par aucune difficulté essentielle. J'espère donc, par ce que j'ai dit jusqu'à présent, avoir atteint en partie le but que je me proposais. Je voudrais exprimer le résultat de la philosophie de Fichte par quelques traits fondamentaux, et par là expliquer quelle est l'influence que cette philosophie a exercée et qu'elle exerce surtout depuis quelques années sur l'Allemagne, et principalement sur la jeunesse allemande. Ce résultat peut être considéré sous deux points de vue, sous le point de vue théorique et sous le point de vue pratique. D'abord, au point de vue théorique, quelle est la part de vérité contenue dans cette philosophie, qui doit persister à travers toute la succession des systèmes, et être acquise pour tous les temps? Avoir posé dans toute sa rigueur, et fondé sur les bases les plus larges, le principe de l'idéalisme, qui, en même temps, comme je crois l'avoir démontré, est le réalisme, voilà cette part immortelle de vérité. Elle a parfaitement démontré d'abord, d'une manière négative, qu'il n'y a point de choses en soi, qu'il n'y a pas un monde extérieur, étranger et hétérogène par rapport à la conscience, si ce n'est dans une réflexion qui ne se comprend pas et qui s'annulle elle-même, parce qu'elle est le produit d'un développement philosophique incomplet. Elle a ensuite démontré d'une manière positive que toute chose objective et réelle ne peut être qu'une expression du savoir absolu ou de la raison, ne peut être que la raison elle-même objective et réalisée, et que, par conséquent, toute notre connaissance et notre science ne peut consister que dans la reconstruction intérieure de l'acte créateur, qui est à la fois la première pensée et la première réalité, et duquel toutes choses sont sorties.

En un mot, le système de Fichte a résolu le problème de la connaissance d'après les principes les plus élevés; la notion d'une connaissance objective en général, puis la possibilité, en conséquence déterminée, d'une connaissance scientifique des choses, et, d'une manière plus spéciale, la possibilité d'une science spéculative qui ramène au savoir l'être dans toute sa profondeur, voilà ce qu'il a complétement établi par la médiatisation principale de ces deux antithèses suprêmes, de l'être et du savoir. Ainsi cette question, soulevée d'abord par la critique de la raison pure de Kant, la métaphysique ou la connaissance spéculative est-elle possible? a reçu sa résolution définitive. Kant, dans les limites de sa critique, n'a pu répondre que d'une manière négative; mais Fichte, en développant davantage et déterminant avec plus de rigueur les prémisses de Kant, a répondu d'une manière positive. Comme cette réponse repose sur l'analyse la plus approfondie des fondements du savoir, elle me paraît valoir pour tous les temps. J'avoue que cette manière d'envisager le système de Fichte, quoiqu'elle soit seule profonde et seule complète, n'est pas encore très-répandue, même dans les ouvrages allemands sur l'histoire de la philosophie; cependant elle résulte de l'étude de tout son développement philosophique et de la connaissance des ouvrages qui n'ont été imprimés qu'après sa mort, et qui, en conséquence, sont moins connus que ses ouvrages antérieurs. Ses œuvres complètes, dont, en ce moment, je donne une édition, mettront ce point hors de doute [1].

---

[1] Jusqu'à présent le premier et le sixième volume ont seuls été publiés. Le premier volume commence la série des ouvrages de philosophie théorétique, et le sixième commence la série des ouvrages dont l'exposition est populaire. Il contient les écrits intitulés : *la Liberté de la pensée aux princes de l'Europe*, *Rectification des jugements sur la révolution française*, *les Leçons sur la destination et sur l'essence du savant*. Quatre nouveaux volumes doivent paraître

Si on envisage cette philosophie au point de vue pratique, c'est-à-dire en tant qu'elle présente la vie sous un point de vue déterminé, et engage à s'y conformer, on peut ainsi apprécier et résumer ses résultats : La vie sensible, immédiate et tous les intérêts qui s'y rapportent et ont leur racine en elle, avec quelque habileté que l'égoïsme, la prudence et la ruse les parent des plus belles couleurs, sont entièrement vides, un pur néant, n'ont aucune valeur et aucune réalité en eux-mêmes. C'est pourquoi la vie sensible, et les efforts dont elle est le principe et le but, ne produisent dans le sentiment que l'inconstance et l'agitation d'une tendance toujours inquiète et jamais rassasiée, à cause de la contradiction intérieure que cette apparence de vie et d'effort dans le néant et en vue du néant, engendre nécessairement. Au contraire, le monde sensible et notre vie dans ce monde ne prennent de la signification et de la valeur que lorsqu'ils deviennent le théâtre et l'instrument des actes de la liberté morale. Il n'y a de réalité que dans ces actes, et eux seuls existent dans le sens vrai, ou dans le sens philosophique de ce mot. C'est seulement lorsque le moi s'élève dans le monde des idées, et qu'il lui consacre toute sa liberté et

---

cette année, et les deux autres sont annoncés pour l'année suivante. (Berlin, chez Weit et compagnie.)

NOTE DU TRADUCTEUR.

toutes ses forces spirituelles, qu'il acquiert la réalité. En s'élevant du monde apparent et de la vie apparente à la vie de l'idée, il est devenu en lui-même un vrai moi. Car les moi, tant qu'ils demeurent dans la sphère commune des sens, sont essentiellement semblables, nulle part on ne trouve en eux une individualité propre. Il n'y a pour eux d'individualité et de distinction spirituelle que lorsqu'ils se sont élevés dans le monde des idées morales, lorsque chaque moi est sous l'empire d'un but moral qu'il s'est posé, et auquel il consacre toute sa vie. Alors les moi deviennent des personnalités, des esprits individualisés, et en même temps ils se sont élevés au-dessus de la sphère de l'apparent et de l'accidentel, ils se sont enracinés dans la vie éternelle. Ils sont donc assurés de la persistance de leur personnalité, aucune mort ne peut les atteindre, quoique terrestrement ils périssent et disparaissent. Cette philosophie doit donc être considérée comme le système de la liberté, de la liberté morale, puisqu'elle place en elle le vrai et l'unique principe de vie. Si on voulait caractériser une philosophie d'après le point de vue borné de la nationalité, on pourrait dire : la philosophie de Fichte est l'expression propre de l'esprit allemand.

Chez nous, comme chez vous, les intérêts matériels menacent de tout envahir. Cependant le vrai noyau de notre nation, le noyau de notre jeunesse, se préoccupe entièrement des choses et des désirs de l'esprit. La rénovation politique de notre nation, l'amélioration de son état social, les luttes religieuses, les productions de la science et de l'art, voilà ce qui fait battre le cœur de notre jeunesse, ce qui excite son enthousiasme et provoque ses efforts. Il y a encore dans notre nation une force expansive, une force créatrice de l'esprit qui, dans la sphère des idées, dans la théorie et dans la pratique, engendre sans cesse de nouvelles productions. Voilà pourquoi toute l'importance de notre nation est encore dans l'avenir, voilà pourquoi c'est dans l'avenir qu'elle remplira sa tâche universelle. C'est précisément à cause de cela qu'il lui reste un avenir dans le monde de l'action, tandis que les deux autres grandes nations de l'Europe, la France et l'Angleterre, se trouvent déjà au milieu de leur carrière, et ont déjà accompli une bonne partie de leur tâche. L'Allemagne, à ce qu'il me semble, est dans le même rapport avec ces deux nations que le jeune état de la Belgique, cherchant encore à se constituer, avec l'état plus ancien et déjà formé de la Hollande, qui offre une grande analogie au moins avec l'Angleterre. C'est seulement à ce point de vue qu'on peut bien comprendre le rapport intérieur et extérieur de ces trois nations, et juger les diverses phases de développement incomplet, de lutte et de combat par lesquels l'état moral de notre nation est continuellement modifié. Ces différentes phases doivent la conduire à un rôle plus déterminé dans l'avenir.

Comment une philosophie qui, dans ces luttes et ces combats au sujet des idées, montre la seule vraie vie, qui conjure de réserver toutes les forces pour cette vie seule, ne ressusciterait-elle pas, dans l'esprit de la jeunesse, en un temps où, de toute part, se réveille de plus en plus l'énergie de la nation allemande? Si donc la jeune école philosophique de votre nation, qui a déjà fait tant de choses excellentes pour l'histoire de la philosophie, veut continuer à faire connaître en France le système de Fichte, soit par des expositions générales, soit par des traductions particulières, je me permettrai de lui indiquer quels écrits elle doit préférablement choisir dans la publication que je viens d'en faire. Je conseille de ne pas traduire les œuvres scientifiques proprement dites, et d'une forme philosophique rigoureuse. Il est à peu près impossible de les traduire dans votre langue; il faudrait les transformer et en changer l'exposition. Une traduction littérale aurait le double inconvénient de faire violence à votre langue, et de ne pas reproduire le véritable esprit du système. Je ne veux pas prendre pour exemple une traduction de la doctrine de la science de 1794, qui a paru il y a quelque temps ; je veux prendre un exemple plus indirect. M. Ott, dans l'ouvrage critique dont nous avons parlé plus haut, a donné un extrait de l'Encyclopédie philosophique de Hegel, et en a traduit littéralement les principaux paragraphes ; mais il faut convenir que par là il a rendu le tout presque inintelligible, et quiconque connaît la philosophie allemande, ne s'étonnera pas d'entendre déclarer, d'après cette traduction, que le système de Hegel n'est qu'un tissu de faussetés et de non-sens. Il vaut donc mieux, soit pour Fichte, soit pour Hegel, choisir les ouvrages qui, par leur contenu populaire, sont déjà plus faciles à comprendre. Je propose avant tout la traduction d'un de ses derniers ouvrages, la Doctrine de l'État, qui se trouve dans le quatrième volume de ses œuvres complètes, et ses Leçons sur le caractère du siècle. Berlin, 1806. Je trouverais convenable de laisser de côté dans ces ouvrages, et surtout dans le dernier, ce qui, se rapportant à cette époque, n'a plus d'intérêt aujourd'hui, et d'ailleurs ne peut être compris dans l'ignorance de la situation littéraire du temps. Parmi les ouvrages philosophiques proprement dits de Fichte, peut-être pourrait-on donner une traduction un peu libre de l'ouvrage intitulé : Exposition plus claire que le soleil de l'essence de la nouvelle philosophie, vol. 2 des œuvres complètes. Dans ce petit écrit, dont il faut retrancher l'appendice, par la raison que je viens de donner, il s'est expliqué de la manière la plus populaire sur l'essence et la méthode de toute la philosophie moderne. Cet écrit pourrait donc très-bien servir d'introduction générale à l'étude de cette philosophie.

Assurément, il est important de jeter un coup d'œil en arrière sur le passé de la philosophie, d'examiner et de comparer les divers systèmes. Soyez persuadé que tout ce que vous avez fait dans votre patrie pour l'histoire de la philosophie est suivi avec attention, et mis à profit parmi nous. Votre ouvrage distingué et fécond en éclaircissements nouveaux, l'histoire et critique de la révolution cartésienne, les anciens ouvrages de Jourdain sur Aristote, les travaux plus récents de MM. Pierron et Zévort, sur la métaphysique, les travaux de M. Jules Simon, sur la théorie de Platon et d'Aristote, sur Proclus et l'école d'Alexandrie, les recherches de M. Xavier Rousselot sur la philosophie du moyen-âge, ainsi que d'autres ouvrages de même nature, sont bien connus chez nous, et ont été, la plupart appréciés dans des critiques sérieuses. Victor Cousin s'est déjà assuré le souvenir le plus glorieux, en ressuscitant le premier ces études, en continuant de les diriger et de les exciter. Je suis du même avis que lui sur le caractère de la philosophie actuelle, qu'il exprimait déjà ainsi en 1822, dans une lettre à un savant allemand (Mémoires et lettres publiés par Dorow, vol. 4, p. 19) :

« Nulle grande combinaison n'est possible, et ce n'est pas tout à fait hier que je regarde la philosophie comme condamnée pour quelque temps à revenir sur ses pas, et à se rendre compte de ce qu'elle a fait avant de recommencer sa course et de tenter de nouvelles voies. C'est une halte momentanée, et, dans ce silence nécessaire du génie, c'est au vrai talent à se connaître et à se mesurer ; la présomption n'est permise qu'à l'irréflexion et à la sottise. »

J.-H. Fichte,
Professeur ordinaire de philosophie
à l'université de Tubingue.

PRÉFACE.

Les leçons que je publie aujourd'hui forment un tout avec celles que j'ai publiées sous le titre de Caractères fondamentaux du siècle actuel, et avec celles que j'ai publiées sous le titre de Caractère essentiel du savant, dans lesquelles j'ai développé, par rapport à un point particulier, ma pensée fondamentale. Réunies, elles composent un ensemble d'enseignement populaire dont les leçons actuelles sont le point culminant et la lumière. Cette doctrine est le résultat de mon éducation philosophique, continuée sans cesse pendant six ans, avec plus de loisir et de maturité, à partir du principe que j'ai posé, il y a treize ans. Si ce principe, comme je l'espère, a changé beaucoup de choses en moi, il n'a lui-même changé en aucun point. De même que les circonstances m'ont porté à choisir ce sujet, de même elles m'ont suggéré la forme intérieure et extérieure dans laquelle j'ai développé ma pensée. Ainsi le développement que j'ai donné à ces leçons n'a pas dépendu de ma volonté, mais du temps dans lequel elles devaient être nécessairement préparées. Quelques-uns de mes auditeurs et de mes amis qui avaient jugé favorablement ces leçons m'ont entraîné à les publier. Or, d'après ma manière de travailler, je n'aurais jamais achevé si j'avais voulu les retravailler avant de les livrer à l'impression. Qu'ils s'en prennent à eux-mêmes si le succès ne répond pas à leur attente. Pour moi, en considérant tout le trouble qu'une impulsion forte occasionne dans les esprits, et la reconnaissance qui est l'inévitable partage de celui qui veut le bien, je ne sais plus à quoi m'en tenir à l'égard du public, je ne sais plus à quoi me résoudre dans les choses de ce genre, je ne sais plus comment on doit parler à ce public, je ne sais même pas s'il vaut encore la peine qu'on s'adresse à lui par la presse.

Berlin, avril 1806.

FICHTE.

MÉTHODE

POUR

ARRIVER A LA VIE BIENHEUREUSE.

PREMIÈRE LEÇON.

La vie est l'amour, donc la vie et le bonheur sont en eux-mêmes une seule et même chose. — Distinction de la vie véritable et de la vie apparente. — La vie et l'être sont aussi une seule et même chose. — L'être véritable est éternellement identique à lui-même et invariable, l'apparence au contraire est variable. — La vie véritable aime l'unité, c'est-à-dire Dieu. — La vie apparente aime le multiple et le varié, c'est-à-dire le monde. — L'apparence elle même n'est supportée et conservée dans l'existence que par l'aspiration vers l'Éternel. — Or cette aspiration n'est jamais satisfaite dans la vie purement apparente, aussi la vie apparente est-elle toujours malheureuse. — Au contraire l'amour propre à la vie réelle est continuellement satisfait, et en conséquence la vie réelle est heureuse. — La pensée est l'élément de la vraie vie.

Messieurs,

Méthode pour arriver à la vie bienheureuse, tel est le titre sous lequel ont été annoncées les leçons que je commence aujourd'hui [1].

---

[1] Je dois ici témoigner ma reconnaissance à M. Durre, professeur d'allemand à Lyon; à M. Wilm, inspecteur de l'académie de Strasbourg; à M. Bruch, doyen de la faculté de théologie protestante, qui ont bien voulu m'aider de leur conseils et revoir tous les passages les plus difficiles.

Obligé de me soumettre à l'opinion commune, d'où il faut d'abord partir pour ensuite la redresser, j'ai dû m'exprimer de la sorte, quoique en réalité cette expression de vie bienheureuse contienne une vaine répétition. En effet, la vie est nécessairement bienheureuse, puisque la vie est le bonheur. Il y a contradiction dans l'idée d'une vie qui ne serait pas bienheureuse. La mort seule est malheureuse. J'aurais donc dû, pour parler plus exactement, donner pour titre aux leçons que je me suis proposé de vous faire, le Chemin de la vie, ou la Doctrine de la vie, ou bien, en prenant l'idée par son autre côté, le Chemin du bonheur, la Doctrine du bonheur.

S'il s'en faut de beaucoup que tout ce qui paraît vivant soit heureux, c'est qu'en fait et en réalité, ce qui n'est pas heureux n'est pas vivant, et demeure en grande partie plongé dans la mort et dans le néant. La vie, ai-je dit, est elle-même le bonheur. Comment en serait-il autrement, puisque la vie est l'amour, puisque la forme et la force tout entière de la vie consistent dans l'amour et naissent de l'amour? Je viens d'exprimer dans ces paroles un des principes les plus profonds que puisse découvrir l'intelligence, et cependant il suffit de quelque effort d'attention pour en apercevoir l'évidence. L'amour partage d'abord, pour ainsi dire, en un être double l'être mort en soi, et le mettant face à face avec lui-même il en fait un moi et une personne, qui se contemple et qui se sait. Dans cette personnalité est la racine de toute vie. Ensuite l'amour réunit et relie de la manière la plus intime le moi divisé, qui sans l'amour se contemplerait froidement et sans intérêt. Cette unité dans une dualité qui n'est pas anéantie, qui dure éternellement, est précisément la vie, et celui qui voudra approfondir et comparer ces notions n'aura pas de peine à les comprendre. Or l'amour est en outre le contentement, la satisfaction, la jouissance de soi-même et par conséquent le bonheur, et ainsi il est clair que l'amour, la vie et le bonheur sont absolument un et identique. J'ai dit encore que tout ce qui paraît vivant ne l'est pas en fait et en réalité. Il en résulte, à mon avis, que la vie peut être envisagée sous un double point de vue, celui de la réalité et celui de l'apparence, et c'est ainsi que je l'envisage. Faisons tout de suite remarquer que cette vie purement apparente serait destituée même de l'apparence et resterait dans le néant, si elle ne se fondait et s'appuyait en quelque façon sur l'être véritable, et si, rien n'étant réel que la vie, la vie réelle n'entrait en quelque façon dans cette vie apparente et ne se mêlait avec elle. Il ne peut y avoir ni mort absolue ni malheur absolu, car par là même qu'on suppose cette mort ou ce malheur, on leur accorde une existence, et il n'y a que l'être et la vie véritables qui puissent exister. Tout être incomplet est donc seulement un mélange de ce qui est mort et de ce qui est vivant. De quelle manière a lieu ce mélange, et quelle est, même dans les degrés inférieurs de la vie, cette perpétuelle image de la véritable vie, je l'expliquerai bientôt.

Il faut remarquer encore que l'amour est toujours le siége et le centre même de cette vie apparente : saisissez bien ce que je veux dire ; l'apparence, comme nous le verrons encore bientôt, peut se produire sous des formes diverses et variées à l'infini. Or, toutes ces formes diverses de la vie apparente sont vivantes, lorsqu'on se place au point de vue de l'apparence, ou plutôt elles paraissent avoir la vie, à parler rigoureusement d'après la réalité. Si maintenant l'on demande comment le principe commun de la vie se trouve diversifié dans toutes ces formes individuelles, si l'on demande ce qui donne à chaque individu le caractère exclusif de la vie particulière, je réponds c'est l'amour de cette vie particulière et individuelle. Révèle-moi ce que tu aimes véritablement, ce vers quoi tu tends et aspires de toutes les forces de ton désir, lorsque tu espères entrer en pleine jouissance de toi-même, et par là tu m'auras révélé ta vie. Ton amour c'est ta vie. Cet amour que tu me révèles est précisément ta vie, c'est la racine, le siége, le centre de ta vie. Tous tes autres mouvements ne sont de la vie, qu'à la condition de se diriger vers ce centre unique. Il est certain que beaucoup de gens seraient embarrassés de répondre à cette question, parce qu'ils ne savent pas ce qu'ils aiment; mais cela prouve seulement qu'à proprement parler, ils n'aiment rien, et qu'en conséquence ils ne vivent pas, parce qu'ils n'aiment pas.

Voilà ce que nous avons à dire en général sur l'identité de la vie, de l'amour et du bonheur. Maintenant établissons la distinction rigoureuse de la vraie vie d'avec la vie purement apparente.

L'être, et cette fois je dis l'être et non pas l'amour, est encore une seule et même chose avec la vie. Il n'y a que la vie qui puisse d'elle-même et par elle-même exister indépendante, et en conséquence la vie, pourvu qu'elle ne soit que la vie, emporte avec elle l'existence[1]. Ordinai-

---

[1] Il y a dans le texte Daseyn. Seyn est l'être en lui-même, l'être irrévélé, Daseyn est l'être révélé, manifesté sous une certaine forme et d'une certaine manière. En général, je traduirai Daseyn par existence, et j'opposerai existence à être comme dans l'allemand Daseyn

4

rement on conçoit l'être comme quelque chose d'immobile, de fixe et de mort, les philosophes eux-mêmes presque sans exception l'ont ainsi conçu, même lorsqu'ils l'ont proclamé comme l'absolu. Cette erreur vient de ce que, dans la considération de l'être, on partait d'une notion abstraite et morte. Ce n'est pas dans l'être en lui-même que se trouve la mort, mais dans la conception morte d'un contemplateur sans vie. Nous avons ailleurs démontré, à ceux au moins qui étaient capables de le comprendre, que cette erreur est la source primitive de toutes les autres erreurs, et que par elle le monde de la vérité et le monde des esprits demeure pour jamais fermé au regard. Ici il nous suffit de rappeler cette démonstration [1].

est opposé à Seyn. Quelquefois seulement je mettrai la manifestation de l'être, l'être manifesté à la place d'existence pour éviter une trop grande obscurité. Mais je prie que dans tout le cours de l'ouvrage on se souvienne du sens dans lequel j'emploie le mot d'existence.

[1] Fichte a développé cette même idée dans la plupart des ouvrages qui appartiennent à cette période de sa vie philosophique. Nous citerons la seconde de ses leçons sur l'Essence du savant, ouvrage qui n'est pas encore traduit, et qu'il ne faut pas confondre avec l'ouvrage de la Destination du savant, publié en 1793, à Iéna, et traduit par M. Nicolas, professeur de théologie à la faculté de Montauban. Voici quelques passages analogues de cette seconde leçon : « L'être, en tant qu'être, est d'une manière absolue vivant et actif en lui-même, et il n'y a pas d'autre être que la vie. Il n'est pas mort, inert, immobile en lui-même... La vie unique, la vie existant d'elle-même et par elle-même, est la vie de Dieu ou de l'absolu, car ces deux mots sont syno-

De même que l'être et la vie ne sont qu'une seule et même chose, de même la mort et le néant sont identiques. Or, comme je l'ai dit plus haut, il n'y a pas de mort absolue ni de néant absolu, mais il n'y en a que l'apparence, et cette apparence consiste dans un mélange de la vie et de la mort, de l'être et du non être. Il suit que l'apparence sous le point de vue de ce qui en fait une apparence, et de ce qui s'oppose en elle à l'être et à la vie véritable n'est que la mort et le néant.

En outre, l'être est absolument simple, il n'a rien de divers, il n'y a pas plusieurs êtres, mais un seul. Il y a dans cette proposition, ainsi que dans la précédente, une idée qui est ordinairement méconnue ou même complétement ignorée. Cependant quiconque veut considérer sérieusement la question, peut se persuader à l'instant de

nymes, et lorsque nous disons la vie de l'absolu, ce n'est qu'une façon de parler, puisque dans la réalité l'absolu est la vie, et la vie l'absolu. Cette vie divine existe par elle-même, est enfermée en elle-même, a son siége en elle-même, demeure en elle-même, elle ne se produit qu'au dedans d'elle-même, elle n'est accessible qu'à elle-même. Elle est tout l'être, et en dehors d'elle il n'y a aucun être. En conséquence elle n'est sujette à aucune espèce de changement. Or, cette vie divine s'extériorise, se produit, se manifeste comme telle, c'est-à-dire comme vie divine ; et son exposition, sa manifestation, son existence extérieure est le monde.
(*Sur l'Essence du Savant*. Berlin, 1806, p. 25-27.)

sa vérité et de son évidence. Je n'ai ici ni le temps ni le projet de faire sur les individus présents les préparations et pour ainsi dire les initiations nécessaires, dont la plupart des hommes ont besoin pour devenir capables de réfléchir sérieusement sur cet objet.

Je veux seulement présenter et employer les résultats de ces prémisses, qui déjà par elles-mêmes se recommanderont à un sens droit et naturel. Pour ce qui est des prémisses plus profondes, nous nous contenterons de les exprimer d'une manière claire et déterminée, et en les mettant à l'abri de tout malentendu. Ainsi, par rapport à la thèse que nous venons de poser, notre opinion est celle-ci : L'être seul est, rien n'est qui ne soit pas l'être, qui soit au delà de l'être. Une telle supposition doit paraître, à quiconque comprend mes paroles, une absurdité palpable. Cependant c'est cette absurdité qui est cachée au fond de l'idée vulgaire de l'être. Car d'après cette idée vulgaire on suppose quelque chose qui par soi-même n'est pas et ne peut pas être, et on y ajoute une existence qui, à proprement parler, n'est l'existence de rien. C'est du mélange de ces deux absurdités qu'on fait résulter le vrai et le réel. Cette idée vulgaire est réfutée par la thèse que je viens d'établir.

L'être seul est, rien n'est que ce qui est de soi et par soi. Nous disons en outre, cet être est simple, identique à lui-même, immuable et invariable, il n'y a en lui aucune naissance, aucune mort, aucun changement, aucun jeu de transformation, mais toujours immobile, toujours identique à lui-même, il persévère dans l'être.

En peu de mots on démontre la vérité de cette assertion : ce qui est par soi-même, est ce qui est, est entièrement, est tout d'une fois, sans qu'on puisse en retrancher, sans qu'on puisse davantage y ajouter quelque chose.

Ainsi nous avons frayé la voie à l'intelligence de la distinction caractéristique entre la véritable vie qui est identique avec l'être et la vie purement apparente, laquelle, en tant qu'elle n'est qu'apparence, est identique avec le non être. L'être est simple, invariable et demeure éternellement identique avec lui-même. En conséquence, la véritable vie est aussi simple, invariable et identique avec elle-même. L'apparence au contraire est un continuel changement, un continuel balancement entre ce qui devient et ce qui n'est plus, c'est pourquoi la vie apparente est aussi un continuel changement, un continuel balancement entre ce qui devient et ce qui n'est plus, et sans cesse elle est entraînée au travers de variations sans fin. Le centre de la vie est toujours l'amour. La véritable vie aime ce qui est un, l'invariable, l'éternel; la vie apparente s'efforce d'aimer ce qui est mobile dans sa mobilité, comme si ce qui passe pouvait être aimé et donner prise à l'amour.

Cet objet aimé de la véritable vie est celui que nous comprenons, ou du moins que nous devrions comprendre sous le nom de Dieu. L'objet de l'amour de la vie apparente est le variable, est ce qui nous apparait comme le monde, et ce que nous appelons le monde. La véritable vie vit donc en Dieu et aime Dieu; la vie apparente vit dans le monde et s'efforce d'aimer le monde. Par quelque côté particulier qu'elle embrasse le monde, peu importe. Ce que l'opinion vulgaire appelle dépravation morale, péché, crime peut être plus nuisible et plus pernicieux à la société humaine que beaucoup d'autres choses que cette même opinion regarde comme innocentes ou même comme louables; mais au point de vue de la vérité, toute vie qui dirige son amour sur ce qui passe, et cherche sa jouissance dans un objet quelconque, qui n'est pas l'éternel, l'immuable, par cela même seulement qu'elle cherche sa jouissance en ces autres objets, est une vie de néant, de misère, de malheur.

La véritable vie vit dans ce qui est invariable, elle n'est donc pas plus susceptible d'un accroissement ou d'une diminution que l'invariable même au sein duquel elle vit. Elle est complète à chaque instant, elle est la plus haute vie qui soit possible, elle reste dans toute l'éternité, ce qu'elle est à chaque moment de la durée. La vie apparente ne vit que dans ce qui est variable, et en conséquence ne demeure pas deux instants de suite identique à elle-même. Chaque moment qui suit absorbe le moment qui précède. Ainsi la vie apparente est une mort continuelle, elle ne vit qu'en mourant, elle ne vit que dans la mort.

Nous avons dit, la véritable vie est heureuse par elle-même, la vie apparente est nécessairement misérable et malheureuse. La possibilité de toute jouissance, de toute joie, de tout bonheur, quel que soit le mot par lequel vous exprimez la conscience générale du bien-être, se fonde sur l'amour, sur l'effort, sur le désir. Être réuni à l'objet bien-aimé, être confondu entièrement avec lui, voilà le bonheur; être séparé et repoussé de lui, sans pouvoir s'empêcher de tendre et d'aspirer vers lui, voilà le malheur.

Tel est donc en général le rapport de l'apparence, ou du fini à l'être absolu, à l'infini, à l'éternel. Ce que j'ai indiqué plus haut comme devant être le soutien de l'apparence, comme devant la maintenir, dans son existence, quand même elle existerait seulement comme apparence, ce que j'ai promis de caractériser, c'est l'aspiration vers l'éternel. Ce désir ardent d'être réuni et de se confondre avec ce qui est impérissable, est la racine la plus profonde de toute existence finie, aucune branche de ce mode d'existence ne peut en être entièrement détachée, sans tomber dans un néant complet et absolu. C'est en partant de cette aspiration sur laquelle toute existence finie repose, que la vie apparente s'élève ou ne s'élève pas à la vie véritable. Si elle arrive à la véritable vie, et y pénètre, cette aspiration mystérieuse est expliquée et comprise comme amour de l'éternel; l'homme aperçoit alors ce qu'il veut, ce qu'il aime, ce dont il a besoin réellement.

Or, ce besoin peut toujours et dans chaque condition être contenté; en effet, sans cesse l'éternel nous environne, s'offre à nous, et il ne nous reste rien à faire que de le saisir, et une fois saisi, il ne peut plus être perdu. Celui qui a la véritable vie l'a saisi et le possède à jamais tout entier et indivisible et dans toute sa plénitude, à chaque moment de son existence, il est heureux par la réunion avec l'objet bien-aimé. Il est inébranlablement persuadé qu'il en jouira dans toute l'éternité, et par là il est assuré contre toute espèce de doute, de crainte et d'inquiétude.

Celui qui n'est pas parvenu à la vie véritable sent cette aspiration, mais ne la comprend pas. Tous les hommes voudraient être heureux, tranquilles et satisfaits de leur condition, mais ils ne savent pas où ils trouveront ce bonheur, ils ne comprennent pas ce qu'ils aiment en effet et ce à quoi ils aspirent. Ils croient qu'on peut le trouver dans ce qui se présente immédiatement à leurs sens, c'est-à-dire dans le monde. En effet, au point de vue de leur esprit rien n'existe, si ce n'est le monde. Ils se mettent courageusement à la chasse du bonheur, en s'appropriant le premier objet venu qui leur plaît, qui leur promet de satisfaire leur désir, et ils s'y abandonnent avec amour. Mais aussitôt ils rentrent en eux-mêmes et se demandent : Suis-je maintenant heureux ? Du fond de leur conscience une voix retentit qui leur crie : Oh ! non, tu es encore aussi vide et aussi indigent qu'auparavant. Désabusés de cette illusion, ils pensent qu'ils ne se sont trompés que sur le choix de l'objet, et se jettent sur un autre. Mais celui-là ne les satisfera pas plus que le premier, aucun objet placé sous le soleil ou la lune ne pourra les satisfaire. Et pourrions-nous désirer qu'il en fût autrement ? Puisque ce sentiment que rien de ce qui est fini et passager ne peut les satisfaire, est précisément le lien unique par lequel ils tiennent à l'éternel, et demeurent dans l'existence. S'ils venaient un jour à trouver jamais un objet fini qui pût les contenter entièrement, ce jour-là ils seraient à jamais expulsés du sein de la Divinité et jetés dans l'éternelle mort du néant. Ainsi ils passent leur vie, agités par un désir et une angoisse continuels. Dans chaque état où ils se trouvent, ils pensent que, s'ils pouvaient changer, ils seraient mieux; ils changent et ils ne se trouvent pas mieux. A chaque place où ils sont parvenus, ils s'imaginent que, s'ils pouvaient monter jusqu'à cette hauteur que leur œil découvre, ils seraient délivrés de l'inquiétude qui les tourmente, ils y montent et ils y retrouvent exactement la même inquiétude. Si, dans l'âge mûr, lorsque l'ardeur et les joyeuses espérances de la jeunesse se sont évanouies, ils commencent à réfléchir, s'ils considèrent la vie que jusqu'à présent ils ont menée, s'ils osent en tirer une leçon décisive, s'ils osent s'avouer qu'il n'est absolument aucun bien terrestre qui puisse donner le parfait bonheur, alors que font-ils ? Ils se désisteront peut-être entièrement de toute prétention à tout bonheur et à toute paix, ils s'efforceront autant qu'il est en eux, d'éteindre, d'affaiblir cet inextinguible désir qui vit encore dans leur âme, et ils appelleront ce marasme la seule vraie sagesse, ce désespoir du salut le véritable salut, et cette prétendue science que l'homme n'est pas fait pour le bonheur, mais seulement pour une stérile agitation dans le néant et en vue du néant, la seule vraie science. Ou peut-être ne se désisteront-ils que de l'espérance du bonheur en ce monde, et se contenteront-ils d'une assignation sur le bonheur au delà du tombeau que leur promet une ancienne tradition? Quelle déplorable illusion les aveugle! sans doute le bonheur est aussi par delà la tombe; mais il y appartient à ceux pour qui en deçà il avait déjà commencé, et il est absolument de la même nature que celui que nous pouvons à chaque instant goûter ici-bas.

Il ne suffit pas de se faire enterrer pour arriver au bonheur. Dans la vie future et dans la série infinie de toutes les vies futures, les hommes dont je parle chercheront tout aussi inutilement le bonheur qu'ils l'ont cherché dans la vie présente, s'ils le cherchent ailleurs que dans l'éternel. Car déjà il les environne de si près ici-bas, que pendant toute cette série infinie, ils ne pourront en approcher davantage.

Ainsi le misérable fils de l'éternité, chassé de la

demeure paternelle, erre sans cesse au milieu de son céleste héritage sur lequel il n'ose tendre une main trop timide, dans des déserts où il s'efforce partout de se bâtir un asile. Heureusement la prompte ruine de chacun de ces asiles lui rappelle qu'il ne peut trouver le repos nulle part, si ce n'est dans la maison de son père. Voilà comment, Messieurs, la vraie vie est nécessairement le bonheur lui-même, et la vie apparente est nécessairement le malheur.

Maintenant prêtez toute votre attention à ce que je vais ajouter : l'élément, l'éther ou si quelqu'un comprend mieux cette dernière expression, la forme substantielle de la vraie vie est la pensée. Personne, en effet, ne peut être tenté d'attribuer sérieusement et dans la vraie signification du mot, la vie et le bonheur à un être qui n'aurait pas conscience de lui-même. Toute vie suppose la conscience de soi-même, et la conscience de soi-même peut seule saisir la vie et permettre d'en jouir. En outre, la vraie vie et le bonheur consistent dans l'union avec ce qui est invariable et éternel. Or, l'éternel ne peut être saisi que par la pensée, il ne nous est accessible que par cette seule voie. Nous concevons l'un et l'invariable comme la raison de notre existence, et de l'existence du monde. D'abord, il est le principe de quelque chose, il s'est manifesté dans le fini, il n'est pas demeuré dans le néant; ensuite, ce quelque chose dont il est le principe est fondé sur son essence intime, qui est compréhensible de cette manière et de tout autre est incompréhensible, et qui ne peut se manifester d'une autre manière que de celle dont elle s'est manifestée[1]. Ainsi donc, la véritable vie et le bonheur existent dans la pensée, c'est-à-dire dans une certaine conception déterminée de nous-mêmes et du monde, considérés comme une émanation de l'essence intime et cachée de l'être divin. Ainsi, la doctrine du bonheur elle-même ne peut être autre chose qu'une doctrine de la science; il ne peut, après tout, y avoir d'autre doctrine que la doctrine de la science. La vie réelle repose sur l'esprit, c'est-à-dire sur la vitalité de la pensée qui a son fondement en elle-même, car en dehors de l'esprit il n'y a rien de réel. Vivre réellement, c'est penser réellement et reconnaître la vérité.

Telle est la vérité. Que personne ne se laisse donc troubler par les injures que ces temps gros-

---

[1] La pensée fondamentale de ce passage un peu obscur peut se ramener à ceci : Dieu se manifeste dans le fini, c'est-à-dire dans le monde, par conséquent son essence intime ne peut être connue que par l'essence du monde, et il resterait lui-même incompris et incompréhensible, si l'essence du monde ne nous le manifestait tel qu'il est.

siers et impies ont prodiguées à ce qu'ils appellent la spéculation. Pour apprécier la valeur de ces injures, sachez qu'elles venaient de gens qui n'entendaient rien à la spéculation. Personne de ceux qui l'ont connue ne l'a injuriée. La divinité ne peut être saisie que par l'élan le plus élevé de la pensée, il est impossible de la saisir par un autre organe. Rendre suspect aux hommes cet élan sublime de la pensée, c'est vouloir les priver pour jamais de la jouissance de Dieu et du bonheur.

Où serait l'élément de la vie et du bonheur si ce n'est dans la pensée ? Serait-ce dans les sensations et dans les sentiments ; peu importe qu'il s'agisse des jouissances sensuelles les plus grossières, ou des ravissements les plus purs et les plus mystiques ? Mais comment un sentiment qui de sa nature est accidentel, pourrait-il donner la garantie de son existence invariable et éternelle ? Comment pourrions-nous la contempler et en jouir au sein de cette obscurité, qui par la même raison enveloppe nécessairement le sentiment ? Non, il n'y a que la flamme de la connaissance claire, entièrement transparente à elle-même, et se possédant librement elle-même, qui puisse, par cette clarté même, nous donner la garantie de son éternelle existence !

L'élément de la vie heureuse serait-il par hasard dans les actions vertueuses? Consisterait-il dans ce que les profanes appellent vertu, c'est-à-dire à administrer régulièrement son emploi et remplir ses fonctions convenablement, à laisser à chacun ce qui est à lui, ou même à donner un peu du sien à l'indigent? Mais les lois contraindront à cette vertu désormais, comme elles y ont contraint jusqu'à présent, et elles y exciteront la compassion naturelle. Quant à la véritable vertu, à cette activité vraiment divine qui de rien fait le bien et le vrai dans le monde, personne ne s'y élèvera, si ce n'est celui qui conçoit clairement la divinité et l'embrasse avec amour. Mais celui qui la conçoit ainsi, ne pourra pas même, malgré lui, ne pas l'aimer.

Je suis loin de penser que cette doctrine soit une doctrine nouvelle sur le monde de l'esprit, car c'est la vieille doctrine qui est arrivée jusqu'à nous à travers tous les temps. Ainsi, par exemple, le christianisme fait de la foi la condition exclusive de la véritable vie et du bonheur, et il rejette sans exception comme n'étant que mort et néant tout ce qui ne sort pas de la foi. Cette foi consiste précisément dans ce que j'ai appelé la pensée, c'est-à-dire la vraie, la seule vraie conception de nous-mêmes et du monde dans l'essence immuable de Dieu. C'est seulement lorsque cette foi, lorsque la pensée claire et vivifiante a disparu du monde, que l'on a placé dans la vertu la condition de la vie bienheureuse, et cherché des fruits exquis sur un bois sauvage.

J'ai promis d'indiquer une méthode pour arriver à cette vie que je viens de décrire d'une manière générale, je me suis engagé à donner les moyens et les voies par lesquels l'homme peut entrer dans cette vie bienheureuse et s'en emparer. Toute cette méthode est comprise dans la seule remarque qui suit : On ne demande pas à l'homme de créer l'éternel, ce que jamais il ne pourrait faire ; l'éternel est en lui, sans cesse l'éternel l'environne ; qu'il rejette seulement l'accidentel, le néant avec lequel jamais la véritable vie ne peut s'unir, et alors immédiatement il atteindra l'éternel et le bonheur. Nous ne pouvons pas par nos efforts faire venir à nous le bonheur, mais nous pouvons repousser notre misère, et immédiatement le bonheur vient de lui-même prendre la place de la misère. Le bonheur, comme nous l'avons vu, c'est le repos et la concentration dans l'unité, le malheur c'est la diffusion dans la diversité et dans la variété. Ainsi devenir heureux, c'est ramener notre amour de la variété sur l'unité.

Ce qui s'abandonne à la variété, s'épanche, se répand, s'écoule comme de l'eau. Cette concupiscence qui nous porte à aimer tantôt ceci, tantôt cela, et un grand nombre de choses à la fois, fait que nous n'aimons rien. Tandis que partout nous voudrions être chez nous, nous n'y sommes nulle part. Cet entraînement vers la variété est notre nature propre et nous sommes nés avec lui. Par cette raison, le retour de l'esprit vers l'unité qui échappe à la vue naturelle de notre esprit et ne peut être mise à découvert que par un effort de la pensée, apparaît comme un recueillement de l'esprit, comme un retour de l'esprit sur lui-même, comme la gravité en opposition au jeu frivole que la multiplicité dans la vie joue avec nous, comme la profondeur en opposition à l'esprit superficiel qui, en voulant tout embrasser, n'embrasse rien réellement. Cette gravité profonde, ce recueillement sévère de l'esprit, ce retour de l'esprit sur lui-même est la seule condition à laquelle nous pouvons obtenir la vie bienheureuse, mais à cette condition nous l'obtiendrons certainement et infailliblement. Sans doute il est vrai que notre esprit, en se détachant ainsi des choses visibles, verra pâlir et disparaître peu à peu les objets de son ancien amour, jusqu'à ce que nous les retrouvions revêtus d'une beauté idéale au sein de l'éther du monde nouveau qui s'ouvre devant nous. Toute notre ancienne vie meurt, jusqu'à ce que nous la retrouvions comme un léger appendice de la nouvelle vie qui commencera en nous. Mais telle est l'inévitable destinée de tout ce qui est fini. Pour arriver à la vie, le fini doit passer par la mort. Ce qui est mortel doit mourir, et rien ne peut l'affranchir de ce qui constitue son essence. Il meurt continuellement dans la vie apparente; mais lorsqu'il entre dans la vraie vie il meurt une fois pour toutes, et il est à jamais affranchi de toutes les morts réservées à la vie apparente dans la série infinie des existences futures.

J'ai promis une méthode pour arriver à la vie bienheureuse. Mais de quelle manière, avec quelles images, avec quelles formules et quelles notions faut-il les représenter à notre époque et à la société telle qu'elle est aujourd'hui? Les images et les formules de la religion établie qui disent ce que nous avons voulu dire, et qui le disent précisément dans les termes que nous avons dû employer, parce qu'ils sont les meilleurs, ces images et ces formules ont perdu leur véritable sens, elles sont tournées publiquement en ridicule ou bien elles sont l'objet d'un silence poli et dédaigneux.

En même temps, les notions et les conclusions de la philosophie sont accusées de conduire à la ruine de la société et de détruire les saines croyances, devant un tribunal où ni l'accusateur ni le juge ne se montrent au jour. On pourrait encore en prendre son parti; mais ce qui est pire, c'est qu'on répète à qui veut l'entendre qu'il ne comprendra jamais ces formules et ces conclusions philosophiques, afin qu'il ne prenne pas les termes dans leur sens naturel et tels qu'ils se présentent, et qu'il y cherche encore quelque chose de particulier et de secret. De cette manière naissent nécessairement les équivoques et la confusion.

Et quand même pour un tel enseignement on découvrirait des termes et des formules qui pussent être bien compris, comment pourrait-on inspirer le désir de les approfondir, lorsqu'avec plus de succès que jamais on présente le désespoir du salut comme le seul salut possible, lorsque cette opinion que les hommes ne sont rien, si ce n'est le jeu d'un Dieu arbitraire et fantasque, est partout donnée comme la seule vraie sagesse, lorsque celui qui croit encore à l'être et à la vérité, à la vertu véritable et au bonheur, est tourné en ridicule comme un enfant sans expérience ne connaissant rien des choses du monde? Quoi qu'il en soit, nous ne manquons pas de courage, et l'on doit risquer des efforts qui peuvent être inutiles, pour atteindre un but louable. Je vois devant moi et j'espère y voir encore des personnes qui ont reçu la meilleure éducation que notre siècle puisse donner. D'abord je vois des personnes d'un sexe auquel la société confie le soin des petits arrangements extérieurs et des embellissements de la vie, soin qui distrait et éloigne plus que tout autre chose de la méditation claire et sérieuse. Cependant, par compensation, la sage nature leur a donné une aspiration plus forte vers l'éternel et plus de délicatesse d'esprit. Ensuite, je vois devant moi des hommes d'affaires que leur état fait passer tous les jours de leur vie au travers des détails les plus minutieux et les plus variés, détails qui ont bien un rapport avec l'éternel et l'impérissable, mais un rapport tel que chacun ne peut le découvrir du premier coup d'œil. Enfin, je vois devant moi de jeunes savants dans lesquels l'éternel travaille encore pour arriver à la forme qu'il doit prendre en eux. Si pour ceux-ci je puis espérer que quelques-unes de mes paroles contribueront à développer en eux l'éternel, j'ai, par rapport aux deux premières classes, des prétentions beaucoup plus modestes. Je vous prie seulement d'accepter de moi ce que sans doute vous auriez tout aussi bien trouvé sans moi, mais ce que j'aurai moins de peine que vous à trouver.

Tandis que tous sont distraits et dissipés par les objets variés entre lesquels s'agite leur pensée, le philosophe dans le calme de la solitude, dans le continuel recueillement de l'esprit, marche seul vers le vrai, le bien et le beau. Ce qui pour les autres est une récréation et un délassement, est pour le philosophe une tâche de tous les jours. Je suis un de ceux auxquels ce sort favorable est tombé en partage, et ce qui peut être intelligible à tous, ce qui conduit au vrai, au beau et à l'éternel, les résultats les plus clairs de mes travaux spéculatifs, je vous offre de vous les communiquer tels que je les possède et aussi bien qu'il me sera possible de les communiquer.

SECONDE LEÇON.

Ce sujet appartient à la métaphysique ou à l'ontologie. — Il doit être traité ici d'une manière populaire. — Réfutation des objections contre la possibilité de cette entreprise. — Nécessité de la tenter. — Explication du caractère essentiel d'une exposition populaire en opposition avec l'exposition scientifique. — En fait, cette méthode a réussi depuis le christianisme. — Des nombreux obstacles qui de notre temps s'opposent au succès de cette méthode. — D'une part, sa forme précise et dogmatique va contre le penchant aux opinions arbitraires et contre cette indécision qui se décore du nom de scepticisme. — D'autre part, son contenu paraît étrange et prodigieusement paradoxal. — Enfin, les gens non prévenus sont troublés et intimidés par les discours des partisans fanatiques de la méchanceté. — Explication génétique du fanatisme de la méchanceté. — De l'accusation probable de mysticisme contre notre doctrine. — Véritable but de cette accusation et des accusations semblables.

Messieurs,

Un ordre et une méthode sévères s'introduiront naturellement et sans aucun soin de notre part, dans l'ensemble de ces leçons, aussitôt que nous en aurons trouvé l'entrée, aussitôt que nous aurons solidement posé un pied sur le seuil. Voilà ce que nous avons à chercher maintenant, et notre principal but doit être ici d'acquérir une vue plus nette et plus claire de ce qu'il y a d'essentiel dans la précédente leçon. Je dirai une seconde fois, dans la leçon suivante, ce que déjà j'ai dit, mais en partant d'un autre point de vue et en me servant d'autres expressions.

Pour aujourd'hui, je vous prie de prêter votre attention à ces observations préliminaires.

Je veux, ai-je dit, arriver à une intuition claire; mais la clarté se trouve seulement au fond des choses; à la superficie il n'y a qu'obscurité et confusion. Celui donc qui vous invite à une connaissance claire, vous invite sans nul doute à descendre avec lui dans le fond des choses. Aussi je ne veux pas nier, et je déclare hautement en commençant, que déjà dans la précédente leçon j'ai établi les fondements les plus profonds et les éléments de toute connaissance, les éléments en dehors desquels il n'y a pas de connaissance, et qui, dans le langage de l'école, s'appellent la plus haute métaphysique ou ontologie. Ce sont ces mêmes éléments que dans les prochaines leçons j'ai entrepris de développer d'une autre manière dans une exposition populaire.

Contre un tel projet on a coutume d'objecter ou qu'il est impossible, ou qu'il est imprudent de rendre populaires de pareilles connaissances.

Ce dernier langage est assez souvent celui de philosophes qui sont disposés à faire des mystères de leurs principes. Avant tout je veux répondre à ces objections, car il me suffit d'être aux prises avec la difficulté du sujet, sans avoir à combattre encore contre les préventions qu'il peut vous inspirer.

Quant à ce qui concerne la possibilité, je ne sais pas en effet si jamais aucun philosophe a réussi, et si jamais j'ai réussi et je réussirai moi-même à élever à la connaissance des principes métaphysiques, par la voie d'une exposition populaire, des hommes qui ne veulent pas ou ne peuvent pas étudier systématiquement la philosophie. Mais, par contre, je sais avec une évidence absolue et je proclame les deux vérités suivantes : 1° celui qui n'arrive pas à l'intuition de ces éléments dont le développement méthodique et systématique, mais non le contenu, constitue le domaine propre de la philosophie scientifique, celui-là n'arriverait pas à la vraie pensée et à la véritable indépendance intérieure de l'esprit; il restera dans la sphère de l'opinion; tous les jours de sa vie, il ne sera qu'un appendice d'un esprit étranger et non d'un esprit s'appartenant à lui-même ; il sera absolument privé d'un organe, et du plus noble organe intellectuel de l'esprit. Ainsi, prétendre qu'il est impossible et imprudent de conduire par une autre voie à l'intuition de l'essence du monde spirituel ceux qui ne peuvent pas étudier la philosophie systématiquement, revient à dire qu'il est impossible que quelqu'un qui n'étudie pas dans les formes de l'école arrive jamais à la pensée et à l'indépendance de l'esprit, et que l'école seule est propre à enfanter l'esprit. Si l'on ne prétend pas qu'il soit impossible, mais imprudent, d'affranchir intellectuellement ceux qui sont étrangers à la science, on les condamne à demeurer toujours en tutelle et à n'être qu'un appendice de l'esprit souverain des prétendus philosophes. Au reste, cette distinction que j'indique ici seulement entre la vraie pensée et la simple opinion, sera établie clairement et nettement dans la prochaine leçon.

2° Je sais et je reconnais avec la même évidence que c'est seulement par la pensée propre, pure et vraie, et non par aucune autre voie, qu'on peut comprendre et s'approprier la divinité et la vie bienheureuse qui en découle. Donc cette opinion de l'impossibilité de présenter d'une manière populaire les vérités profondes, équivaut encore à celle-ci : On ne peut s'élever à la religion et au bonheur qui en résulte que par l'étude systématique de la philosophie, et quiconque n'est pas philosophe doit éternellement être exclus de Dieu et de son royaume. Tout ceci dépend de la démonstration de cette vérité, que la pure pensée seule peut atteindre le vrai Dieu et la vraie religion. Souvent, dans ces leçons, je reviendrai sur cette démonstration et je chercherai à la mettre en évidence sous tous les points de vue. La vraie religion ne consiste pas, comme on se l'imagine d'ordinaire, à croire, à opiner, à convenir, parce qu'on n'a pas le courage de le nier sur ouï dire, et sur une assurance étrangère, qu'il y a un Dieu. Ce n'est là qu'une mauvaise superstition à l'aide de laquelle, tout au plus, on parvient à compléter une législation insuffisante, sous l'empire de laquelle l'intérieur de l'homme reste aussi mauvais et devient même souvent plus mauvais qu'auparavant, parce qu'il se fait ce Dieu à son image, et le façonne de manière à le faire servir d'appui à sa corruption. Mais la vraie religion, au contraire, consiste à contempler, à avoir, à posséder Dieu, non dans une personne étrangère, mais dans sa propre personne, à le voir avec l'œil propre de son esprit et non d'un esprit étranger. Or, cela n'est possible que par la pensée pure et indépendante, car elle seule constitue notre personnalité propre, car elle seule est l'œil auquel Dieu se découvre.

La pure pensée est la manifestation même de Dieu, et la manifestation divine dans son immédiatité n'est pas autre chose que la pure pensée.

Aussi, à considérer la question au point de vue historique, la supposition que tous les hommes, sans exception, peuvent arriver à la connaissance de Dieu, de même que la tendance à les élever tous vers cette connaissance, est la supposition et la tendance du christianisme, et puisque le christianisme est le principe du développement et le caractère propre des temps modernes, cette supposition et cette tendance sont l'esprit propre de l'époque du nouveau testament. Mais élever tous les hommes sans exception à la connaissance de Dieu, ou bien faire pénétrer dans tous les hommes les principes et les éléments les plus profonds de la connaissance par une autre voie que la voie systématique, sont choses tout à fait identiques. Il est donc évident que quiconque ne veut pas revenir aux anciens temps du paganisme doit admettre et la possibilité et le devoir rigoureux de mettre à la portée de tous les hommes les principes les plus profonds de la connaissance.

Mais je veux terminer cette argumentation sur la possibilité d'une exposition populaire des plus hautes vérités par une démonstration de fait la plus décisive. Cette connaissance que j'ai entrepris de développer, par ces leçons, en ceux qui ne l'ont pas encore, de fortifier en ceux qui déjà la possèdent, a-t-elle existé avant notre époque quelque part dans le monde, ou bien ai-je la prétention de l'introduire comme quelque chose d'entièrement nouveau qui, jusqu'à présent, ne s'est produit nulle part? Je ne puis supporter qu'on dise en aucune façon que cette connaissance est nouvelle; mais je prétends que depuis l'origine du christianisme, quoique méconnue et persécutée par l'église dominante, elle a cependant régné çà et là dans chaque siècle, et s'est propagée en un degré de clarté et de pureté que nous ne pouvons aspirer à dépasser. Par contre, je n'hésite pas à déclarer que si la méthode d'une déduction logique systématique, scientifiquement claire, par laquelle nous sommes arrivés à cette connaissance, a été en effet tentée avant nous, jamais encore elle n'est arrivée au but, et cette méthode, en faisant la part qui revient au génie de notre illustre prédécesseur, est en grande partie notre ouvrage. Si donc jamais auparavant cette doctrine n'a existé scientifiquement et philosophiquement, comment le Christ, ou bien, si on ne lui accorde qu'une existence merveilleuse et surnaturelle, ce que je ne veux pas discuter ici, comment les apôtres du Christ, comment les autres qui ont eu cette connaissance jusqu'à nous, y sont-ils arrivés? Parmi les premiers comme parmi les derniers, il y avait des hommes ignorants, non-seulement étrangers, mais encore opposés à la philosophie. Le petit nombre de ceux qui ont bien voulu se servir de la philosophie, et dont nous connaissons la philosophie, philosophent de telle sorte que le penseur s'aperçoit facilement qu'ils ne doivent pas à leur philosophie cette connaissance. Ils ne la tiennent pas de la méthode philosophique, donc ils y sont arrivés par la voie populaire. Pourquoi serait donc impossible aujourd'hui ce qui a été possible dans une série non interrompue de près de deux mille ans? Pourquoi ce qui a été possible avec des instruments très-imparfaits, dans un temps où nulle part n'existaient dans le monde des vues claires et générales, ne serait-il plus possible avec des instruments plus parfaits, et lorsqu'on trouve des vues claires et générales, au moins dans la philosophie? Pourquoi ce qui a été possible, lorsque la croyance religieuse et le bon sens naturel se faisaient toujours une guerre plus ou moins vive, deviendrait-il précisément impossible, lorsqu'ils se sont réconciliés, lorsqu'ils se sont confondus, et qu'ils tendent amicalement vers un même but?

De tout ce que nous venons de dire résulte, de la manière la plus impérieuse, le devoir pour chacun de ceux qui sont en possession de cette haute connaissance, de faire tous ses efforts afin de la partager, s'il est possible, avec tous les hommes ses frères, en la communiquant à chaque individu sous la forme où il croit qu'elle lui sera le plus accessible, sans jamais se demander, sans jamais s'arrêter à douter s'il réussira ou s'il ne réussira pas, mais travaillant toujours comme s'il devait nécessairement réussir, et recommençant toujours après chaque tâche accomplie, avec une nouvelle énergie, comme s'il n'avait encore rien fait. D'un autre côté résulte le devoir pour chacun de ceux qui ne possèdent pas encore cette connaissance, ou qui ne la possèdent pas encore avec la liberté et l'indépendance nécessaires, comme un bien assuré dont ils peuvent disposer à chaque instant, de se donner entièrement et sans réserve à l'enseignement qui leur est offert, comme si cet enseignement leur était exclusivement destiné, et comme s'ils ne pouvaient manquer de le comprendre. Jamais ils ne doivent craindre, hésiter et se dire : pourrai-je le comprendre, ou est-ce que je l'ai bien compris? Bien comprendre, dans le sens d'une pénétration complète du sujet, c'est beaucoup dire ; dans ce sens, celui-là seulement comprendra bien ce cours qui aurait pu le faire lui-même. Mais celui-là aussi l'aura compris, et l'aura compris d'une manière satisfaisante, qui en aura été touché, qui aura été élevé au-dessus de la vue commune du monde, et excité à de nobles sentiments et à de fortes résolutions. Que la mutuelle observation de ces deux devoirs soit, Messieurs, le fondement d'une espèce de pacte conclu entre nous, au commencement de ces leçons. Sans cesse, je chercherai des formes, des tournures, des combinaisons nouvelles, comme s'il était impossible de me rendre intelligible à vous ; mais vous à votre tour, c'est-à-dire ceux parmi vous qui visent à une vraie instruction, car pour les autres, je m'épargne volontiers de leur donner un conseil, portez à ce cours la même ardeur et la même confiance que si vous deviez me comprendre à demi-mot, et ainsi je crois que nous arriverons à nous entendre.

Toute cette discussion sur la possibilité et la nécessité d'une exposition populaire des éléments les plus profonds de la connaissance, recevra une nouvelle lumière et une nouvelle force de la distinction propre, de l'exposition populaire d'avec l'exposition scientifique. Cette distinction est, à mon avis, inconnue et ignorée, surtout de ceux qui discutent avec tant d'assurance sur la possibilité et l'impossibilité de l'exposition populaire. L'exposition scientifique dégage la vérité de l'erreur qui lui est opposée sous toutes ses faces et dans toutes ses déterminations. Elle la montre comme ce qui reste seul, comme ce qui est seul possible, après la négation et l'élimination de toutes les vues fausses et contradictoires qui lui sont opposées. Dans cette élimination des antithèses, dans ce dégagement de la vérité, du sein de ce chaos où la vérité et l'erreur sont mêlées ensemble, consiste l'essence de l'exposition scientifique. Cette exposition fait naitre la vérité et l'engendre devant nos yeux, d'un monde d'erreurs. Or il est évident que le philosophe antérieurement à cette démonstration, et seulement pour la projeter et l'entreprendre, doit déjà avoir et posséder la vérité indépendamment de sa démonstration scientifique. Mais comment serait-il parvenu, s'il n'y avait été conduit par le sens naturel de la vérité qui se manifeste chez lui avec plus de vigueur que chez ses contemporains? En conséquence, par quelle voie y arrive-t-il, si ce n'est par la voie naturelle et populaire? L'exposition populaire s'adresse à ce sens naturel de la vérité, qui, comme nous venons de le montrer, est le point de départ même de la philosophie scientifique; elle ne demande aucun autre appui. Elle exprime purement et simplement la vérité comme elle est en elle-même, sans la mettre en opposition avec l'erreur, et elle compte sur l'assentiment volontaire de cet esprit de vérité. Elle ne peut pas démontrer, mais elle doit être comprise, car la compréhension est l'organe avec lequel on en reçoit le contenu, et sans cet organe la vérité ne peut arriver à nous. L'exposition scientifique suppose qu'on est sous l'empire de l'erreur, suppose une nature d'esprit malade et déformée. L'exposition populaire suppose qu'on n'est pas sous l'empire de l'erreur, elle suppose une nature d'esprit saine en elle-même, mais non encore suffisamment développée. Comment le philosophe pourrait-il douter que l'esprit naturel de vérité est suffisant pour conduire à la connaissance de la vérité, puisque lui-même n'y est arrivé que par cette voie?

Mais quoique la compréhension des principes les plus élevés de la raison par la voie d'une exposition populaire soit sans nul doute possible, quoique en outre cette compréhension soit le but nécessaire de l'humanité vers lequel tous les hommes doivent tendre de toutes leurs forces; cependant nous devons avouer que notre époque présente peut-être plus d'obstacles à une pareille entreprise que toutes les époques précédentes. D'abord la seule forme de cette connaissance supérieure, forme arrêtée, sûre d'elle-même, qui se refuse absolument à toute modification, choque, en deux manières, la modestie que notre siècle n'a pas, il est vrai, mais qu'il exige de la part de tous ceux qui veulent avoir affaire avec lui. En effet, il faut avouer que cette connaissance prétend être vraie, et seule vraie, et vraie seulement dans l'expression déterminée avec laquelle elle se produit sous tous ses points de vue, et que tout ce qui va contre elle sans exception, sans atténuation, elle le déclare faux. Elle aspire à s'imposer sans ménagement à toute volonté, et à supprimer la liberté de l'erreur; elle repousse d'une manière absolue toute espèce de pacte avec tout ce qui n'est pas elle. Ce caractère entier et impérieux offense les hommes d'aujourd'hui, comme s'il leur portait le plus grand préjudice. Ils veulent que d'abord on les consulte, qu'on les complimente pour les décider à laisser passer une doctrine, ils veulent de leur côté faire leurs conditions; il faut qu'on leur laisse une place pour faire leurs tours de passe-passe. Pour d'autres esprits, ce qui nuit à cette forme, c'est qu'elle les force de prendre parti, et de se décider immédiatement entre le oui ou le non. Car ils n'ont aucun empressement de savoir à quoi s'en tenir sur ce qui seul est digne de connaissance; ils voudraient garder leur voix en réserve, dans le cas où les choses tourneraient encore un jour d'une autre manière. D'ailleurs il est commode de couvrir du nom ronflant de scepticisme le manque d'intelligence. Il est agréable de faire passer aux yeux des hommes ce manque d'intelligence qui nous a empêché de saisir la vérité pour une pénétration merveilleuse d'esprit, qui nous révèle des motifs de doute inconnus et inaccessibles au reste des hommes.

Un autre obstacle au succès de notre entreprise, c'est l'aspect prodigieusement paradoxal, étrange, et presque sans exemple, de nos doctrines qui traitent de mensonge tout ce que le siècle jusqu'à présent a tenu pour ce qu'il y avait de plus précieux et de plus sacré dans sa civilisation et ses lumières. Nous ne voulons pas dire qu'elle soit en réalité paradoxale. Chez les Grecs, Platon a marché dans la même voie. Le Christ de Jean dit absolument la même chose que ce que nous enseignons et démontrons ; il le dit précisément dans les mêmes termes dont nous nous servons ici. Dans notre nation elle-même, depuis une vingtaine d'années, nos deux plus grands poëtes [1] ont chanté cette même doctrine

---

[1] Schiller et Goëthe. Fichte a eu des relations avec l'un et avec l'autre. Goëthe professait la plus grande estime pour le caractère et le talent de Fichte. Il le protégea à Iéna auprès du prince de Saxe Wey-

sous les figures et les formes les plus variées. Mais la voix du Christ de Jean a été étouffée par la voix de disciples inintelligents ; mais selon l'opinion du siècle, les chants des poëtes ne signifient absolument rien, les poëtes ne cherchant à produire que de belles paroles et des sons retentissants.

Voici pourquoi cette doctrine si ancienne, et reproduite plus tard de siècle en siècle, paraît si nouvelle et si étrange à notre époque.

Depuis la renaissance des sciences dans l'Europe moderne, depuis surtout la réformation qui permit à l'esprit le libre examen, même de la plus haute vérité, de la vérité religieuse, une philosophie s'est formée peu à peu qui a cherché si le livre inintelligible pour elle de la nature et de la connaissance n'aurait pas un sens en le lisant à rebours. En conséquence tout, sans exception, fut renversé de sa base naturelle. Cette philosophie s'empara, comme le fait nécessairement toute philosophie régnante, de toutes les sources de l'instruction publique, des

---

mar. Il le mit en relation avec Jacobi. Schiller fut lié avec Fichte pendant une grande partie de sa vie. Il étudia sa philosophie et on en reconnaît l'influence et la trace dans quelques-unes de ses poésies et de ses tragédies.

catéchismes, de tous les livres d'enseignement, de tous les sermons, de tous les ouvrages en vogue. L'éducation de nous tous appartient à cette époque. Il n'est donc pas étonnant que ce qui est naturel nous paraisse contre nature, puisque ce qui est contre nature est devenu notre nature; il n'est pas étonnant qu'accoutumés à voir toutes les choses la tête en bas, nous croyions qu'on les renverse lorsqu'on les remet la tête en haut. Cette erreur passera bien avec le temps. Car nous qui déduisons la mort de la vie et le corps de l'esprit, mais non la vie de la mort et l'esprit du corps, comme les modernes, nous sommes les vrais successeurs des anciens, si ce n'est que nous voyons clairement ce qui est demeuré obscur pour eux, et la philosophie dont nous venons de parler n'est pas un progrès dans le temps, mais plutôt une sorte d'intermède qui sert d'appendice à la complète barbarie.

Enfin ceux qui, peut-être encore abandonnés à eux-mêmes, triompheraient de ces deux obstacles, sont effrayés par les objections perverses et odieuses des fanatiques de la méchanceté. Peut-être s'étonnera-t-on que l'homme méchant, non content d'être méchant lui-même et dans sa propre personne, puisse déployer un zèle fana-

tique pour le maintien et le développement de
la méchanceté chez les autres. Cependant cela
peut s'expliquer, et voici comment. Lorsque les
hommes méchants sont arrivés au temps de la
réflexion et du retour sur eux-mêmes, lorsqu'ils
ont cherché au dedans d'eux, et n'y ont trouvé
rien que la tendance au bien-être personnel et
sensible, lorsqu'ils n'ont pas le moindre désir
de trouver et d'acquérir autre chose, ils jettent
les yeux autour d'eux sur les êtres de leur espèce, et ils croient observer qu'en eux aussi il
n'y a rien de plus élevé que ce même penchant
au bien-être personnel et sensible. Alors ils
s'affermissent dans l'idée que telle est la véritable
essence de l'homme, et ils développent en eux
cette essence au plus haut degré par un travail
assidu. Ils sont ainsi devenus à leurs propres
yeux les hommes les plus distingués et les plus
éminents, parce qu'ils ont la conscience de posséder en eux la virtualité de tout ce qui constitue
la vraie valeur de l'homme. Pendant leur vie
entière ils ont pensé et agi de la sorte. Mais s'ils
s'étaient trompés dans ces prémisses de leur
syllogisme, si dans d'autres êtres de leur espèce
se montrait encore quelque autre chose, incontestablement plus élevé et plus divin que le simple penchant au bien-être personnel et sensible,
eux qui s'étaient crus jusqu'alors des hommes

éminents, seraient des êtres d'une espèce inférieure, et au lieu de s'estimer au-dessus de tout, comme ils l'avaient fait jusqu'à présent, ils seraient dès lors obligés de se mépriser et de se rabaisser. Ils ne peuvent donc pas moins faire que d'attaquer avec rage cette opinion qu'il y a quelque chose de plus élevé dans l'homme, et toutes les apparences qui pourraient lui donner quelque fondement. Il faut nécessairement qu'ils fassent tout leur possible pour éloigner d'eux et étouffer ces apparences. Ils combattent pour leur vie, pour la racine la plus intime et la plus profonde de leur vie, ils combattent pour la possibilité de se supporter eux-mêmes. Le fanatisme et toutes ses fureurs, dès le commencement du monde jusqu'à nous, sont sortis de ce seul principe : *Si mes adversaires avaient raison, je serais un misérable !* Si ce fanatisme peut s'emparer du feu et de l'épée, il atttaque son ennemi avec le feu et avec l'épée; s'il ne le peut pas, il se sert de la langue, qui, sans toujours tuer l'ennemi, paralyse néanmoins puissamment son énergie et son action au dehors. Un des tours de prédilection que leur langue met le plus souvent en jeu, consiste à donner un nom généralement odieux à ce qui n'est odieux qu'aux fanatiques et aux pervers, afin de le décrier et de le rendre suspect. Le trésor de réserve de ces tours et de ces dénominations est inépuisable, il s'augmente continuellement, et il serait impossible d'en faire le dénombrement. Nous voulons seulement citer une de ces dénominations, celle de mysticisme que l'on donne à cette doctrine que je prétends enseigner.

Considérons d'abord la forme de cette accusation. Un homme sans prévention répondrait aux accusateurs : Eh bien! supposons que cette doctrine soit en effet du mysticisme, et le mysticisme une doctrine erronée et dangereuse, néanmoins il peut plaider sa cause, et nous l'entendrons ; et, s'il est erroné et dangereux, on le verra au grand jour. Mais nos adversaires, conformément à la décision catégorique par laquelle ils croient nous avoir mis hors de cause, répondraient à leur tour : Il n'y a plus rien à entendre, il y a longtemps, depuis près de deux générations, que le mysticisme, par les décisions unanimes de tous les conciles de la critique, a été déclaré une hérésie et frappé d'anathème.

Maintenant allons de la forme au fond même de l'accusation. Quel est ce mysticisme dont on accuse notre doctrine? Nous n'obtiendrons jamais de nos adversaires une réponse précise. Car comme ils n'ont aucune notion claire en aucun point, comme ils ne cherchent que des paroles retentissantes, ils ne peuvent nous donner aucune définition. Il faut donc qu'ici nous venions à leur aide. Il y a, sans nul doute, une certaine manière de concevoir les choses spirituelles et saintes qui, quelque juste qu'elle soit en son principe, est cependant affectée d'un vice qui la rend pernicieuse et impure. Déjà, dans mes leçons précédentes, je l'ai caractérisée en passant, et peut-être, dans les leçons de cette année, trouverai-je une place pour y revenir. Il est convenable de distinguer cette doctrine fausse de la doctrine vraiment religieuse par la dénomination de mysticisme. Pour ma part, j'ai l'habitude de faire cette distinction en me servant de la dénomination citée. Ma doctrine est très-éloignée de ce mysticisme ; elle n'a aucune tendance commune avec lui. Telle est ma manière de voir. Mais que veulent les méchants? Cette distinction demeure entièrement cachée à leurs yeux, comme aux yeux de la philosophie dont ils sont les adeptes. D'après leurs décisions unanimes, d'après leurs critiques, d'après leurs dissertations, d'après leurs pamphlets facétieux, d'après toutes leurs déclarations sans exception, ceux qui sont à même de les consulter s'en assureront, et les autres peuvent m'en croire sur parole, c'est toujours la vraie religion, la conception de Dieu dans l'esprit et dans la vérité qu'ils appellent du nom de mysticisme, et qui, sous ce nom, porte tous leurs coups et tous leurs anathèmes. Toutes leurs recommandations pour mettre les esprits en garde contre cette doctrine en tant que mysticisme, sauf quelques périphrases, se réduisent toujours à ceci : On vous parlera là-bas d'une existence qui ne tombe absolument sous aucun sens extérieur, qui ne peut être saisie que par la pure pensée d'une existence spirituelle. Vous êtes des gens perdus si vous vous laissez persuader ; rien absolument n'existe, si ce n'est ce qui se touche avec nos mains. C'est de cela seul que nous avons à nous inquiéter ; il n'y a plus rien au delà que de vaines abstractions de ce qui est palpable, abstractions que ces rêveurs confondent avec la réalité palpable elle-même. S'agit-il de la réalité, de la substantialité intime, de la force créatrice de la pensée, ils vous diront que vous êtes perdus pour la vie réelle si vous y croyez, car rien n'existe si ce n'est le ventre d'abord, et ensuite ce qui le soutient et ce qui lui donne à dîner. Ce sont les vapeurs qui s'en échappent que ces rêveurs prennent pour des idées. Nous donnons les mains à cette accusation, et nous avouons, non sans un sentiment de joie et d'orgueil, qu'en ce sens notre doctrine est de tout point le mysticisme. Avec des gens de cette opinion, nous n'avons pas à engager un nouveau combat, car entre nous il existe une vieille querelle insoluble, inconciliable. Ne disent-ils pas, en effet, que toute religion, à moins qu'ils n'exceptent la superstition dont nous avons parlé plus haut, est inadmissible et pernicieuse, et doit être extirpée du sol jusqu'à la racine? Ne s'en tiennent-ils pas à cette condamnation absolue? Nous, au contraire, nous disons : La véritable religion béatifie, la véritable religion seule donne aux hommes ici-bas et dans toute l'éternité l'existence, la valeur et la dignité ; il faut travailler de toutes ses forces pour qu'elle devienne, s'il est possible, le partage de tous les hommes. Ce principe est pour nous d'une évidence absolue, et nous nous y tenons.

Ils aiment mieux dire : ceci est du mysticisme, que de dire, comme ils le devraient : ceci est de la religion, pour plusieurs raisons dont nous ne parlerons pas, mais surtout pour les raisons suivantes. Par cette dénomination, ils espèrent insensiblement faire craindre que cette doctrine n'amène avec elle l'intolérance, la persécution, l'insubordination et les troubles civils, en un mot, que ce soit une doctrine dangereuse pour l'État. Mais ils veulent surtout intimider ceux qui seraient disposés à entrer dans des considérations pareilles à celles que nous développons, en leur inspirant des craintes sur la durée de leur bon sens, et en leur donnant à entendre que, par cette voie, ils pourraient bien arriver à voir des revenants en plein jour, ce qui serait le plus grand de tous les malheurs. Par rapport au premier point de l'accusation, au danger de l'État, ils se méprennent sur ce qui peut, en réalité, inspirer des craintes, et sans doute ils comptent que personne ne se trouvera pour signaler leur méprise. Car la vraie religion, qu'ils appellent le mysticisme, ni même jamais ce que nous appelons le mysticisme n'a persécuté, n'a été intolérant, n'a excité de troubles dans l'Etat. Toute l'histoire de l'Eglise, des hérésies et des persécutions, prouve que les persécutés étaient toujours placés à un point de vue plus élevé que les persécuteurs qui, comme nous l'avons expliqué plus haut, combattent pour leur vie [1]. Non, c'est le fanatisme et la méchanceté essentiels à nos adversaires, qui, seuls, sont intolérants, persécuteurs et perturbateurs du repos public, et, si l'on pouvait faire un pareil vœu, je désirerais qu'ils fussent aujourd'hui déchaînés pour qu'on pût les voir à l'œuvre et les juger.

Quant à la conservation du bon sens, elle dé-

---

[1] Voir page 86.

pend d'abord de l'organisation du corps, et le dernier degré de la platitude et de la trivialité de l'esprit ne peut mettre à l'abri de son influence. Il serait donc inutile de se jeter dans leurs bras pour échapper à ce danger. Par l'expérience de toute ma vie, et par tout ce que j'ai appris, je suis convaincu que ceux qui vivent dans les spéculations dont il est ici question, et en font leur tâche continuelle, ne tombent jamais dans de pareils écarts d'imagination, ne voient jamais de spectres, et sont aussi sains de corps et d'âme que qui que ce soit. Il est vrai que, dans leur vie, souvent ils ne font pas ce que la plupart des autres auraient fait à leur place, et souvent, au contraire, ils font ce que d'autres n'auraient pas fait. Mais cela ne vient pas du manque de sagacité nécessaire pour voir qu'ils auraient pu agir ainsi, et pour voir quelles auraient été les conséquences de leur action, comme le croit celui qui, à leur place, aurait ainsi agi s'il avait vu cette possibilité et ces conséquences. Ils se sont déterminés d'après d'autres raisons. Je sais qu'il y a des natures intellectuelles maladives, qui, aussitôt qu'elles sortent de leurs comptes de ménage ou de toute autre réalité vulgaire qui les absorbe, tombent dans la folie; eh bien! qu'elles restent à leurs comptes de ménage. Je désire seulement qu'on ne prenne pas sur ces natures, qui ne sont, je l'espère, qu'en petit nombre, et d'une espèce inférieure, la règle générale; je désire que, parce qu'il y a quelques hommes faibles et malades, on ne traite pas le genre humain tout entier comme faible et malade. On s'est occupé des sourds-muets et des aveugles-nés, on a inventé une méthode pour leur donner l'instruction; cela mérite toute la reconnaissance des sourds-muets et des aveugles-nés. Mais si de cette méthode particulière on voulait faire une méthode générale, même pour ceux qui sont nés bien constitués, sous prétexte qu'au milieu d'eux il pourrait y avoir quelques aveugles et quelques sourds-muets, si quelqu'un voulait apprendre à parler et à lire les paroles sur les lèvres, à celui qui entend comme à celui qui n'entend pas, sans tenir compte du sens de l'ouïe dont il est doué; ou bien encore faire lire avec les doigts celui qui a des yeux, sans tenir compte de ses yeux, assurément il n'aurait pas droit à la reconnaissance de ceux qui ne sont ni aveugles ni sourds. Cependant telle serait la méthode suivie, si l'instruction publique dépendait des aveugles et des sourds-muets.

Voilà les considérations préliminaires que j'ai cru devoir aujourd'hui vous soumettre. Dans la leçon suivante, à laquelle je vous invite respectueusement, je tâcherai de vous présenter, sous une face nouvelle et dans un nouveau jour, le principe de ces leçons, qui est en même temps le principe de toute la connaissance.

TROISIÈME LEÇON.

Comment la vie étant un tout organique, une partie de la vie peut-elle manquer dans la vie réelle, ainsi qu'il arrive dans la vie apparente? — Cette difficulté se résout par la considération suivante : la vie spirituelle ne se développe que peu à peu dans la réalité et seulement en passant par des stations successives. — Exemple frappant tiré du vulgaire qui déduit de la perception sensible la pensée des choses extérieures, et qui croit que toute la connaissance a son fondement dans l'expérience. — Détermination du degré le plus élevé de la pensée en opposition avec la pensée des choses extérieures. — En quoi cette pensée véritable se distingue de l'opinion. — Son objet est le même, mais sa forme diffère. — Application de cette pensée aux éléments les plus élevés de la connaissance. — L'être n'est pas devenu, rien n'est devenu en lui, il est absolument un, il est identique à lui-même. — Il faut distinguer de son essence son existence qui est nécessairement la conscience de l'être. — Cette conscience appartenant à l'être est en même temps conscience de soi-même. — Elle ignore de quelle manière elle découle génétiquement de l'essence même de l'être dans sa propre existence et dans ses déterminations réelles particulières, mais elle sait en général que cette détermination réelle dans son essence est identique avec l'essence intime de l'être.

MESSIEURS,

Dans la première leçon, j'ai fait voir qu'il s'en faut de beaucoup que tout ce qui a l'air de vivre vive réellement. Dans la seconde leçon, j'ai dit qu'une grande partie des hommes, pendant tout le cours de la vie, ne s'élève pas jusqu'à la pensée proprement dite, jusqu'à la vraie pensée, et demeure dans la sphère de l'opinion. Il se pourrait bien, et déjà même cela résulte clairement de diverses autres considérations auxquelles nous nous sommes livrés à ce sujet, que ces deux expressions de pensée et de vie, de non-pensée et de mort, eussent absolument la même signification; l'élément de la vie ayant été déjà placé dans la pure pensée, le non-penser ne doit-il pas être le principe de la mort?

Mais contre ce principe s'élève la difficulté suivante, sur laquelle j'appelle votre attention. Si la vie est un tout organique et déterminé par une loi qui ne souffre point d'exception, au premier abord, il semble impossible qu'une partie quelconque appartenant à la vie soit absente, lorsque les autres sont présentes, ou bien qu'une partie puisse exister, si toutes les parties appartenant à la vie, si la vie tout entière n'existe pas dans son unité organique. En aplanissant cette difficulté, je rendrai claire la distinction entre la pensée proprement dite et la simple opinion. C'est par là que je commencerai aujourd'hui; plus tard seulement j'aborderai l'étude de la pensée proprement dite, et l'analyse des premiers éléments de la connaissance.

La difficulté que je vous ai signalée peut être résolue de la manière suivante : Partout où existe la vie de l'esprit existe aussi, d'après une loi né-

cessaire sans exception, sans restriction aucune, ce qui appartient à cette vie; mais il s'en faut de beaucoup que tout ce qui a lieu par une nécessité absolue, semblable à une nécessité mécanique, tombe nécessairement sous la conscience. Cette vie, telle qu'elle est elle-même dans sa plénitude d'après la loi, n'est pas notre propre vie. Notre propre vie est seulement ce que nous saisissons dans la plénitude nécessaire de la vie avec une conscience claire; elle est ce que nous aimons, ce dont nous jouissons dans cette claire conscience. Où est l'amour, là est la vie individuelle, ai-je dit, et l'amour n'est que là où est la claire conscience.

Le développement de cette vie, la seule que dans ces leçons nous appelions notre vie, est contenu dans la vie entière et complète s'accomplissant d'après la loi, et ressemble au développement de la mort physique. En effet, de même que la mort, dans sa marche naturelle, commence d'abord par les parties les plus éloignées du centre et s'en rapproche ensuite continuellement, jusqu'à ce qu'elle atteigne le cœur, de même la vie intellectuelle qui a conscience d'elle-même, qui jouit d'elle-même, commence pour ainsi dire par les extrémités, par les points les plus éloignés du centre, jusqu'à ce qu'avec l'aide de

Dieu, elle arrive à briller dans le centre et dans le siége même de la vie. Un ancien philosophe a prétendu que les animaux étaient nés du limon de la terre. On peut encore en voir aujourd'hui la preuve, disait-il, si l'on observe à chaque printemps, et surtout après une pluie chaude, cette quantité de grenouilles dont quelques parties, les pattes de devant, par exemple, sont développées, tandis que les autres parties ne sont encore qu'une matière sans forme. Les demi-bêtes de ce philosophe, qui ne prouvent pas ce qu'il prétend prouver, nous fournissent néanmoins une vive image de la vie intellectuelle du commun des hommes. Les membres extérieurs de la vie sont déjà développés chez eux, et un sang chaud coule dans leurs extrémités; mais quant au cœur et aux parties nobles, qui cependant, d'après la loi, existent et doivent nécessairement exister, puisque sans elles les parties extérieures ne pourraient pas être, le commun des hommes n'est qu'une froide et insensible matière. Je veux d'abord vous prouver ce que je viens d'avancer par un exemple frappant. Je serai aussi clair que possible; cependant, à cause de la nouveauté du sujet, je suis obligé de réclamer toute votre attention. Nous voyons, nous entendons, nous sentons les objets extérieurs, mais en même temps que nous les sentons, nous les pensons et nous en avons conscience par notre sens intérieur, et par ce même sens intérieur nous avons aussi conscience de notre action de voir, d'entendre et de sentir. Sans nul doute, quiconque a la moindre connaissance de lui-même ne prétendra pas qu'il puisse voir, entendre, sentir un objet, sans avoir conscience de cet objet et de sa propre action d'entendre, de voir et de sentir ce même objet, ni qu'il puisse voir, entendre ou sentir un objet quelconque sans le savoir. Cette simultanéité, cette union indissoluble de la perception du sens extérieur et de la pensée intérieure, est tout ce que l'observation nous donne dans le fait de la conscience. Mais, je vous prie de le remarquer, elle ne nous donne en aucune façon un rapport de ces deux éléments, du sens extérieur et de la pensée, comme, par exemple, un rapport de cause et d'effet, un rapport d'absolu et de relatif. Si on établissait un pareil rapport, ce ne serait pas en vertu d'un fait donné par l'observation. Voilà le premier point que je vous prie de bien saisir et de garder dans votre mémoire.

En second lieu, si on établissait et si on adoptait un pareil rapport, en s'appuyant sur un autre fondement que l'observation, ce dont je ne veux pas discuter ici la possibilité, il semble, à la première vue, que ces deux éléments existant toujours ensemble, et n'étant pas séparables l'un de l'autre, doivent être placés au même rang. Ainsi la pensée intérieure pourrait être le fond et l'essentiel par rapport à la perception extérieure des sens, qui serait l'effet et l'accident, comme le contraire pourrait avoir lieu. De telle sorte que nous serions suspendus entre ces deux hypothèses par un doute insoluble, qui jamais ne nous permettrait de porter un jugement définitif sur ce rapport. C'est ainsi, dis-je, qu'à la première vue, les choses semblent se présenter. Mais la conscience intérieure embrasse le sens extérieur, puisque nous avons conscience de l'action de voir, d'entendre, de sentir, tandis que nous n'entendons pas, nous ne voyons pas, nous ne sentons pas la conscience, et ainsi elle tient déjà la place la plus élevée dans le fait donné par l'observation. Si donc quelqu'un examine plus profondément les choses, il trouvera plus naturel de faire de la conscience la cause principale, et du sens extérieur l'effet et l'accident, d'expliquer, de contrôler, de confirmer le sens extérieur par la conscience, que de faire le contraire.

Or comment, sur cette question, raisonne généralement le vulgaire? Il déclare sans façon le sens extérieur premier principe et pierre de touche immédiate de la vérité. Ce qui est vu, ce qui est entendu, ce qui est senti existe par cela seulement qu'il est vu, qu'il est entendu, qu'il est senti. La pensée, la conscience intérieure des objets ne vient qu'après, comme une chose sans importance, qu'on remarque à peine, et dont on se passerait si elle ne s'imposait à nous. Selon cette opinion, on ne voit pas, on n'entend pas parce qu'on pense, mais on pense parce qu'on voit et entend; on pense sous l'empire de cette action de voir et d'entendre. La philosophie moderne, perverse et corrompue, dont j'ai déjà parlé, s'est constituée l'interprète et l'organe de cette grossière pensée; elle ouvre la bouche et s'écrie sans rougir : Le sens extérieur est la source unique de la réalité, et toute la connaissance se fonde sur l'expérience, comme si c'était un axiome contre lequel personne ne pût oser réclamer. Comment cette pensée grossière et la philosophie, son interprète, a-t-elle donc pu si facilement faire abstraction de tous les motifs de doute dont nous avons parlé, de tous les indices qui nous portent à croire que ce rapport est inverse? Comment, à première vue, et sans autre examen plus approfondi, ne s'arrête-t-elle pas à l'opinion opposée qui se présente comme plus naturelle et plus vraisemblable, à savoir, que tous les sens extérieurs avec leurs objets ne sont fondés que sur la pensée générale, que toute perception sensible n'est possible que dans la pensée, que comme quelque chose de pensé, comme une détermination de la conscience générale, et non en tant que séparée de la conscience, en tant qu'existant par elle-même ? Il n'est pas vrai que nous entendons, que nous sentons tout simplement ; nous ne faisons qu'avoir conscience de notre vision, de notre audition, de notre sensation. Pourquoi donc ce principe que nous professons hautement, ce principe que nous croyons seul vrai, seul doué d'une évidence absolue, tandis que nous considérons le principe opposé comme une absurdité manifeste, échappe-t-il, même dans sa possibilité, à l'opinion du vulgaire ? Il est facile de l'expliquer. Le jugement que porte ici le vulgaire est l'expression nécessaire du degré actuel de vie auquel il est parvenu. Pour lui, la vie siége encore dans les sens extérieurs, qui sont les extrémités par où commence à se manifester la vie intellectuelle. C'est dans le sens extérieur que le vulgaire existe le plus vivement, qu'il s'aime et qu'il jouit de lui-même. Ainsi sa croyance se concentre là où est son cœur. La pensée, au contraire, commence à peine à germer en lui ; ce n'est pas encore une chair vivante, un sang bouillant, c'est encore une matière pulpeuse et inerte. Aussi la pensée n'apparaît-elle au vulgaire que comme une vapeur étrangère qui ne se rapporte ni à lui ni à l'objet qu'il contemple. S'il lui arrivait un jour d'exister plus énergiquement, de se sentir, de jouir de lui-même plus vivement dans la pensée que dans la vue et dans l'ouïe, alors il porterait un tout autre jugement.

La pure pensée, même dans ses plus humbles manifestations, est ainsi dédaignée et méprisée par l'opinion vulgaire, parce que cette opinion vulgaire n'a pas encore transporté le siége de sa vie dans la pure pensée, parce qu'elle n'a pas encore étendu jusque-là les antennes de l'esprit. Je dis la pensée dans ses plus humbles manifestation, car telle est seulement la pensée des objets extérieurs, laquelle, dans la perception sensible, a une contre-image et un compétiteur, dont la prétention est également d'exprimer la vérité. La pensée vraiment pure, la pensée dans une manifestation plus élevée, est celle qui, sans aucun secours du sens extérieur et sans aucune relation avec lui, se crée d'elle-même et par elle-même directement son objet intellectuel. Dans la vie ordinaire, ce degré de la pensée se présente lorsqu'on s'interroge sur l'origine du monde et du genre humain, ou sur les lois intimes de la nature. En effet, pour ce qui concerne la création du monde et l'origine du genre humain, il est évident qu'il n'y a point d'observateur dont on puisse invoquer le témoignage, et, pour ce qui concerne les lois intimes de la nature, il est également évident qu'on ne recherche aucun phénomène en particulier, mais le principe d'où découlent tous les phénomènes. Il ne s'agit pas de trouver ici un événement qui tombe sous les yeux, mais quelque chose de nécessaire pour la pensée, qui soit ainsi et qui ne puisse pas être autrement, par conséquent un objet qui résulte uniquement de la pure pensée. Tel est le premier point que je vous prie de bien comprendre.

Par rapport à ce degré élevé de la pensée, voici comment le vulgaire procède. Il se fait créer par d'autres, ou, s'il a plus de force, il se crée à lui-même, en vertu de cette espèce de pensée arbitraire et sans loi qu'on appelle l'imagination, une des nombreuses suppositions par lesquelles on peut expliquer l'origine du réel qui est en question. Dans l'école on appelle ces suppositions des hypothèses. Il consulte ses penchants, ses craintes, ses espérances, ou tout autre passion qui actuellement la domine, et, de la fiction qui s'accorde avec cette passion, il fait une vérité fixe et immuable. Je dis qu'il imagine une des nombreuses suppositions possibles, et c'est là le caractère principal de ce procédé que nous venons de décrire ; mais il faut bien comprendre cette expression ; car, d'une manière absolue, il n'est pas vrai qu'une chose quelconque soit possible de plusieurs manières, mais tout ce qui est n'est possible, réel et nécessaire à la fois, que d'une seule manière parfaitement déterminée en elle-même. L'erreur fondamentale de ce procédé consiste précisément à supposer plusieurs possibilités, et à en adopter une d'une manière exclusive et partiale, sans autre critérium que la passion. Voilà le procédé que nous appelons l'opinion, en opposition avec la vraie pensée. Ce que nous appelons ainsi proprement l'opinion, de même que la pensée, a son domaine placé en dehors de la région des choses sensibles. Elle peuple cette région avec les créations, soit de sa propre imagination, soit d'une imagination étrangère, créations auxquelles la passion seule donne de la consistance et de la durée. Tout cela lui arrive simplement et purement, parce que le siége de la vie spirituelle n'est pas encore placé au delà d'une inclination ou d'une aversion aveugle.

La vraie pensée ne procède pas ainsi pour peupler la région suprasensible. Elle n'imagine rien, mais la notion de ce qui seul est possible, réel, nécessaire, et non la supposition de ce qui est possible entre autres choses, vient elle-même s'imposer à elle. Cette notion ne s'appuie pas sur une démonstration puisée en dehors d'elle-même; elle apporte immédiatement sa confirmation avec elle-même, et aussitôt qu'elle est conçue, elle apparaît à cette pensée même, comme étant seule possible, comme étant absolument vraie. Elle s'empare de l'âme par une certitude, par une évidence inébranlable, qui met au néant la possibilité de toute espèce de doute. Puisque, comme nous l'avons dit, la certitude saisit immédiatement l'acte vivant de la pensée dans sa vie même et sur le fait, et s'attache seulement à cet acte, il en résulte que tous ceux qui veulent participer à cette certitude doivent penser en eux-mêmes et dans leur propre personne ce qui est certain, et ne peuvent pas se faire suppléer par un autre dans ce travail. J'ai voulu seulement faire cette remarque préliminaire, et maintenant j'arrive à examiner la pensée dans son application aux éléments les plus élevés de la connaissance.

Bien concevoir l'être, tel est le premier problème de la pensée philosophique, et je vous y introduis de la manière suivante. L'être véritable, l'être proprement dit, ne devient pas, ne naît pas, ne sort pas du néant. Car vous êtes obligés de supposer un sujet à tout ce qui devient, sujet par la vertu duquel a lieu le devenir. Si vous voulez supposer que ce sujet lui-même est devenu dans un temps antérieur, il faut supposer encore un autre sujet par la vertu duquel il est devenu, et si vous supposez que cet autre sujet lui-même a commencé, il faut en supposer encore un autre, et ainsi de suite à l'infini. Vous serez toujours obligés d'arriver finalement à un être qui n'est pas devenu, qui n'a en conséquence besoin d'aucun autre sujet pour son être, qui existe absolument par lui-même et de lui-même. Il faut que tout d'abord vous vous établissiez solidement au sein de cet être, auquel vous êtes obligés d'arriver finalement par l'abstraction de tout ce qui devient. Si vous avez suivi mon raisonnement, vous reconnaîtrez ainsi que l'être véritable ne peut être pensé que comme l'être qui existe par lui-même et de lui-même.

J'ajoute, en second lieu, que, dans l'intérieur de cet être, rien de nouveau ne peut se produire, rien ne peut devenir autre, rien ne peut changer. Tel il est, tel il est de toute éternité, tel il demeurera dans toute l'éternité. Car puisqu'il existe par lui-même, il est entièrement, sans division, sans restriction, tout ce qui peut être et doit être par soi-même. S'il devenait quelque chose de nouveau dans le temps, il faudrait supposer de deux choses l'une : ou bien que jusqu'alors il en avait été empêché par un autre être, ou bien que ce changement a lieu en lui parce que cet autre être vient de commencer à agir sur lui. Or ces deux suppositions sont en contradiction directe avec l'existence par soi-même et l'indépendance absolue. Donc, si votre pensée a exécuté ces diverses évolutions, vous verrez clairement que l'être est nécessairement un et non multiple, qu'il ne peut être conçu que comme une identité parfaite, absolue, immuable.

Une telle pensée, et par là nous touchons au troisième point, nous donne seulement un être enfermé, enveloppé, caché en lui-même, et non pas une existence, c'est-à-dire une manifestation et une révélation de cet être [1]. Je voudrais que vous pussiez saisir immédiatement ce que je viens de dire, et vous le pouvez, sans nul doute, si vous avez bien pénétré dans le sens de l'idée d'être que je viens de poser, et si vous avez conscience de ce qui est dans cette pensée et de ce qui n'y est pas. Bientôt je vous signalerai l'illusion naturelle qui pourrait en obscurcir l'intelligence dans votre esprit.

---

[1] Voir à la page 49 la note dans laquelle j'explique le sens que je donne au mot existence par lequel je traduis Daseyn.

J'explique ma pensée. Vous comprenez que je distingue l'être intérieur et caché en lui de l'existence, et que je pose ces deux idées comme n'ayant aucune liaison immédiate, comme étant opposées. Cette distinction est de la plus haute importance; elle donne la clarté et la solidité aux éléments les plus élevés de la connaissance. Maintenant on comprendra mieux ce que c'est que l'existence par l'intuition de ce qu'elle est dans la réalité. Je dis que l'existence de l'être, immédiatement et dans la racine, est la conscience ou la représentation de l'être. Appliquez le mot EST à un objet quelconque, à ce mur, par exemple, et vous me comprendrez clairement. Car que signifie ce mot *est* dans la proposition ce mur *est*? Évidemment il n'est pas le mur lui-même, et il n'est pas identique avec lui. Aussi ne se donne-t-il pas pour tel, mais, par la troisième personne, il se sépare du mur comme d'un être existant indépendant. Il se donne seulement pour un signe extérieur, pour une image de l'être existant par lui-même, ou bien, comme nous l'avons dit plus haut et comme il faut le dire en parlant rigoureusement, pour l'existence extérieure, immédiate du mur, pour son être en dehors de son être. J'avoue que toute cette expérience exige la plus forte abstraction et l'intuition intérieure la plus vive. Mais on peut ajouter, comme preuve de ce qui a été avancé, que personne n'a résolu ce problème sans avoir clairement compris l'évidence de cette dernière distinction.

Le vulgaire, il est vrai, n'est pas habitué à faire cette distinction, et il se peut bien que ce que je viens de dire paraisse tout à fait nouveau et inouï à beaucoup de personnes. Cela tient à ce que leur amour et leur cœur se précipitent sur l'objet, ne s'intéressent qu'à lui, s'absorbent en lui, sans s'arrêter à considérer le sens du mot *est* qui leur échappe entièrement. Voilà pourquoi nous croyons ordinairement, en sautant par dessus la manifestation de l'être, avoir pénétré jusqu'à lui, tandis que toujours et éternellement nous demeurons sur le seuil de l'être. Telle est l'illusion ordinaire qui pouvait obscurcir d'abord dans votre esprit la notion que je veux y faire éclore. Il importe de bien saisir cette remarque, et de s'en souvenir toute la vie.

La conscience de l'être, le *est* par rapport à l'être, constitue, avons-nous dit, l'existence, en laissant encore supposer que la conscience serait seulement une forme, une espèce, un mode possible entre beaucoup d'autres de l'existence, et qu'il pourrait y en avoir d'autres à l'infini. Il ne faut pas laisser subsister une pareille supposition. D'abord nous sommes ici dans la sphère de la pensée et non dans celle de l'opinion ; ensuite la supposition de toutes ces possibilités aurait pour conséquence d'empêcher notre réunion avec l'absolu, source unique de toute béatitude, et d'établir une séparation profonde entre lui et nous, séparation qui est la cause du mal.

En conséquence, le quatrième point que nous avons à démontrer dans la pensée est celui-ci : la conscience de l'être est la seule forme, le seul mode possible de l'existence; elle est donc l'existence immédiate et absolue de l'être. Voici maintenant de quelle manière je vais vous conduire à cette idée.

L'être doit se manifester en tant qu'être, et sans cesser de demeurer l'être, sans abandonner en aucune façon son caractère absolu, sans se mêler et se confondre avec l'existence. Il doit donc se distinguer de son existence, et s'opposer à elle. Or, puisque en dehors de l'être absolu il n'existe absolument rien, si ce n'est son existence, c'est en elle que doit avoir lieu cette distinction et cette opposition, ou bien, pour parler plus clairement, l'existence doit se saisir elle-même, se connaître et s'établir comme simple existence; elle doit poser et établir en opposition avec elle-même l'être absolu, dont elle n'est elle-même que la simple manifestation. Sa réalité doit s'anéantir en présence d'une autre manifestation absolue de l'être. De là résulte le caractère de la pure image, de la pure représentation ou de la conscience de l'être tel que déjà vous l'avez reconnu dans l'examen que nous venons de faire du mot *est*. Il doit donc être évident à quiconque a saisi tout ce raisonnement, que l'existence de l'être ne peut consister que dans la conscience d'elle-même, comme pure image de l'être absolu qui est en lui-même, et qu'elle ne peut absolument pas être autre chose.

Que le savoir et la conscience soient en effet l'existence absolue, ou, si vous aimez mieux, la révélation, l'expression de l'être dans la seule forme possible; c'est ce que le savoir peut parfaitement comprendre comme vous-mêmes, ainsi que je le suppose, vous l'avez tous compris. Mais il ne peut en aucune façon, et ce serait là mon cinquième point, découvrir et saisir en lui-même comment il se produit lui-même, comment de l'essence intime et cachée de l'être, peut découler une existence, une révélation, une expression de l'être. Il nous est impossible d'apercevoir la nécessité de cette conséquence, comme déjà je l'ai montré expressément dans ce que j'ai appelé mon troisième point. Car, comme je l'ai dit encore, l'existence ne peut avoir lieu sans se saisir, se savoir, se supposer à l'avance; il est nécessairement de son essence de se saisir elle-même. En raison de ce caractère absolu de l'existence, en raison de la dépendance qui la lie à son essence, il y a pour elle impossibilité de sortir d'elle-même, d'aller au delà d'elle-même, et de se comprendre, de se déduire, indépendamment de cette conscience. Elle est pour elle-même et en elle-même, et voilà tout; partout où elle est, déjà elle était, et elle était sous une certaine détermination qu'elle doit accepter telle qu'elle se donne à elle, sans pouvoir expliquer comment elle a été ainsi déterminée. Cette détermination sous laquelle se trouve toujours invariablement le savoir, et qui ne peut être saisie que par une perception ou une conception immédiate, est véritablement sa vie réelle.

Quoique cette vie vraiment réelle du savoir ne puisse être clairement expliquée par le savoir dans sa détermination particulière, cependant on peut entrevoir en général sa nature, et on peut comprendre avec une évidence absolue ce qu'elle est dans son essence vraie et intime. C'est là ce qui sera mon sixième point dans lequel je vous introduis.

Les conséquences que j'ai tirées dans mon quatrième point, à savoir que l'existence de l'être est la conscience et tout ce qui s'en suivait, résultaient de l'idée seule de l'existence. Or cette existence s'appuie et se repose sur elle-même; elle *est* antérieurement à la notion d'elle-même, et elle est inexplicable par cette notion. Voilà ce que nous venons de démontrer, et nous avons appelé vie son être, sa réalité, qui ne peut être perçue que d'une manière immédiate. D'où lui vient donc cette réalité entièrement indépendante de tout l'être qui résulte de la notion qu'elle a d'elle-même; d'où vient cette réalité qui la précède, et qui seule la rend possible? Nous l'avons dit, c'est la forte et vivante existence de l'absolu même, qui seul peut être et exister, et en dehors duquel rien n'est et rien n'existe. Or comme l'absolu ne peut être que par lui-même, il ne peut aussi exister que par lui-même; et puisque c'est lui-même et rien autre à sa place qui doit exister, parce que rien ne peut être et exister en dehors de lui, il existe absolument tel qu'il est en lui-même, tout entier, sans partage, sans réserve, sans changement, comme identité absolue. La vie réelle du savoir est donc dans sa racine l'être lui-même, et l'essence de l'absolu; elle n'est rien autre chose. Il n'y a entre Dieu et le savoir dans sa racine vitale la plus profonde aucune séparation; ils se confondent l'un avec l'autre.

Ainsi déjà nous sommes arrivés aujourd'hui à un point qui rend plus clair tout ce que nous avons dit jusqu'à présent, et qui doit éclairer tout ce que nous dirons encore. Il est absolument impossible que rien de vivant (et nous avons vu que tout ce qui existe est nécessairement vie et conscience; que ce qui est mort et sans conscience n'existe pas), que rien de vivant, dis-je, puisse se séparer entièrement de Dieu. Car ce qui est vivant n'est soutenu dans son existence déterminée que par l'être de Dieu, et si Dieu pouvait disparaître de lui, à l'instant même ce qui existe disparaîtrait de l'existence. Cette manifestation de l'être divin dans les degrés inférieurs de la vie intellectuelle ne se voit qu'au travers des voiles et des images obscures de la perception sensible par laquelle l'homme aperçoit l'être et se voit lui-même. Or contempler l'être clairement et sans voiles, comme la vie et l'existence de Dieu, se plonger avec amour et avec délices dans la vie ainsi conçue, voila ce qui est la vie véritable, la vie ineffablement heureuse.

C'est toujours, avons-nous dit, l'existence de

l'être absolu et divin qui *est* dans toute vie. Par cette expression de toute vie, nous entendons la vie générale conforme à la loi, comme nous l'avons définie au commencement de cette leçon, laquelle (en tant que vie conforme à la loi) ne peut être autrement qu'elle n'est. Dans les degrés inférieurs de la vie intellectuelle de l'homme, l'être divin ne se révèle pas comme tel à la conscience, mais seulement dans le point central de la vie intellectuelle, comme il se révèle à nous d'après notre supposition. Lorsque nous disons qu'il se révèle comme tel à la conscience, nous voulons dire seulement que l'être divin entre dans la forme qui a été démontrée la forme nécessaire de toute existence et de la conscience, comme une image, comme une copie, comme une notion qui n'est expressément qu'une notion et non l'objet lui-même. Mais de tout temps, sans être connu, il est vrai, il est entré immédiatement et sans image dans la vie réelle de l'homme, et il continue à y entrer ainsi, lorsqu'il a été saisi par la conscience sous la forme d'une image. Cette image de l'être absolu est l'essence intérieure de la pensée. La pensée, telle que nous la considérons ici, porte surtout le caractère de l'absoluité, parce qu'elle repose sur elle-même, parce qu'elle se justifie elle-même, et c'est là en quoi consiste ce que nous avons appelé son évidence intime. Elle est en conséquence la pensée propre, pure, absolue. Nous avons donc prouvé de toutes les manières que notre union avec Dieu ne peut être connue que dans la pure pensée.

Je rappelle de nouveau expressément à votre attention le point suivant que déjà je vous ai signalé. De même que l'être est un et non plusieurs; de même qu'il existe tout entier à la fois, invariable et immuable, et de même qu'il est l'unité et l'identité absolue; de même la manifestation de l'être ou bien la conscience, puisqu'elle n'existe que par l'être, puisqu'elle n'en est que sa manifestation, est aussi éternelle, invariable, immuable, une et identique. Tel l'être est en lui-même par une nécessité absolue, tel il reste dans la pure pensée. Il n'y donc rien dans l'existence que la pensée immédiate et vivante. Je dis la pensée; et non quelque chose de pensant à quoi la pensée soit inhérente comme à une matière morte, ainsi que sont toujours disposés à la concevoir les hommes qui ne pensent pas. Je dis encore il n'y a rien dans l'existence que la vie réelle de cette pensée qui est au fond la vie divine. La pensée et la vie réelle se confondent en une unité organique intérieure, de même qu'elles se manifestent extérieurement, comme unité, simplicité, identité immuable et absolue.

En opposition à cette unité extérieure, s'élève l'apparence d'une variété dans la pensée, qui résulte, d'une part, de la divinité prétendue des sujets qui pensent, et d'une autre part, de la série infinie des objets sur lesquels, pendant toute l'éternité, doit s'exercer la pensée de ces sujets pensants. La pure pensée et la vie heureuse qui est en elle n'échappent pas à cette apparence, et ne peuvent empêcher qu'elle existe. Mais la pure pensée n'a aucune foi en cette apparence ; elle ne l'aime pas, elle ne cherche pas en elle sa jouissance. Au contraire, la vie inférieure, dans ses divers degrés, a foi à l'apparence et à la variété ; elle se dissipe et s'éparpille dans cette variété, et cherche en elle le repos et la jouissance d'elle-même que jamais elle n'y peut trouver. Cette remarque vous explique d'abord la description que j'ai faite dans la première leçon de la vie véritable et de la vie apparente. Extérieurement, ces deux modes opposés de la vie se ressemblent assez ; ils se passent sur des objets communs qu'ils aperçoivent de la même manière ; mais intérieurement ils sont profondément distincts. Car la véritable vie ne croit pas à la réalité de ce contingent et de ce variable ; elle ne croit qu'à son principe invariable et éternel dans l'essence divine : elle se confond et s'absorbe dans ce principe avec toute sa pensée, tout son amour, toute son obéissance et tout son bonheur. La vie apparente, au contraire, ne connaît aucune unité ; elle prend pour l'être véritable le contingent et le divers, et s'en contente comme de l'être véritable. En second lieu, cette remarque nous conduit à déterminer d'une manière claire et précise la raison propre pour laquelle ce qui, selon nous, est absolument un en soi, et reste dans la vraie vie et dans la pensée, se transforme dans la vie apparente dont nous ne pouvons nier l'existence, en quelque chose de divers et de changeant. Nous devons au moins indiquer cette raison si une exposition populaire ne comporte pas une démonstration plus approfondie. La détermination du principe de la contingence et de la variété et le développement de ce que j'ai dit aujourd'hui, fera le sujet de notre prochaine leçon, à laquelle je vous invite respectueusement.

QUATRIÈME LEÇON.

Ce qu'il y a d'absolument nécessaire et ce qui est nécessaire seulement sous condition pour la vie bienheureuse. — Comment l'être, puisqu'il existe tel qu'il est en lui-même, peut-il entrer avec son unité dans l'existence ou dans la conscience et la variété? — La réponse à cette question n'est nécessaire que sous condition pour arriver à la vie bienheureuse. — Sa solution. — L'en tant que[1] résultant d'une distinction qui n'appartient qu'à l'existence ou bien la caractéristique par l'antithèse, est l'antithèse absolue et le principe de toute division. — Cet en tant que pose comme être fixe ce qui est caractérisé, et par là ce qui est en soi la vie intime de Dieu devient un monde fixe. — Ce monde est caractérisé ou formé à l'infini par le fait de cet en tant que qui est absolument indépendant et libre.

Messieurs,

Permettez-moi de commencer la leçon d'aujourd'hui en jetant un regard en arrière, soit sur le but de ces leçons, soit sur les vérités déjà établies pour atteindre ce but. Je pense que l'homme n'est pas fait pour le malheur, je pense qu'il peut avoir la paix, la joie, le bonheur en partage, déjà dans ce monde, et partout et toujours, pourvu qu'il le veuille. Ce bonheur ne peut lui être donné par aucune puissance extérieure, ni par aucun miracle de cette puissance, et il doit le prendre lui-même de ses propres

[1] Voir la note de la page 131.

mains. Le principe de tout malheur parmi les hommes, c'est la diffusion de l'âme sur les divers et le variable; la condition unique et absolue de la vie heureuse, c'est la possession avec un amour et une jouissance intime de l'un et de l'éternel, quoique nous ne puissions, il est vrai, saisir l'unité que dans son image, et nullement devenir nous-mêmes l'unité, et nous transformer en l'unité.

J'ai voulu d'abord vous amener à une vue claire du principe que je viens d'énoncer et vous convaincre de sa vérité. Ce que nous cherchons ici, c'est l'enseignement et la lumière qui seuls peuvent avoir une valeur durable, et non pas une émotion passagère et une excitation de l'imagination, qui s'évanouit presque tout entière sans laisser de traces. Or, pour produire en vous cette connaissance claire, il faut trois choses. D'abord, il faut considérer l'être comme étant absolument de lui-même et par lui-même, comme l'unité absolue, comme invariable et immuable en lui-même. Cette connaissance de l'être n'est point du tout la propriété exclusive de l'école, car tout chrétien qui dans son enfance a reçu une instruction religieuse approfondie, a par là même reçu notre notion de l'être en explication de l'être divin. Le second point qui se rattache au premier, est que nous, êtres raisonnables, considérés en nous-mêmes, nous ne sommes aucunement cet être absolu, quoique nous tenions à lui par la racine la plus profonde de notre existence, puisque sans cette participation nous ne pourrions pas exister. Mais la connaissance de la nature de cette participation avec la divinité peut être plus ou moins claire. Voici comment nous l'avons établie dans le plus haut degré de clarté dont une exposition populaire est, selon nous, susceptible. En dehors de Dieu, rien n'existe véritablement dans le vrai sens du mot, hors le savoir, et ce savoir est l'existence divine, absolue et immédiate, et en tant que nous sommes le savoir, nous sommes nous-mêmes dans le plus profond de notre être une manifestation de Dieu. Tout ce qui nous paraît encore une manifestation de l'être, les choses, les corps, les âmes, nous-mêmes en tant que nous nous considérons comme un être indépendant et existant par lui-même, nous n'existons pas réellement et en nous-mêmes, mais seulement par la conscience et par la pensée, comme une chose sue et pensée, et d'aucune autre façon. Telle est, dis-je, selon moi, l'expression la plus claire sous laquelle on puisse présenter aux hommes cette connaissance d'une manière populaire. S'il y avait quelqu'un qui ne pût pas comprendre ce que je viens de dire, qui ne pût se faire une idée quelconque du comment de notre liaison avec Dieu, il ne serait cependant pas exclu de la vie heureuse, et il n'en souffrirait aucune privation. Mais voici ce qu'il faut nécessairement, dans ma conviction absolue, pour arriver à la vie heureuse : 1° avoir en soi des principes et des opinions fixes sur Dieu et notre rapport avec lui, qui ne flottent pas dans notre mémoire, comme quelque chose appris par cœur sans la participation de l'intelligence, mais qui soient vrais pour nous, qui soient vivants et efficaces en nous. Car c'est en cela que la religion consiste, et celui qui n'a pas en lui de pareils principes, celui-là n'a pas de religion, et en conséquence point de réalité, point d'existence, point de vraie personnalité, mais, semblable à une ombre, il se perd dans le variable et dans le contingent. 2° Une autre condition de la vie heureuse est que la vraie religion nous amène au moins à reconnaître notre propre néant, et à nous convaincre que toute la réalité de notre existence n'est qu'en Dieu et par Dieu; elle doit au moins nous pénétrer du sentiment continuel de notre participation avec lui, alors même que cette participation ne pourrait pas être clairement pensée et exprimée; elle doit être la source cachée, le fond et le principe de toutes nos pensées, de tous nos sentiments, de toutes nos tendances, de tous nos mouvements. Je dis que je suis absolument convaincu de la nécessité de cette condition pour la vie heureuse. J'exprime cette conviction en faveur de ceux qui déjà reconnaissent la possibilité d'une vie heureuse, qui ont besoin de cette vie, qui veulent se fortifier en elle, qui désirent connaître la voie qui y conduit. Néanmoins, non-seulement je veux bien admettre qu'il y ait des gens qui se passent de religion, de l'existence réelle, de la paix intérieure, du bonheur spirituel, et qui affirment qu'ils se tirent très-bien d'affaire sans toutes ces choses, car cela peut être vrai, mais je suis même tout prêt à leur accorder et à ne pas leur envier tout l'honneur et toute la dignité auxquels ils peuvent s'élever dans la religion. En toute occasion, je déclare franchement que je ne peux contraindre personne, que je ne peux imposer à personne ma doctrine, et le pourrais-je, je ne le voudrais pas.

Le résultat le plus clair de la leçon précédente, auquel nous rattachons la leçon d'aujourd'hui, était celui-ci : Dieu n'est pas seulement intérieur et caché en lui-même, mais il existe, il se produit au dehors; son existence immédiate est nécessairement le savoir, et cette nécessité dérive de la nature même du savoir. Mais il est également nécessaire, et on conçoit également cette nécessité que, dans cette existence, il se manifeste absolument tel qu'il est en lui-même, sans subir aucune espèce de métamorphose, sans laisser derrière lui un abîme, une séparation ou quelque chose de semblable dans son passage de l'être à l'existence de Dieu. Dieu est en lui-même et non plusieurs, il est en lui-même identique, sans variation, sans changement; or, puisqu'il existe absolument tel qu'il est en lui-même, il existe comme un et identique, comme immuable et invariable ; et puisque le savoir ou bien nous-mêmes nous sommes cette existence même de Dieu, aucune variation, aucun changement, aucune pluralité, aucune diversité, aucune séparation, aucune distinction ou scission ne peut avoir lieu en nous, en tant que nous sommes cette existence. Il faut que cela soit ainsi, il ne peut en être autrement, et voilà pourquoi cela est. Mais cependant on trouve dans la réalité cette diversité, ces séparations, ces distinctions, ces scissions de l'être et dans l'être, qui apparaissent évidemment comme impossibles à la pensée. De là résulte ce problème : Comment concilier ou détruire cette contradiction entre l'observation de la réalité et la pure pensée? Comment démontrer que les jugements contradictoires peuvent cependant exister simultanément et être vrais tous les deux ? Comment surtout résoudre ce problème, en démontrant par où et par quel principe cette variété s'introduit dans l'être simple en lui ?

D'abord et avant tout, qui donc élève cette question sur le principe de la variété? Qui désire pénétrer dans ce principe au point d'en voir sortir le varié, et de saisir ainsi le comment de ce passage et de cette métamorphose? Ce n'est pas assurément la foi solide et inébranlable, car cette foi s'exprime ainsi : Il n'existe absolument que l'un, l'invariable, l'éternel, et rien en dehors de lui; tout ce qui est contingent et variable n'existe par là même certainement pas, et la manifestation n'est qu'une vide apparence. Je le sais; peu importe que je l'explique ou non; si je l'explique, ma foi n'en sera pas plus forte; si je ne l'explique pas, elle n'en sera pas ébranlée. Cette croyance repose inébranlablement sur le fait de son existence, elle peut se passer du comment[1]. Ainsi, par exemple, le christianisme, dans l'évangile de Jean, ne répond pas à cette

---

[1] Fichte oppose le Dass à Wie. Dass correspond au *quod* des latins et Wie au *quomodo*. Dass exprime ce qui est, le fait lui-même, et Wie la raison, le pourquoi de ce fait. On trouve plusieurs fois dans le cours de l'ouvrage cette opposition de Dass et de Wie dans le même sens.

question ; il n'y touche pas même, et il ne s'étonne seulement pas de l'existence du variable et du contingent, parce qu'il a cette ferme croyance, parce qu'il est persuadé que l'un seul existe, et que le contingent n'existe absolument pas. Or, si quelqu'un parmi nous a cette foi ferme, il ne soulève pas non plus cette question; par conséquent, il n'a pas besoin non plus de notre réponse, et après tout il peut lui être tout à fait indifférent, par rapport à la vie heureuse, de comprendre ou de ne pas comprendre cette question.

Mais à juste titre soulèvent cette question et en attendent la réponse pour pénétrer dans les considérations qui prouvent l'existence d'une vie bienheureuse, ceux qui jusqu'à présent ou bien n'ont cru qu'à l'existence de la variété et ne se sont pas encore élevés à la conception de l'unité, ou bien ont flotté incertains entre l'unité et la variété, ne sachant dans laquelle se reposer, ne sachant laquelle sacrifier à l'autre. Je dois en leur faveur donner une réponse à cette question, et il est nécessaire qu'ils la comprennent bien.

Voilà l'état de la question : En tant que l'existence divine est un acte immédiat, une manifestation vivante et énergique de son exister[1], elle est semblable à l'essence de l'être; elle est en conséquence invariable, immuable; elle est une unité qu'exclut toute variété. J'ai ici le double but d'élever quelques-uns de vous à la connaissance des principes en question par une voie populaire, et de les montrer réunis en un même foyer, en une même lumière aux yeux de ceux qui déjà les ont reçus séparés les uns des autres par la méthode scientifique; je dois donc m'exprimer avec la plus grande précision. L'existence de l'être divin devant être immédiatement une et invariable, le principe de la division ne peut se trouver immédiatement dans l'acte de l'existence divine, il ne peut se trouver qu'en dehors de lui. Cependant il doit se trouver en dehors de lui de telle manière qu'il apparaisse néanmoins comme lié par une conséquence nécessaire avec l'acte vital de cette existence divine, et non comme un abîme placé entre nous et la divinité ou comme une expulsion définitive de l'homme du sein de la divinité. Voici donc comment je vous introduis dans l'explication de l'existence du principe de la variété.

[1] Il y a ici dans le texte Daseyen et non pas Daseyn. Fichte a ajouté cet e à l'infinitif Daseyn, afin de mieux faire comprendre qu'il s'agit ici d'un acte de l'existence; Daseyn, étant plus souvent employé par lui comme substantif que comme verbe.

Premièrement : Ce que l'être absolu ou Dieu est, il l'est absolument, immédiatement de lui-même et par lui-même. Or, entre autres choses, il existe, il se manifeste au dehors, il se révèle. Dieu, et c'est là le point important, est donc aussi cette existence par lui-même, et seulement dans son être par lui-même, c'est-à-dire dans sa manifestation et sa vie immédiate. Dieu est présent dans la manifestation de son être avec toute sa substantialité, et sa manifestation immédiate consiste seulement dans cette présence réelle et substantielle. Donc, elle est entière, une et invariable.

Secondement : L'être et l'existence de l'être se pénètrent donc dans ce point réciproquement, se mêlent et se confondent l'un avec l'autre. Car l'existence appartient à l'être par lui-même et en lui-même et ne peut avoir d'autre fondement, et à l'existence de l'être appartient tout ce que l'être est en lui-même et dans son essence. La différence ou la séparation que nous avons établie dans la leçon précédente, entre l'être et l'existence, apparaît ici comme n'étant que relative à nous, comme n'étant qu'une suite de notre limitation, et non comme existant en elle-même et au sein de l'existence divine.

Troisièmement : J'ai dit, en outre, dans la

précédente leçon : L'être dans la simple existence ne doit pas être confondu avec l'existence elle-même; mais tous les deux doivent être distingués, afin que l'être se montre clairement en tant qu'être, et l'absolu en tant qu'absolu. Cette distinction et cet *en tant que* (Als[1]) des deux choses à distinguer, est en lui-même une séparation absolue et le principe de toute séparation ultérieure et de toute variété, comme je vais tâcher de vous l'expliquer clairement en peu de mots. 1° Cet *en tant que* des deux choses à distinguer ne donne pas immédiatement leur essence, mais nous donne seulement leur manière d'être, leur description, leur caractéristique. Il nous les donne en une image, dans laquelle toutes les deux se mêlent, se pénètrent, se déterminent réciproquement. Car chacune des deux se comprend et se caractérise par l'autre; chacune des deux n'est pas ce qu'est l'autre, et réciproquement l'autre n'est pas ce qu'est celle-ci. Avec cette distinction commence le savoir, proprement dit, et la conscience; ou bien encore, ce qui est la même

---

[1] Als veut dire *comme* ou *en tant que*. Fichte, dans ce passage et dans les pages suivantes, l'emploie comme la formule de la distinction de l'être et de l'existence et de toute distinction. Cet emploi de Als comme substantif est un exemple de ce langage bizarre, dont se servent trop souvent sans nécessité les philosophes allemands. J'aurais rendu le sens en traduisant dieses Als par *cette distinction* ; j'ai préféré plus d'exactitude.

chose, la représentation, la définition, la connaissance médiate et la reconnaissance des choses par leur caractère propre et leur critérium : enfin c'est dans cette distinction que réside le vrai principe du savoir. Elle est une pure relation, la relation de deux choses n'est ni dans l'une ni dans l'autre; elle est au milieu comme un troisième terme qui montre la nature propre du savoir comme tout à fait différente de la nature propre de l'être.

2° Cette distinction n'a lieu que dans l'existence elle-même et vient d'elle. Or, puisque la distinction ne saisit pas son objet immédiatement, mais seulement son caractère et sa manière d'être, l'existence ne se saisit pas elle-même immédiatement dans la distinction, c'est-à-dire dans la conscience, mais se saisit seulement dans une image et dans une représentation. Elle ne se conçoit pas immédiatement telle qu'elle est, mais elle se conçoit dans les limites prescrites à l'essence absolue de la conception. Exprimons ceci d'une manière populaire. Nous ne nous concevons pas nous-mêmes tels que nous sommes en nous, et si nous ne comprenons pas l'absolu, la raison en est non dans l'absolu lui-même, mais dans la conception même qui ne se conçoit pas elle-même. Si elle pouvait se concevoir elle-même, elle pourrait tout aussi bien concevoir l'absolu.

Car dans son essence et par delà elle-même, elle est l'absolu.

3° C'est donc dans la conscience dont la nature est la distinction, que l'essence primitive de l'être divin et de son existence éprouve une métamorphose. Quel est le caractère fondamental et absolument un et invariable de cette métamorphose ?

Considérez que savoir c'est distinguer, et en conséquence caractériser les choses distinguées. Mais toute caractérisation suppose par elle-même un être fixe et immobile, une existence saisissable de ce qui doit être caractérisé. Donc, par la notion, la vie immédiatement divine, dont nous avons parlé plus haut, qui se trouve dans la vie, se change en un être fixe et actuellement saisissable ; l'école ajouterait en quelque chose d'objectif, mais l'objectif résulte de la notion et non la notion de l'objectif. Ainsi la vraie vie est ce qui est métamorphosé, et un être fixe et arrêté est la forme dans laquelle elle se métamorphose. En d'autres termes, la métamorphose de la vie immédiate en un être fixe et immobile, est le caractère principal, le caractère que nous cherchons de cette métamorphose opérée par la notion dans la manifestation de l'être. Cette existence fixe est le caractère de ce que nous appelons le monde. La notion est donc le véritable créateur du monde par la métamorphose de la vie divine en un être stable, qui résulte du caractère essentiel de la notion, et le monde n'existe que dans la notion et pour la notion, comme apparence nécessaire de la vie dans la notion. En dehors de la notion, rien n'existe véritablement et en soi, et il n'existera rien de toute éternité, si ce n'est le Dieu vivant dans sa substantialité.

4° Je viens de montrer que le monde, considéré dans son principe, sort de la notion, et que la notion, à son tour, n'est rien que le *en tant que* de l'être divin et de son existence. Ce monde prendra-t-il une nouvelle forme dans la notion, et la notion prendra-t-elle une nouvelle forme en lui nécessairement, et de manière que la nécessité en soit évidente ?

Pour répondre à cette question, il faut considérer avec moi les points suivants : L'existence, ai-je dit plus haut, se comprend elle-même dans une image et avec un caractère qui la distingue de l'être; elle se comprend absolument d'elle-même, par elle-même et par sa propre force. En effet, cette force apparaît dans l'observation ordinaire de soi-même, en tout effort, en toute réflexion, en toute concentration de la pensée sur un certain objet. Dans la langue philosophique, on donne à cet acte par lequel l'idée se saisit elle-même le nom de réflexion, et c'est de ce nom que désormais nous nous servirons. Ce déploiement de force de l'existence et de la conscience résulte de ce que l'existence a nécessairement besoin d'un *en tant que*, et cette nécessité elle-même est fondée immédiatement sur la nature même de la vie divine. Il est vrai que le fondement de l'indépendance et de la liberté de la conscience est en Dieu, mais précisément parce qu'il est en Dieu, la liberté et l'indépendance existent réellement, et ne sont pas de pures apparences. Par sa propre manifestation, et conformément à son essence intime, Dieu repousse en partie de lui sa manifestation, en tant qu'elle prend conscience d'elle-même, et la pose comme vraiment indépendante et libre. Je n'ai pas voulu passer sous silence ce principe qui résout le malentendu fondamental de la spéculation. L'existence se saisit avec sa force propre et indépendante. Voilà le premier point sur lequel j'ai appelé votre attention. Qu'est-ce qui résulte pour elle de cette faculté de se saisir ainsi elle-même? tel est le second point que je signale à vos méditations. Lorsqu'elle considère elle-même sa propre existence, tout d'abord, dans ce retour énergique sur elle-même, elle conçoit qu'elle est telle ou telle chose, qu'elle porte tel ou tel caractère. Ainsi donc, et c'est l'expression générale que je vous prie de bien saisir, dans la réflexion sur lui-même, le savoir se divise lui-même et par sa propre nature, parce que non-seulement il se saisit clairement lui-même, ce qui ne serait qu'un seul élément, mais parce qu'il se saisit comme telle et telle chose, ce qui ajoute un second élément, un élément qui, pour ainsi dire, jaillit du premier. Le vrai principe de la réflexion se scinde donc, pour ainsi dire, en deux parties. Telle est la loi fondamentale de la réflexion.

5° Comme l'objet premier et immédiat de la réflexion absolue est l'existence même, dont, suivant la forme du savoir que j'ai expliquée, la vie vivante est changée en un être fixe, en un monde; le monde est donc le premier objet de la réflexion absolue. Ce monde, d'après la forme essentielle de la réflexion, doit se scinder dans cette réflexion, de telle sorte que le monde, ou en général l'existence fixe, prenne un caractère déterminé, et le monde général une forme particulière dans la réflexion. Tout cela s'accomplit seulement dans la réflexion, en tant que réflexion; mais, comme nous l'avons dit, la réflexion est en elle-même absolument libre et indépendante. Si donc on ne réfléchit pas, et, en vertu de la liberté, on peut ne pas réfléchir, alors rien n'apparaît. Mais si on va à l'infini, de réflexion en réflexion, et, en vertu de la liberté, on peut le faire, à chaque réflexion nouvelle, le monde doit apparaître sous une forme nouvelle, et ainsi, dans un temps infini, qui est aussi engendré par la liberté absolue de la réflexion, le monde peut changer, se transformer à l'infini, et s'écouler comme une variété infinie. Ainsi de même que la notion en général s'est montrée à nous comme créatrice du monde, de même se montre ici à nous le fait libre de la réflexion comme créateur de la variété, et d'une variété infinie dans le monde. Cependant ce monde, malgré cette variété, demeure le même, parce que l'idée dans son caractère essentiel reste une et identique.

6° Embrassez d'un seul coup d'œil tout ce que je viens de dire. La conscience ou bien aussi nous-mêmes, nous sommes l'existence divine, et nous ne faisons absolument qu'un avec elle. Or, dans cette existence, Dieu se saisit lui-même et par là devient conscience, et son essence propre ou bien l'être véritablement divin devient pour lui le monde. Qu'y a-t-il donc alors dans sa conscience? Chacun, je pense, répondra : le monde et rien que le monde. La vie divine immédiate ne serait-elle pas peut-être encore dans cette conscience? Je pense que chacun répondra : non; car il est absolument impossible que la conscience ne transforme pas en un monde cette vie immédiate, et ainsi, la conscience étant posée, cette transformation se trouve accomplie. La conscience absolue est précisément, à son insu, l'accomplissement de cette transformation. Où est donc cette vie divine qui, dans son immédiatité, devait être la conscience? où a-t-elle passé, puisque, selon notre propre aveu qui résulte nécessairement de nos principes, elle est, quant à son immédiatité, expulsée à jamais de la conscience? Je réponds : elle n'a pas disparu, mais elle demeure là où seulement elle peut demeurer, dans l'essence cachée et inaccessible à l'idée de la conscience; elle demeure dans ce qui est le support de la conscience, dans ce qui en conserve et rend possible la manifestation. La vie divine dans la conscience se change donc nécessairement en un monde fixe, mais chaque conscience réelle est un acte de réflexion, et l'acte de réflexion scinde irréparablement ce monde unique en des formes infinies dont la conception ne peut jamais être épuisée, et dont une série finie entre seule dans la conscience. Je demande où réside donc ce monde unique, ce monde achevé et accompli, qui, comme nous l'avons dit, est le reflet de l'essence de la vie divine. Je réponds : Il réside là seulement où il est, non dans un acte particulier de réflexion, mais dans la forme unique, fondamentale, absolue de la notion qui ne se trouve pas dans la conscience réelle et immédiate, mais seulement dans la pensée supérieure à la conscience, comme dans cette même pensée se trouve encore au delà, et à une plus grande profondeur, la vie divine elle-même. Où donc, dans ce continuel écoulement de la diversité, de la réflexion réelle, et de ses représentations du monde, se tient l'être un et invariable de la conscience, qui se confond avec l'existence divine? Ce n'est pas l'être divin, mais seulement la représentation, l'image de l'être divin qui entre dans ces changements; votre œil sensible est un prisme dans lequel l'éther du monde sensible, qui en lui-même est pur, uniforme et sans couleur, se réfracte en couleurs variées sur les surfaces des choses; vous n'en concluez pas que l'éther en lui-même est coloré, mais seulement qu'il se réfracte en couleurs dans et sur votre œil par une réciprocité d'action; vous ne pouvez voir l'éther sans couleur, mais seulement le penser, et vous n'avez foi qu'à cette pensée, lorsque vous avez reconnu la nature de l'œil; agissez-en de même dans les choses du monde spirituel, et par rapport à l'œil de l'esprit. Ce que tu vois, tu l'es toi-même éternellement, mais tu ne l'es pas tel que tu le vois, ni tu ne le vois tel que tu l'es. Tu l'es invariable, pur, sans couleur, sans forme ; c'est la réflexion qui est aussi toi-même, et dont tu ne peux en conséquence te séparer, qui le réfracte à tes yeux sous des rayons et des formes infinis. Sache donc que ce que tu vois n'est pas divers, divisé, brisé en lui-même, mais seulement dans la réflexion qui est l'œil de l'esprit, et par rapport à cette réflexion. Par-dessus cette apparence qui, dans la réalité, est aussi inévitable que les couleurs dans la vue sensible, élève-toi jusqu'à la pensée. Que la pensée s'empare de toi, et tu n'auras plus de foi qu'en elle.

Dans une exposition populaire, on ne peut, selon moi, se dispenser de répondre, comme je viens de le faire, à cette question : Puisque l'être en lui-même doit être absolument un, invariable, immuable, et se présente avec évidence comme tel à la pensée, comment s'introduit dans cet être la variété qu'y trouve la conscience réelle ? L'être est en effet l'être unique, l'être divin qui est ce qu'il y a de réel, et ce qui demeure éternellement dans toute existence. Cet être unique est scindé, brisé en des formes infinies par la réflexion qui est inséparable de la conscience réelle.

Ce fractionnement est, comme je l'ai dit, absolument primitif dans la conscience réelle, rien ne peut le détruire, rien ne peut le remplacer. Donc les formes diverses qu'en raison de cette division le réel contient en lui, n'existent et ne peuvent être saisies que dans la vraie conscience, que dans l'observation de la conscience; mais on ne peut ni les concevoir par la pensée, ni les déduire *à priori*. Elles ne sont que de la pure et absolue expérience, elles ne sont rien que l'expérience, et toute spéculation qui se comprend elle-même ne tentera jamais de détruire cette expérience. La matière de cette expérience est ce qui appartient exclusivement à chaque chose et la caractérise individuellement, ce qui, dans l'écoulement des temps, ne reviendra plus, ni ne peut avoir existé antérieurement. Mais par l'examen des différentes lois de la réflexion dont nous venons d'établir la seule loi fondamentale, on peut déduire *à priori* les propriétés générales des formes nées de la division de cette unité réelle. Ces propriétés générales engendrent des classes et des espèces qui s'harmonisent entre elles. Une philosophie systématique doit épuiser entièrement cette déduction *à priori*. Ainsi il est possible de déduire *à priori* d'une manière évidente de la loi de la réflexion, et la matière dans l'espace et le temps, et les systèmes du monde, et le sujet lui-même de la conscience, qui, quoique ne pouvant être en lui-même que l'unité, se divise en un système de choses en apparence individuelles et indépendantes [1]. Cependant ces déductions servent plutôt à l'intelligence des principes fondamentaux des sciences particulières qu'au réveil d'une vie religieuse. Elles sont donc la propriété exclusive du domaine de l'exposition scientifique de la philosophie, et elles ne sont pas susceptibles d'une exposition populaire dont elles n'ont pas besoin. En conséquence, ici est la limite entre une exposition rigoureusement scientifique et une exposition populaire. Nous sommes, vous le voyez, arrivés à cette limite, et il faut maintenant vous attendre à voir la discussion descendre peu à peu dans des sujets qui vous sont déjà connus, et que déjà nous avons touchés quelquefois par la réflexion.

En outre de la division opérée dans la conscience par la forme fondamentale de la réflexion au sein du monde né de la vie divine, division qui le métamorphose en un monde variable à l'infini sous le rapport de sa constitution, il est une autre division de ce même monde invaria-

---

[1] Fichte n'a pas fait la déduction qu'il indique ici, elle a été tentée par Schelling et par Hegel.

blement liée à la première, qui, comme elle, n'est pas variable à l'infini dans sa forme, mais peut être considérée seulement sous cinq points de vue. Dans la prochaine leçon, nous établirons au moins le fait de cette seconde division. C'est seulement après ces recherches préliminaires que nous pourrons comprendre l'essence intime et les apparences extérieures de la vie bienheureuse, et nous rechercherons ensuite comment cette vie participe au bonheur, et comment elle peut y arriver.

CINQUIÈME LEÇON.

Principe d'une division nouvelle de la science. — Cette division n'a pas pour objet le monde lui-même, mais la réflexion sur le monde, et donne les divers points de vue sous lesquels on peut considérer le monde qui en lui-même demeure un et identique. — Cette seconde division se rattache cependant d'une manière intime à la première. — Elle engendre cinq modes divers de conception du monde. — Le premier point de vue et le plus inférieur qui domine dans la philosophie de ce temps consiste à attribuer la réalité au monde sensible ou à la nature. — Le second point de vue place le réel dans une loi qui s'impose à la liberté et qui ordonne le monde; c'est le point de vue de la légalité objective ou de l'impératif catégorique. — Le troisième point de vue consiste à placer la réalité dans une loi de la liberté qui crée un monde nouveau au sein du monde actuel; c'est le point de vue de la vraie moralité. — Le quatrième point de vue met la réalité en Dieu seul et dans sa manifestation; c'est le point de vue religieux. — Le cinquième point de vue consiste à voir clairement l'écoulement de la variété du sein de la vraie réalité qui est l'unité; ce point de vue est celui de la science. — Cependant la vraie religion n'est pas une simple manière d'envisager le monde, elle n'existe qu'à la condition d'être unie à la vie en Dieu. — Sans cette union elle ne serait plus qu'une opinion vide, une pure rêverie.

Messieurs,

D'après ce que nous avons vu ensemble jusqu'à présent, le bonheur consiste dans la réunion avec Dieu, c'est-à-dire avec l'un et l'absolu. Quant à nous, dans notre indestructible essence, nous ne sommes que savoir, image et représentation, et cette forme essentielle de notre être ne peut disparaître, même dans l'union avec l'être absolu. En effet, être absolu dans cette union, ne devient pas notre être propre, mais nous apparaît comme quelque chose de distinct et d'étranger auquel nous nous abandonnons et nous nous attachons par un amour intime; il nous apparaît comme étant en lui-même sans forme et sans contenu, comme ne nous donnant aucune notion, aucune connaissance déterminée de son essence intime, mais comme étant ce par quoi nous nous pensons, nous nous comprenons nous-mêmes et le monde. Même lorsque nous nous plongeons en lui, le monde ne s'évanouit pas, il prend seulement à nos yeux une autre signification, et au lieu d'un être indépendant pour lequel nous l'avions pris d'abord, il devient une pure apparence, une manifestation dans le savoir de l'être divin qui en lui-même nous est inaccessible. Résumons encore tout ceci à la fois de la manière suivante. L'existence divine, l'existence dans le sens où je l'ai entendu, dans le sens de manifestation et de révélation, est absolument et nécessairement en elle-même lumière, à savoir, la lumière intérieure et spirituelle. Cette lumière, livrée à elle-même, se divise et se réfracte en des rayons divers et infinis, et ainsi dans chacun de ces rayons séparés elle se distingue d'elle-même et de sa source primitive,

Mais cette même lumière peut aussi de nouveau par elle-même réunir ses rayons dispersés et se saisir comme unité, et se comprendre comme ce qu'elle est en elle-même, à savoir, comme l'existence et la révélation de Dieu. Elle demeure, il est vrai, lumière, tout en se comprenant elle-même, car la lumière est sa forme; cependant, dans cet état, et précisément à cause de cet état, elle se conçoit comme n'étant rien de réel en elle-même, mais comme l'existence et la représentation de Dieu.

Dans les deux leçons précédentes, et surtout dans la dernière, nous nous sommes efforcés de faire voir comment peut avoir lieu la transformation de l'être seul possible et invariable en un autre être, en un être divers et variable. Nous nous sommes introduits au point même de ce changement, et nous l'avons vu s'opérer devant nos yeux. Voici ce que nous avons trouvé. D'abord, par la nature du savoir, qui est une pure image d'un être existant indépendamment du savoir, ce qui n'est en Dieu qu'action et vie est transformé en un être fixe, en un monde. En second lieu, par la loi fondamentale de la réflexion inséparable du vrai savoir, le monde, qui est simple pour le pur savoir, a été caractérisé davantage, a été établi et déterminé en un monde particulier, en un monde varié à l'infini, et qui s'écoule dans un cours jamais interrompu de formations nouvelles. Le développement de cette vue était, à mon avis, nécessaire non-seulement à la philosophie, mais à la vraie piété, qui n'est pas seulement une espèce d'instinct et de croyance aveugle, et qui aspire à se rendre compte de son propre principe.

Tel est le point auquel nous étions arrivés dans la précédente leçon; et en terminant j'ai dit : A cette division du monde à l'infini, fondée sur la loi unique et fondamentale de toute réflexion, s'en rattache inséparablement une autre que nous n'avons pas à déduire dans ces leçons, mais que nous avons seulement à indiquer clairement, à poser comme un fait et à décrire. Voici comment, sans chercher à l'approfondir davantage, je conçois ici cette nouvelle et seconde division. D'abord, dans son essence intime, elle se distingue de la manière suivante de la division établie dans la leçon précédente que je viens de rappeler. La première, c'est-à-dire la forme du savoir, divise et partage immédiatement le monde déterminé, engendré du sein de la vie divine. La seconde, au contraire, divise et partage immédiatement non pas l'objet, mais la réflexion sur l'objet. La première est une séparation et une division dans l'objet même; la seconde n'est qu'une séparation et division dans la contemplation de l'objet. Elle ne donne pas comme la première des objets en eux-mêmes divers, mais elle établit seulement divers points de vue sous lesquels l'esprit peut considérer, concevoir et comprendre le monde, qui est un et qui ne change pas. En second lieu, il ne faut pas perdre de vue que ces deux divisions ne peuvent ni se remplacer ni s'exclure l'une l'autre, mais qu'elles sont toutes les deux inséparables, toutes les deux d'une même venue, comme la réflexion dont elles sont les formes invariables, et leurs résultats s'accompagnent inséparablement et marchent de front. Le résultat de la première division, comme nous l'avons établi dans la précédente leçon, est l'infinité; le résultat de la seconde, comme déjà nous l'avons indiqué, est une quintuplicité. Il faut donc comprendre de la manière suivante cette indissoluble union de ces deux modes de division. L'immobile et indestructible infinité peut être considérée sous cinq points de vue divers, et par contre chacun de ces cinq points de vue sous lesquels on peut considérer le monde, divise le monde à l'infini. Embrassez d'un seul coup d'œil tout ce que je viens de dire. Dans la vision intellectuelle, ce qui est vie divine en soi devient quelque chose de vu, c'est-à-dire quelque chose de déterminé et d'achevé, ou, en d'autres termes, un monde; c'est là le premier point. Or cette vision est toujours un acte appelé réflexion, et par cet acte qui tantôt va vers le monde, son objet, tantôt se replie sur lui-même, ce monde est scindé en un quintuple infini, ou, ce qui revient au même, en une infinité quintuple; c'est là le second point. Arrêtons-nous à cette seconde division, qui est l'objet de cette leçon, et faisons encore sur elle quelques remarques générales.

Nous avons dit que cette division ne portait pas sur l'objet même, mais engendrait seulement la distinction et la variété dans la contemplation de l'objet. Ici vient naturellement à l'esprit la pensée que cette variété, non de l'objet, mais de la contemplation d'un objet toujours et partout le même, doit dériver de ce qu'il y a de plus ou moins clair ou obscur, de plus ou moins profond ou superficiel, de plus ou moins complet ou incomplet dans la contemplation de ce monde un et invariable. Telle est en effet la véritable cause de cette variété; ou bien, pour rattacher la question actuelle à une question précédente, et pour les rendre plus claires l'une par l'autre, je dirai : Les cinq manières dont on peut concevoir le monde sont identiques aux divers degrés possibles du développement de la vie intérieure de l'esprit dont j'ai parlé dans la troisième leçon. Je disais alors qu'ordinairement il en est du progrès de la vie de l'esprit qui nous appartient en propre, de la vie libre et consciente, comme du progrès de la mort physique ; car tous deux commencent par les membres les plus éloignés, d'où peu à peu ils s'avancent vers le centre. Ce que, dans la métaphore dont je me suis servi, j'ai appelé les ouvrages extérieurs de la vie spirituelle correspond au plus bas, aux plus obscurs, aux plus superficiels des cinq modes possibles sous lesquels on peut contempler le monde ; ce que j'ai appelé les plus nobles parties de la vie correspond à des modes plus élevés et plus clairs ; ce que j'ai appelé cœur correspond au mode le plus élevé et le plus clair de tous.

Mais quoique, d'après notre ancienne comparaison et d'après notre point de vue actuel, l'homme ne parvienne d'ordinaire dans le cours de la vie à une intelligence élevée du monde qu'après s'être arrêté quelque temps dans une intelligence inférieure de ce monde, il faut cependant reconnaître d'abord et bien comprendre que cette contemplation multiple du monde constitue une division réelle et primitive au moins dans cette faculté en vertu de laquelle l'homme saisit le monde. Je m'explique : ces points de vue élevés ne naissent pas successivement dans le temps, ne sont pas engendrés et rendus possibles par les points de vue qui leur sont diamétralement opposés, mais ils existent de toute éternité au sein de l'unité de l'existence divine, comme des déterminations nécessaires d'une science unique, alors même que personne ne les saisirait. En effet, celui qui les saisit ne peut les créer dans sa pensée, mais seulement les découvrir et se les approprier. En second lieu, ce progrès successif n'est que la marche ordinaire et non une règle qui n'admette pas d'exceptions. Quelques hommes privilégiés et inspirés, comme par miracle, en vertu de leur naissance et de leur instinct, sans effort de la réflexion, se trouvent placés à un point de vue plus élevé de la contemplation du monde. Ils sont tout aussi peu compris de ceux qui les entourent qu'eux-mêmes ils les comprennent. Tels ont été depuis le commencement tous les hommes religieux, les sages, les héros, les poëtes, et par eux est entré dans le monde tout ce qu'il y a de bon et de grand dans le monde. Il y a d'autre part des individus, des âges d'hommes tout entiers sur lesquels, sauf des exceptions rares, s'étend une dangereuse contagion. Par un instinct qu'il est impossible d'expliquer, ils sont fixés et enracinés dans un point de vue grossier, de telle sorte que l'enseignement le plus clair et le plus persuasif ne peut leur faire élever les yeux même un seul moment au-dessus de la terre et leur faire comprendre quelque chose qui dépasse ce qui peut se toucher avec la main.

Voilà ce que j'ai à vous dire en général sur les modes divers de la contemplation du monde; parlons maintenant de chacun de ces modes en particulier. Prendre pour le monde, pour l'existence vraie, pour ce qu'il y a de plus élevé, pour ce qu'il y a de plus réel, pour ce qui existe par soi-même, ce qui tombe sous les sens, tel est le premier mode, le plus inférieur, le plus superficiel, le plus confus de la contemplation du monde. Je crois que ce point de vue a été suffisamment décrit et caractérisé dans mes précédentes leçons, surtout dans la troisième, et déjà, sans approfondir la question, j'ai fait voir combien il était superficiel et inadmissible. J'ai avoué que néanmoins c'était le point de vue de nos savants et du siècle formé à leur école. J'ai aussi montré que ce point de vue était fondé non pas sur leur logique, car il est diamétralement opposé à toute logique, mais sur leurs penchants et sur leurs passions. Je ne puis pas revenir là-dessus, car il faut que nous avancions et que nous laissions derrière nous les choses décidées une fois pour toutes. Mais si quelqu'un s'opiniâtrait dans cette opinion et nous disait : Cependant ces choses sont manifestes, réelles, car je les vois, je les entends, etc. ; qu'il sache que son assurance hardie, que sa ferme croyance ne nous donnent aucun trouble, et nous lui répondons une fois pour toutes par cette négation catégorique, franche, sans équivoque : Non, ces choses n'existent pas ; elles n'existent pas, précisément parce que l'œil les voit, parce que l'oreille les entend. Qu'il sache encore que nous coupons court à toute discussion avec lui comme incapable de comprendre et d'apprendre.

Le second mode qui résulte de la division primitive des points de vue sous lesquels il est possible de considérer le monde, consiste à comprendre le monde comme une loi de l'ordre, qui établit un droit égal dans un système d'êtres raisonnables. Saisissez bien mes paroles. Une loi qui établit l'ordre et l'équilibre dans l'intérêt de la liberté du grand nombre, voilà ce qui, à ce point de vue, apparaît comme la seule chose réelle et existante par elle-même, comme la chose qui fait être le monde et en qui le monde a sa racine. Si quelqu'un s'étonnait de ce qu'on puisse prendre une loi qui, d'après son opinion, ne serait qu'un simple rapport et une idée purement abstraite, pour une réalité, son étonnement ne résulterait que de son incapacité à voir quelque chose de réel en dehors de la matière visible et sensible ; il serait donc du nombre de ceux avec lesquels nous ne pouvons plus discuter. A ce point de vue, la loi est ce qu'il y a de premier, ce qui seul est réellement, et ce par quoi primitivement existe tout ce qui d'ailleurs existe. En second lieu, vient la liberté et le genre humain, en vertu de cela seul qu'une loi qui s'adresse à la volonté libre suppose nécessairement la liberté et des êtres libres. L'unique fondement, l'unique preuve de l'indépendance de l'homme dans ce système, c'est la loi morale se révélant dans la conscience. Enfin, en troisième lieu, se place le monde des sens, qui n'est que la sphère dans laquelle s'exerce la libre activité des hommes. Son existence résulte de cela seul que la libre activité suppose un objet sur lequel elle s'exerce. Parmi les sciences qui se rapportent à ce point de vue et qui en résultent, se place non-seulement la science du droit, en tant qu'elle établit les rapports juridiques entre les hommes, mais aussi la morale ordinaire, qui a pour principe que personne ne fasse tort à autrui, et que chacun s'abstienne de tout ce qui est contraire au devoir, soit qu'il y ait ou qu'il n'y ait pas de loi expresse qui le défende.

On ne rencontre pas dans la vie ordinaire d'exemples de ce second point de vue sous lequel on peut envisager les choses, parce que la vie ordinaire enracinée dans la matière ne s'élève pas jusque-là, mais on en rencontre dans la littérature philosophique. Kant, si on ne considère son développement philosophique que jusqu'à la raison pratique, nous donne l'exemple le plus frappant et le plus conséquent de ce point de vue. Avec les mêmes paroles dont je me suis servi plus haut, Kant exprime cette pensée, que la réalité et la personnalité de l'homme ne peut se démontrer que par la loi morale qui règne en lui, et que par la loi morale seulement il devient quelque chose en soi. Nous aussi, nous avons indiqué et développé ce point de vue [1] en traitant du droit et de la morale, non pas, il est vrai, comme le point de vue le plus élevé, mais comme étant la base de ces deux sciences ; nous avons même la conscience de ne l'avoir pas exprimé sans quelque énergie. Donc notre siècle ne manque pas d'exemples

[1] Fichte fait sans doute allusion à sa philosophie du droit et à la troisième partie de la destination de l'homme intitulée *la Croyance*, dans laquelle, à l'exemple de Kant, il rétablit sur le fondement de la loi morale les réalités ébranlées par le doute et par la science. Il a le droit de dire qu'il n'a pas exprimé ce point de vue sans quelque éloquence et sans quelque énergie ; on peut s'en assurer en lisant la traduction qu'en a donnée M. Barchou de Penhoen.

que peuvent consulter ceux qui voudraient pénétrer dans cette manière de considérer le monde. Au reste, cette persuasion intime et purement morale qu'il faut agir seulement en vue de la loi morale, persuasion qui se trouve aussi dans la moralité vulgaire, sur laquelle Kant et moi, nous avons si fortement insisté, ne fait pas partie de notre exposition actuelle, dans laquelle nous n'avons en vue que les objets.

Ici peut se placer de la manière la plus claire une remarque générale qui s'étend à tous les points de vue suivants; une conception générale du monde n'a de fondement solide qu'autant qu'elle place ce qui existe réellement et d'une manière indépendante dans un principe fondamental, déterminé, invariable, duquel tout le reste se déduise comme participant à la réalité de ce principe, et comme n'ayant par soi-même qu'une existence médiate. Ainsi dans l'exposition du second point de vue, nous venons de déduire de la loi ordonnatrice posée comme premier principe, d'abord le genre humain, et ensuite, en troisième lieu, le monde sensible. Mais il ne faut pas mêler et confondre les réalités; il ne faut pas, par exemple, attribuer de la réalité au monde sensible, et vouloir en attribuer aussi au monde moral, à la façon des esprits obscurs et embrouillés qui s'imaginent résoudre ainsi la question. Ces esprits n'ont point de coup d'œil assuré, n'ont point de direction droite dans leurs vues intellectuelles, ils jettent toujours un regard oblique sur la variété. J'aime encore bien mieux celui qui s'en tient d'une manière décidée au monde sensible et nie tout le reste. Il n'a pas la vue plus longue, mais au moins il a plus de fermeté et de décision. En résumé, toute conception supérieure du monde ne peut souffrir à côté d'elle une conception inférieure ; mais chaque conception supérieure s'assujetit et détruit l'inférieure en tant qu'elle se donnait comme le principe le plus élevé, comme un principe absolu.

Le troisième point de vue duquel on peut considérer le monde est celui d'une moralité vraie et supérieure. Il est nécessaire d'expliquer exactement ce point de vue à peu près inconnu à notre siècle. Ce point de vue, comme le précédent, part d'une loi du monde moral, comme du principe le plus élevé et absolument réel, et en cela tous deux ils s'accordent. Mais la loi de ce troisième point de vue n'est pas, comme la loi du second, une loi purement ordonnatrice de ce qui existe, c'est plutôt une loi créatrice de quelque chose de nouveau, de quelque chose qui n'existait pas dans le sein de ce qui existe. La première loi est purement négative, elle détruit la contradiction entre les diverses forces libres, et rétablit entre elles l'équilibre et le repos; la seconde loi cherche à armer d'une nouvelle vie la force qui est au repos. On pourrait dire que cette seconde loi, non contente d'atteindre la forme de l'idée, s'efforce d'en atteindre la qualité et même la réalité. Le but de cette loi peut se déterminer ainsi : elle veut, dans l'homme qui en est pénétré, et par lui dans les autres, réaliser l'humanité telle qu'elle doit être; elle veut en faire une image frappante, un portrait, une révélation de l'essence de l'être divin. La série des déductions de ce troisième point de vue par rapport à la réalité est donc celle-ci : il n'y a de réel, il n'y a d'existant par soi, que le saint, le bon et le beau ; en seconde ligne vient l'humanité en tant que destinée à les réaliser en elle, et seulement en troisième, la loi ordonnatrice, qui n'est qu'un moyen pour mettre l'humanité dans un repos intérieur et extérieur en vue d'atteindre la vraie distinction. Enfin en quatrième lieu vient le monde sensible qui n'existe que comme sphère de la liberté et de la moralité, soit extérieure, soit intérieure, soit supérieure, soit inférieure. Remarquez que je dis la sphère de la liberté, car à aucun point de vue élevé, le monde ne peut être autre chose et ne peut revendiquer une réalité propre.

Les exemples de ce point de vue se découvrent dans l'histoire de l'humanité, mais seulement, il est vrai, à celui qui a des yeux pour le découvrir. Par cette moralité élevée seule, et par ses disciples, la religion et principalement la religion chrétienne, la sagesse et la science, la législation et la civilisation, l'art et enfin tout ce que nous possédons de bon et de vénérable est entré dans le monde. Dans la littérature, si l'on en excepte la poésie, on ne trouve que quelques traces dispersées de ce point de vue. Parmi les anciens, Platon peut en avoir eu un pressentiment ; parmi les modernes, Jacobi paraît l'avoir effleuré [1].

---

[1] Voici une lettre adressée par Fichte à Jacobi, sur ce sujet et à l'occasion de l'envoi de ses leçons :

Berlin, 8 mai 1806.

« Dans les leçons que je vous envoie, surtout dans les leçons sur la Méthode pour arriver à la vie bienheureuse, je crois avoir énoncé clairement les résultats principaux de mon système, et je vous les envoie, mon très-cher ami, parce que je suppose que vous vous y intéressez encore. Je crois aussi que maintenant nous serons d'accord tous les deux, car, si je ne me trompe entièrement, je crois que mes idées sont en conformité avec le but de toutes vos tendances philosophiques. Vous exigez toujours et avec raison de la spéculation qu'elle explique l'existence par l'être et fasse disparaître la contradiction qui semble exister

Le quatrième point de vue est celui de la religion. Si ce point de vue sort du troisième que

entre l'un et l'autre. Vous ne prendrez pas en mauvaise part le passage où j'ai fait mention de vous, vous comprendrez que j'ai voulu en passant citer votre nom d'une manière honorable. Vous reconnaîtrez quels passages de vos écrits j'avais en vue, et vous ne nierez pas que vous n'avez pas environné ce point d'une clarté parfaite, et que vous ne l'avez pas rattaché à tout un système. C'est pourquoi j'ai dû dire que vous aviez seulement effleuré ce point de vue, et je n'ai pu dire que vous vous y étiez établi par une spéculation claire, car ici il ne s'agit pas d'autre chose. Vous verrez aussi par ces leçons que souvent vous avez envisagé ma morale, et même toute morale, d'une manière trop étroite. On ne peut concevoir la morale d'une autre manière que Kant et moi nous l'avons conçue. La morale en elle-même est quelque chose de limité et de subordonné. Je ne l'ai jamais prise autrement, ni Kant non plus, au moins dans la critique du jugement, c'est-à-dire au point culminant de sa spéculation. J'y explique également d'une manière claire quelle est mon opinion sur la notion de l'incompréhensible. Nous nous connaissons en tant que nous sommes enchaînés à la forme; où il y a un moi déjà est la forme, déjà elle se sert d'elle-même, et se servant d'elle-même, elle ne peut pas en même temps ne pas être, et ne pas montrer sa source en allant au delà d'elle-même. La notion comprend absolument tout excepté elle-même, car autrement elle n'existerait pas, elle ne serait pas absolue. On peut concevoir que la notion ne se comprend pas elle-même, et pourquoi il en est ainsi, et en conséquence l'incompréhensible est conçu comme incompréhensible. Il en est ainsi par rapport à la notion. Mais élève-toi par l'amour au-dessus de la notion (dixième leçon), et tu es immédiatement transporté au sein de l'être sans forme, au sein de l'être pur. Ce que je viens de dire répond d'avance à une objection à laquelle il faut m'attendre, si cette fois je suis assez heureux pour me faire comprendre de certaines personnes. Car on dira sans doute : Il parle ainsi maintenant, mais il n'a pas toujours ainsi parlé. Mais toujours dès le commencement j'ai tenu ce langage, et déjà le paragraphe 5 de la Doctrine de la science donne l'effort et l'aspiration de l'âme comme le véritable vehiculum de la réalité. Je soupçonne que ceux qui depuis des années nous venons de décrire, et il est uni avec lui, il peut se définir : la claire conscience que le saint, le bon et le beau dont nous avons parlé, n'est pas notre ouvrage ou l'ouvrage d'un esprit, d'une lumière, d'une pensée qui en elle-même ne serait que néant, mais l'apparition immédiate en nous de l'essence intime de Dieu, comme sa lumière, son expression, son image, comme l'image la plus complète dans laquelle cette essence puisse se manifester. Cette conception religieuse du monde est précisément celle à l'intelligence de laquelle nous avons travaillé dans les précédentes leçons et que nous pouvons exprimer avec plus de concision et de rigueur en liaison avec ses principes. 1° Dieu seul est,

se donnent tant de peine pour faire l'opération de la cataracte à ma doctrine de la science dont elle n'a jamais eu besoin, n'ont jamais lu jusqu'à ce cinquième paragraphe. »

Vie et Correspondance de Fichte, publiée par son fils. 2ᵉ volume, page 194.

J'ajoute ici que la philosophie de Jacobi n'a pas été sans influence sur Fichte. En 1795 il écrivait à Jacobi : J'ai lu et relu vos ouvrages, et partout, principalement dans *Allevill*, j'ai trouvé une uniformité surprenante entre nos convictions philosophiques. (*Ibid.*, I, 239.) Plus tard Jacobi, ayant engagé une polémique contre lui, il lui dit : Je sais à peine en quoi et comment nous sommes adversaires. Nous sommes d'accord sur la science comme sur la vie. (*Ibid.*, I, 243.) C'est dans le point de vue de la croyance et dans le réalisme pratique opposé à l'idéalisme spéculatif que consiste le rapport de Fichte avec Jacobi. Ce point de vue était caché dans ses premières expositions théoriques; il se manifeste clairement, pour la première fois, dans la troisième partie de la destination de l'homme.

et en dehors de lui rien n'est; principe, à ce qu'il me paraît, facile à comprendre et condition exclusive de toute vue religieuse. 2° En disant ainsi, Dieu est, nous n'avons qu'une notion entièrement vide qui ne nous apprend rien sur l'essence intime de Dieu. Avec cette notion qu'aurions-nous à répondre à cette question : Qu'est-ce que Dieu? Le seul corollaire possible qui en découle, à savoir que Dieu est absolu, qu'il existe en lui, de lui, et par lui, n'est que la forme fondamentale de notre esprit par rapport à l'idée de Dieu, et n'exprime rien autre chose que notre mode de le concevoir; encore cette conception est-elle purement négative, et nous apprend seulement la manière dont nous ne devons pas concevoir Dieu, car nous ne devons pas déduire son idée d'un autre objet quel qu'il soit, comme par l'essence de notre pensée nous sommes obligés de le faire pour les autres objets. Cette notion de Dieu n'est donc qu'une ombre de notion, une notion sans contenu. Quand nous disons : Dieu est, il n'est rien pour nous intérieurement, et il devient néant pour nous précisément à cause de cette expression. 3° Mais nous n'en sommes pas réduits à cette ombre de notion de Dieu, car, comme je l'ai amplement développé plus haut, Dieu avec sa vie réelle vraie et immédiate pénètre en nous, ou bien, pour nous exprimer avec plus de rigueur, nous sommes nous-mêmes sa vie immédiate. On répondra : Qu'importe, puisque nous ne savons rien de cette vie divine? et d'après ce que j'ai dit, nous ne pouvons saisir dans la conscience que notre propre existence ; il en résulte que l'être divin en nous, quoiqu'il soit toujours la racine de notre existence, nous demeure éternellement étranger, et ainsi, en fait et en vérité, nous ne le connaissons pas comme notre être, et cette nouvelle notion ne nous avance en rien et nous laisse tout aussi éloignés de Dieu que jamais. Nous ne savons rien, ai-je dit, de cette vie divine immédiate ; car déjà, au premier éveil de la conscience, elle se change en un monde inanimé, susceptible d'être envisagé sous cinq points de vue. En admettant que Dieu même vit toujours sous toutes ces formes, ce n'est jamais lui que nous voyons, mais seulement son enveloppe ; nous le voyons comme pierre, comme plante, comme animal ; nous le voyons, si nous nous élevons plus haut, comme loi de la nature, comme loi morale, et cependant néanmoins ce n'est pas lui que nous voyons. Toujours la forme nous cache l'être, toujours notre vue elle-même nous couvre l'objet, et nos yeux sont un obstacle à nos yeux. A ceux qui se plaignent ainsi, je dis : Élevez-vous au point de vue de la religion et toutes ces enveloppes tomberont. Le principe inanimé du monde disparaîtra à vos yeux, et la divinité elle-même entrera en vous dans sa forme primitive, comme la vie, comme votre propre vie que vous devez vivre et que vous vivrez. En vous restera, comme la seule forme inextinguible de la réflexion, l'infinité de cette vie divine qui en Dieu est absolument une. Mais cette forme n'a rien qui vous pèse, car vous y aspirez, car vous l'aimez; elle ne vous trouble point, car vous pouvez vous en rendre compte. Au dedans de la vie, de l'action, de l'amour de l'homme saint, Dieu ne paraît plus au travers de l'ombre, ou couvert d'une enveloppe; il paraît en sa vie immédiate dans sa propre activité. Ainsi cette question : Qu'est-ce que Dieu? insoluble par la notion vide de l'être, trouve sa réponse dans le point de vue religieux. Dieu est ce que fait l'homme voué à lui et inspiré par lui. Voulez-vous voir Dieu tel qu'il est en lui-même, face à face ? Ne le cherchez pas au delà des nues; partout où vous êtes, vous pouvez le trouver. Contemplez la vie de ceux qui se donnent à lui, et vous le contemplerez lui-même. Abandonnez-vous vous-même à lui, et vous le trouverez dans votre propre conscience. Telle est, Messieurs, la manière d'envisager le monde du point de vue de la religion.

La cinquième et la dernière manière d'envisager le monde se trouve dans le point de vue de la science, de la science absolue, unique, de la science accomplie. La science saisit complétement tous les points du changement de l'unité dans la variété, et de l'absolu dans le relatif, elle les saisit dans leur ordre et dans leur rapport mutuel. Elle peut partout, et de tous les points de vue particuliers, ramener, d'après la loi, la variété à l'unité, ou déduire la variété de l'unité. Dans cette leçon et dans les deux précédentes, j'ai développé les traits principaux de cette science devant vos yeux. La science va au delà de cette conception déjà donnée comme un fait par le point de vue religieux, à savoir, que toute variété est fondée dans l'unité, et doit être ramenée à elle ; la science s'élève à la conception du comment de cette liaison, elle explique génétiquement[1] ce qui n'est qu'un fait pour la religion. Sans la

---

[1] Je n'hésite pas à me servir du mot génétique, qui traduit littéralement le mot allemand *genetisch*. Ce mot revient souvent dans la langue philosophique allemande, et a par lui-même un sens très-clair. Expliquer une chose génétiquement, c'est la déduire de son origine ou de son principe, en marquant les différentes phases par lesquelles elle a dû passer avant d'arriver à son état actuel. Une description génétique est une description qui fait apparaître peu à peu et successivement ce qu'elle décrit aux yeux du spectateur. Donner une chose comme un fait, en s'adressant au bon sens naturel, est le propre de l'exposition populaire ; l'expliquer génétiquement est le propre de l'exposition scientifique.

science, la religion n'est jamais qu'une simple croyance, mais une croyance inébranlable. Mais la science fait disparaître la croyance, et la change en une vision de ce qui est. Puisque nous ne donnons pas le point de vue scientifique comme étant le nôtre, mais seulement pour compléter notre énumération, il suffira d'ajouter ce qui suit. La science n'est pas la condition nécessaire de la vie divine et bienheureuse. Cependant le précepte de travailler à réaliser cette science en nous et dans les autres, entre dans le domaine de la haute moralité. L'homme véritablement homme, l'homme accompli, doit voir toutes choses clairement, car cette clarté universelle et pénétrante contribue à constituer l'image et l'expression de Dieu. Mais, d'un autre côté, personne ne peut s'imposer à lui-même ce précepte de réaliser la science, si déjà le besoin de science ne lui est pas venu naturellement, et, avec ce besoin, la possibilité d'arriver à l'intelligence et à la clarté.

Voici encore une autre remarque sur ces cinq points de vue pour achever le portrait de l'homme religieux. Les deux derniers points de vue, le point de vue scientifique et le point de vue religieux, ne sont que spéculatifs et contemplatifs, mais nullement actifs et pratiques. Ce sont des vues qui demeurent calmes et immobiles dans l'intimité du sentiment, mais qui ne poussent pas à l'action, et ne se font pas jour dans l'action. Au contraire, le troisième point de vue, celui d'une moralité élevée, est pratique et pousse à l'action. Mais j'ajoute maintenant que la véritable religion, quoiqu'elle élève jusqu'à sa sphère l'œil de ses disciples, retient néanmoins leur vie dans le domaine de l'action, et de l'action vraiment morale. La religion véritable n'est pas purement spéculative et contemplative; elle n'est pas seulement occupée à rêver sur des pensées pieuses; mais elle est nécessairement active. Elle consiste, comme nous l'avons vu, dans la conscience intime que Dieu vit réellement en nous, qu'il y agit et accomplit son œuvre. Or, s'il n'y a pas en nous de vie réelle, si nous ne manifestons aucune activité, aucune œuvre, Dieu n'est pas actif en nous. La conscience de notre union avec Dieu est alors illusoire et vaine; c'est une ombre vide d'un état qui n'est pas le nôtre, c'est tout au plus la conception générale mais morte de la possibilité d'un tel état, qui est réalisé en d'autres, mais non en nous. Quant à nous-mêmes, nous sortons alors du domaine de la réalité, nous nous confinons dans la région des notions vides et obscures. Nous sommes donc réduits à des rêves et à des songes qui ne correspondent à aucune réalité. De tels songes sont un des défauts du mysticisme, que nous avons déjà considéré en l'opposant à la vraie religion. C'est par l'activité qu'un état vraiment religieux se distingue de ces rêveries. La religion, ai-je dit, ne doit pas être seulement un songe pieux, la religion n'est pas même une occupation se suffisant à elle-même, qu'on puisse accomplir indépendamment de toute autre occupation, à certains jours, à certaines heures, mais la religion est l'esprit intime qui pénètre et vivifie toutes nos pensées et nos actions, sans en interrompre ni changer le cours naturel. J'ai dit que la vraie religion était inséparable de la manifestation de la vie et de l'action divine en nous. Cependant, quoique ce que j'ai dit dans le troisième point pût faire croire le contraire, la sphère dans laquelle on agit n'est ici d'aucune importance. Celui que son intelligence élève aux objets de la haute moralité, celui-là, si la religion s'empare de lui, vivra et agira dans cette sphère, parce que là est sa vraie vocation. Si un autre a une vocation inférieure, cette vocation sera également sanctifiée par la religion, et en recevra, sinon la matière, au moins la forme de la haute moralité, qui consiste en cela seulement qu'on reconnaisse et aime son travail comme la volonté de Dieu agissant sur nous et en nous. Celui qui, dans cette croyance, laboure son champ ou accomplit fidèlement les plus humbles fonctions, celui-là est plus grand et plus saint que celui qui, sans cette croyance, si cela était possible, rendrait l'humanité heureuse pour des milliers d'années.

Voilà donc le portrait et l'esprit intime de l'homme vraiment religieux. Il ne met pas sa jouissance dans le monde sur lequel s'exercent son activité et son amour, non parce qu'un esprit sombre ou une peur superstitieuse lui représentent cette jouissance comme coupable, mais parce qu'il sait qu'aucune jouissance terrestre ne peut lui donner la véritable joie. Le monde n'est pour lui que sa propre activité, activité dans laquelle seule il vit et veut vivre, dans laquelle il trouve toute la jouissance de lui-même, parce qu'elle est son monde. Encore n'agit-il pas en vue d'une réussite quelconque dans le monde visible; peu lui importe le succès ou l'insuccès, car il ne vit que dans l'action comme pure action, il la veut parce qu'elle est la volonté de Dieu en lui, et constitue sa participation propre avec l'être. Ainsi sa vie s'écoule simplement et purement; il ne connait, ne veut, ne désire rien autre chose; il ne s'élève jamais au-dessus de ce point central, et rien de ce qui est en dehors ne peut l'émouvoir et le troubler.

Telle est sa vie. Nous verrons à un autre moment si tel aussi n'est pas nécessairement le bonheur le plus pur et le plus parfait.

SIXIÈME LEÇON.

Démonstration de ce qui a été dit en passant, que cette doctrine est la doctrine du véritable Christianisme, telle qu'elle est présentée dans l'évangéliste Jean. — Pourquoi nous nous appuyons de préférence sur l'autorité de cet évangéliste. — Notre principe herméneutique. — Distinction dans l'évangile de Jean de ce qui est vrai d'une manière absolue et de ce qui est vrai d'une manière relative. — Ce qui est vrai d'une manière absolue est contenu dans l'exorde de l'Évangile jusqu'au verset 5. — Cet exorde ne renferme pas l'opinion particulière de l'évangéliste, mais la doctrine immédiate de Jésus. — Interprétation de cet exorde. — Ce qui est vrai d'une manière relative est cette thèse, purement historique et non métaphysique, que l'essence divine s'est manifestée pure, et sans aucune limitation individuelle, dans Jésus de Nazareth. — Distinction et alliance de ces deux points de vue d'après la doctrine expresse du Christianisme. — Appréciation de ce dogme historique. — Du sens de l'Évangile tout entier d'après ce point de vue et en réponse à ces deux questions : Qu'enseigne Jésus de lui-même et de son rapport avec Dieu ? qu'enseigne-t-il de ses disciples et de leurs rapports avec lui ?

Supplément. — Explication plus précise de la distinction entre le point de vue historique et le point de vue métaphysique par rapport au dogme fondamental du Christianisme.

Messieurs,

Toute notre doctrine, tous les principes de la discussion actuelle et de toutes les discussions que je puis vous présenter ici, sont maintenant établis d'une manière claire et nette. D'un seul regard on peut les embrasser. Il n'y a aucun être, aucune vie en dehors de la vie immédiate divine.

Cette vie divine se manifeste dans la conscience, enveloppée et voilée de différentes manières, d'après les lois propres, indestructibles de cette conscience, d'après des lois fondées sur son essence même. Elle ne se manifeste, dégagée de ces enveloppes et modifiée par la seule forme de l'infinité, que dans la vie et dans les actions des hommes qui se donnent à Dieu. Dans leurs actions, ce n'est pas l'homme qui agit, mais Dieu lui-même, Dieu dans la pureté et l'intimité de son essence, Dieu qui accomplit son œuvre par l'organe de l'homme.

Je disais, dans une des premières leçons d'introduction : Cette doctrine, quelque nouvelle et inouïe qu'elle puisse paraître à notre époque, est pourtant aussi vieille que le monde ; elle est, en particulier, la doctrine du Christianisme, telle qu'elle s'offre encore aujourd'hui à nos yeux dans son document le plus authentique et le plus pur, dans l'évangile de Jean [1], et elle y est exprimée avec les mêmes images et les mêmes expressions dont nous nous servons. Pour plusieurs motifs, il serait bon de justifier cette opinion, et je veux y consacrer la leçon d'aujourd'hui. Il est bien en-

---

[1] Je traduis exactement le texte de Fichte, qui partout supprime l'épithète de saint.

tendu, sans qu'il soit besoin d'aucun avertissement spécial, que si je cherche à mettre en évidence l'harmonie de ma doctrine avec le Christianisme, ce n'est pas pour en démontrer la vérité ou pour lui donner un appui extérieur. Elle doit déjà s'être démontrée elle-même; son évidence doit déjà avoir été mise en lumière par tout ce qui précède, et elle n'a pas besoin d'autre appui. De même le Christianisme, précisément parce qu'il est en harmonie avec la raison, parce qu'il est l'expression pure et complète de cette raison, doit se démontrer lui-même s'il prétend à une validité quelconque. Ne craignez pas qu'un philosophe vous ramène dans les chaînes de l'aveugle autorité.

Si je considère l'apôtre Jean comme le seul organe du vrai Christianisme, c'est que, comme je l'ai expliqué dans mes leçons de l'hiver passé[1],

---

[1] *Grundzuge des gegenwartigen Zeitalters*, Caractères fondamentaux de l'esprit du siècle; tel est le titre de ces leçons de l'hiver passé. Voici quelques-uns des fragments auxquels Fichte fait sans doute allusion : « La religion a une influence accidentelle qui dépend de l'esprit et des conditions d'une époque. L'influence qu'elle a eue et qu'elle a encore de nos jours est déterminée par l'esprit des hommes auxquels elle s'adresse. Aux temps où le Christianisme a pris naissance, la frayeur superstitieuse qu'inspire l'idée de la Divinité considérée comme un être ennemi, et le sentiment de la culpabilité et de la déchéance du genre humain étaient plus accablants et plus généraux qu'aujourd'hui... Le

Paul et ses disciples, auteurs du système opposé de Christianisme, sont demeurés à moitié juifs,

Christianisme dans son essence n'est point un moyen de réconciliation et de rémission. L'homme ne peut pas se désunir d'avec la Divinité; si une telle désunion était possible, il ne serait qu'un pur néant et par là même incapable de pécher... Mais à cette époque le Christianisme dut nécessairement être un moyen de réconciliation et de rémission, et se transformer en une nouvelle alliance avec Dieu, parce qu'alors on n'avait ni l'idée ni le besoin d'une religion autrement conçue. Cette tendance du Christianisme a été un produit nécessaire de l'esprit du temps. C'est un abâtardissement du Christianisme, et l'apôtre Paul en est le principal auteur. Mais, comme cela était dans l'esprit du temps, si l'apôtre Paul ne l'eût pas fait, un autre l'aurait fait à sa place. Chaque jour le fait encore celui qui a la tête remplie de ces fantômes et ne rêve que médiation nécessaire entre Dieu et l'homme, et ne peut d'un autre point de vue comprendre la religion. Le Christianisme ayant suivi cette tendance, et l'acte public de consécration du chrétien, le baptême étant devenu une mystérieuse purification des péchés, qui sauvait immédiatement de la punition éternelle et ouvrait le ciel sans autre forme, il dut arriver que les administrateurs d'un si puissant remède acquirent le plus grand crédit parmi les hommes. Ils furent nécessairement chargés de veiller à la conservation de cette pureté qu'ils avaient conférée par le sacrement. Dès lors sous ce prétexte il n'y eut plus aucune affaire humaine qu'ils ne s'arrogeassent le droit de juger et de conduire..... P. 370 et suiv. Cette crainte de Dieu, cette tendance à l'apaiser par des artifices mystérieux, est-ce là ce qui constitue la religion et le Christianisme? Nullement, c'est de la superstition, c'est un reste de paganisme qui s'est mêlé avec le christianisme et dont il n'est pas encore dégagé. Si on laisse libre la philosophie du siècle, elle aura bientôt effacé les dernières traces de cette superstition. En détruisant la superstition, elle n'anéantira pas le vrai Christianisme, car jusqu'à présent le vrai Christianisme n'a été que l'état de quelques âmes privilégiées et non pas l'état de la société. Mais si la philosophie actuelle est incapable de le détruire, elle est également incapable de le comprendre et de l'introduire dans le et ont laissé subsister l'erreur fondamentale du judaïsme et du paganisme, erreur dont il sera question plus tard. Pour le moment, il suffit de vous dire que le philosophe ne peut s'accorder qu'avec Jean, parce que lui seul fait cas de la raison, et s'appuie sur la preuve unique qui ait de la valeur pour le philosophe, c'est-à-dire sur la preuve intérieure. « Si quelqu'un veut faire la volonté de celui qui m'a envoyé, celui-là s'apercevra que cette doctrine est de Dieu[1]. » Or, d'après Jean, faire la volonté de Dieu, c'est bien connaître Dieu et celui qu'il a envoyé, Jésus-Christ. Les autres apôtres du Christianisme s'appuient sur les preuves extérieures, sur les miracles, qui, pour nous au moins, ne prouvent rien. En outre, Jean est le seul des évangélistes chez lequel nous trouvons ce que nous cherchons et ce que nous voulons, à savoir, une doctrine religieuse. Ce qu'il y a de meilleur chez les autres ne serait que de la morale si l'évangile de Jean n'en donnait le complément et l'interprétation, et, pour nous, la morale n'a qu'une valeur subordonnée. Nous n'examinerons pas si l'opinion que

---

monde. (Où en est le siècle actuel sous le rapport de la religion générale et publique?)

[1] Évangile saint Jean, chap. 7, 17. « Si quis voluerit voluntatem ejus (qui misit me) facere, cognoscet de doctrina utrum ex Deo sit, an ego a me ipso loquar. »

Jean avait sous les yeux les autres évangiles, et qu'il a voulu seulement suppléer à leurs lacunes, est fausse ou vraie, car, à notre avis, le supplément vaudrait mieux que tout le reste, et ses prédécesseurs auraient passé sous silence ce qu'il y a de plus important.

Mon principe d'interprétation pour Jean, comme pour tous les écrivains chrétiens, est celui-ci : toujours les interpréter comme s'ils avaient réellement voulu dire quelque chose, et, autant que leurs paroles le permettent, quelque chose de juste et de vrai ; ce principe me paraît conforme à l'équité [1]. Mais je suis tout à fait opposé au principe d'interprétation d'une certaine école, qui convertit en pures images et en métaphores les plus graves et les plus claires asser-

---

[1] Ce même principe d'interprétation des écritures est posé par Kant dans son ouvrage sur la religion dans les limites de la raison. « Aucun écrit ne saurait être attribué à l'inspiration divine s'il n'est utile sous le rapport de la doctrine morale, de l'amendement et du perfectionnement... Peut-être certains passages de l'Écriture ne pourront être ramenés au principe de la morale, c'est-à-dire de la vraie religion, sans que cette interprétation ne paraisse forcée et même ne le soit souvent en effet ; néanmoins dès qu'un passage est susceptible d'une telle interprétation, il faut la préférer à la lettre morte qui ne renferme absolument rien ou qui est même en opposition avec ses principes. » (Parag. 100 et 101, Théorie de Kant sur la religion dans les limites de la raison, traduite par M. le docteur Lortet, petit in-12. Paris, Joubert.)

tions de ces écrivains, et ne cesse de les modifier et d'y mettre du sien, jusqu'à ce qu'ils en aient fait une platitude et une trivialité telle qu'eux-mêmes auraient pu la trouver et la produire. Il me semble que pour les écrivains sacrés, et surtout pour Jean, il n'existe pas d'autres sources d'interprétation que celles qui se trouvent en eux-mêmes. On peut recourir à des sources extérieures quand il s'agit des écrivains classiques profanes contemporains, qui ont besoin d'être comparés les uns avec les autres, et confrontés avec le public savant qui les a précédés et le public savant qui les a suivis. Mais le Christianisme, et surtout le Christianisme de Jean, se tient isolé comme un phénomène énigmatique et merveilleux que rien n'a précédé et que rien n'a suivi [1].

Pour établir le contenu de la doctrine de Jean, il nous faut soigneusement distinguer en elle ce qui a une valeur et une vérité absolue indépendante des temps, et ce qui n'est vrai que relativement au regard de l'époque, du point de vue de Jean et de Jésus, tel que l'évangéliste l'annonce aux hommes. Je devrai aussi fidèlement

[1] Fichte ne connaissait pas sans doute l'opinion de quelques théologiens allemands qui ont prétendu que le fond métaphysique de l'Évangile de saint Jean était emprunté à la philosophie du juif Philon.

exposer cette dernière partie de sa doctrine, car un autre mode d'interprétation serait déloyal et jetterait dans la confusion. Ce qui doit surtout attirer d'abord notre attention dans l'évangile de Jean, c'est l'introduction dogmatique contenue dans la première moitié du premier chapitre. Cette introduction est une sorte de préface. Ne considérez pas cette préface comme l'exposé des spéculations propres et arbitraires de l'évangéliste, comme un enjolivement philosophique des faits qu'il va raconter, et dont celui qui se tient au point de vue historique, au point de vue propre de l'auteur, peut penser tout ce qu'il lui plaira. Il faut au contraire l'envisager dans son rapport avec l'Évangile tout entier et la saisir seulement dans son rapport avec lui. L'auteur, dans tout son Évangile, introduit Jésus-Christ comme parlant de lui-même, d'après un certain mode que nous déterminerons plus tard; et, sans aucun doute, Jean est convaincu que Jésus a parlé précisément de cette manière, et que lui, Jean, l'a entendu prononcer ces paroles, et il veut sérieusement nous faire partager cette conviction. Or la préface nous explique comment Jésus a pu penser et parler de lui-même, comme il en a parlé. Il faut donc admettre nécessairement la supposition préliminaire de l'évangéliste selon laquelle ce n'est pas lui, lui Jean, qui, d'après son propre point de vue, et d'après son opinion plus ou moins suspecte, veut considérer et expliquer Jésus, mais Jésus lui-même qui s'est considéré et pensé lui-même, comme il nous le raconte. Il faut voir dans la préface le point de départ et le point de vue général de toutes les paroles de Jésus; cette préface a donc dans la pensée de l'auteur la même autorité que les paroles immédiates de Jésus. En conséquence, elle est dans la pensée de l'évangéliste non la doctrine de Jean, mais celle de Jésus, et elle contient véritablement l'esprit et la racine la plus profonde de toute la doctrine de Jésus.

Ce point important ayant été mis en lumière, nous allons entrer en matière par l'avertissement suivant.

De l'ignorance de la doctrine que j'ai établie jusqu'à présent, est née l'hypothèse de la création, erreur absolue et fondamentale de toute fausse métaphysique et de toute fausse religion, principe du judaïsme et du paganisme. Forcés de reconnaître l'unité absolue et l'immutabilité de l'Être divin considéré en lui-même, et, d'un autre côté, ne voulant pas abandonner l'indépendance et la réalité de l'existence des choses finies, les juifs et les païens les ont fait dériver d'un décret absolument arbitraire de Dieu. Ainsi tout d'abord a été corrompue pour eux dans son fondement la notion de la Divinité, ainsi elle a été revêtue d'un caractère d'arbitraire qui a pénétré dans tout leur système religieux. Alors la raison est pervertie pour jamais, et la pensée n'est plus qu'un rêve fantastique; car il est impossible de penser la création, à prendre le mot penser en son sens réel, et jamais il ne s'est encore rencontré un homme qui ait pu la penser. C'est surtout en ce qui concerne la religion que l'hypothèse de la création est le critérium de la fausseté; par contre, la négation de la création posée par une religion antérieure est le critérium de la vérité. Ce critérium s'applique au Christianisme, et à celui qui l'a le mieux connu, Jean, dont il est ici question. La religion juive avait posé antérieurement l'idée de la création. Au commencement, Dieu créa, tel est le début des livres sacrés de cette religion. Non, dit Jean, opposant une contradiction directe et pour mieux faire ressortir cette contradiction, il commence par le même mot, et, à la place du second mot, expression d'une idée fausse, en met un autre, expression de la vérité; non, au commencement, à ce même commencement dont il est parlé dans la Bible, c'est-à-dire primitivement, et avant tous les temps, Dieu ne créa pas, et il n'y avait pas besoin de création, car déjà tout était, déjà était le Verbe, et, par le Verbe seul, toutes choses ont été faites.

Au commencement était le Verbe, le λογος, comme il est dit dans le texte primitif, qu'on aurait pu traduire par la raison, ou bien par la sagesse, expression dont se sert le livre de la sapience, pour signifier la même idée. Mais, à mon avis, le mot de verbe qui se trouve dans toutes les plus vieilles traductions latines, sans nul doute d'après le conseil et la tradition des disciples de Jean, est suffisamment significatif, et traduit parfaitement le mot grec.

Maintenant d'après le point de vue de l'écrivain, qu'est-ce que ce λογος ou ce Verbe? Ne subtilisons pas sur le mot, mais examinons plutôt sans prévention ce que Jean dit de ce Verbe. Les prédicats du sujet, surtout si ces prédicats lui sont attribués exclusivement, doivent servir à déterminer le sujet lui-même. Il était au commencement, dit-il, il était en Dieu, il était Dieu lui-même; il était au commencement en Dieu [1]; il est impossible d'exprimer plus clairement ce que nous-mêmes nous avons dit précédemment. Outre l'être intérieur de Dieu, et caché en lui, que nous pouvons concevoir par la pensée, il y

[1] In principio erat verbum et verbum erat apud Deum et Deus erat verbum.

a son existence que nous ne pouvons saisir que comme un fait, et il se manifeste nécessairement par suite de son essence intérieure et absolue. L'être, que nous distinguons de l'existence, ne peut en être distingué par lui-même et en Dieu ; car cette existence est primitive ; elle est dans l'être avant le temps, sans le temps ; elle est inséparable de l'être, elle est l'être même. *Le Verbe était au commencement, le Verbe était en Dieu, le Verbe au commencement était en Dieu, Dieu même est le Verbe, et le Verbe même est Dieu.* Ce principe pouvait-il être posé d'une manière plus expressive et plus saillante ? Rien ne devient, rien ne naît en Dieu et de Dieu ; en lui est éternellement ce qui est ; ce qui doit être, doit être primitivement en lui, et doit être lui-même. Si l'évangéliste avait voulu prodiguer les mots, il aurait pu ajouter : Arrière ce fantôme d'une création divine qui trouble la pensée, d'une création de ce qui n'est pas en Dieu, de ce qui n'était pas éternel et nécessaire ! Arrière le fantôme d'une émanation où Dieu n'est pas et abandonne son œuvre ! Arrière le fantôme d'une séparation et d'une expulsion de l'être de Dieu qui nous rejette dans le vide du néant, et fait de Dieu un maître arbitraire et ennemi !

Or ce séjour de l'être en Dieu, et, dans notre

langue, cette existence de l'être, est caractérisée comme le λογος ou le Verbe. Était-il possible d'exprimer avec plus de précision qu'il est la révélation, la manifestation claire et intelligible à elle-même, l'expression spirituelle de Dieu; d'exprimer que, comme nous l'avons dit nous-mêmes, l'existence immédiate de Dieu est nécessairement la conscience d'une part d'elle-même, et de l'autre de Dieu ? Nous en avons donné une démonstration rigoureuse.

Or, si tout cela est clair, il n'y a plus la moindre obscurité dans le verset 3 : « Toutes choses ont été faites par ce même Verbe, et sans lui rien n'a été fait de ce qui a été fait [1], etc. » Ce principe est l'équivalent de celui que j'ai posé : le monde et toutes choses existent seulement dans l'idée, dans le Verbe de Jean, comme conçues et conscientes, comme le langage par lequel Dieu lui-même se révèle à nous. L'idée ou le Verbe est l'unique créateur du monde, et les différences qu'il comprend sont le principe de la variété infinie des choses dont le monde se compose.

En somme, j'exprimerais ainsi ces trois ver-

[1] Omnia per ipsum facta sunt et sine ipso factum est nihil quod factum est.

sets dans ma langue. La manifestation de l'être en Dieu, ou l'existence, est tout aussi primitive que son être lui-même; elle en est inséparable, elle lui est identique, et cette manifestation de l'être divin en son propre contenu est nécessairement du savoir, et dans ce savoir seul il y a un monde, et toutes les choses qui se trouvent dans l'univers n'ont d'existence réelle que dans ce savoir. Ainsi deviennent tout aussi clairs les deux versets suivants [1]; en lui, c'est-à-dire dans cette manifestation immédiate de Dieu, était la vie, principe le plus profond de toute existence et de toute vie, qui demeure éternellement caché à nos yeux; et cette vie est devenue dans l'homme passé à l'existence la lumière, la réflexion consciente d'elle-même; et cette lumière unique et primitive a lui éternellement dans les ténèbres des degrés les plus obscurs de la vie intellectuelle; elle en a été le fondement, sans être vue; elle les a conservés dans l'existence, sans que les ténèbres l'aient comprise.

Aussi loin que nous venons de pousser l'explication du commencement de l'évangile de Jean, aussi loin s'étend ce qui s'y trouve d'absolument

---

[1] In ipso vita erat et vita erat lux hominum. Et lux in tenebris lucet et tenebrae eam non comprehenderunt.

et d'éternellement vrai. A partir de là, commence ce qui n'a de valeur que pour le temps de Jésus et de la fondation du Christianisme, et pour le point de vue nécessaire auquel Jésus et ses apôtres étaient placés. Cette valeur relative est le caractère de la thèse historique, et, en aucune façon, métaphysique, d'après laquelle cette manifestation absolue et immédiate de l'être, le savoir ou le Verbe, pur comme il est en lui-même, sans aucun mélange d'obscurité ou de ténèbres, et sans aucune limitation individuelle, s'est produit sous la forme d'une existence personnelle et humaine dans Jésus de Nazareth, qui a apparu enseignant dans la Judée, et dans un temps déterminé. En lui, cette manifestation absolue et immédiate de l'être (le Verbe) est devenue chair, selon l'expression admirable de l'évangéliste.

Voici la différence et l'harmonie de ces deux points de vue, du point de vue absolu, éternellement vrai, et du point de vue purement relatif à Jésus et à ses apôtres. Au premier point de vue, dans tous les temps, dans tout individu sans exception qui se pénètre vivement de son unité avec Dieu, et qui, réellement et entièrement, abandonne toute sa vie individuelle à la vie divine qui est en lui, le Verbe devient chair, sans restriction et sans réserve, devient une existence personnelle et humaine, absolument de la même manière qu'en Jésus-Christ. Non-seulement ni Jean ni Jésus, dont l'évangéliste nous fait entendre les paroles, ne nient pas cette vérité ainsi exprimée qui se rapporte purement à la possibilité de l'être, sans considérer le moyen par lequel cet être peut se réaliser; mais encore partout ils nous inculquent cette vérité, et de la manière la plus forte, comme nous le verrons plus tard. Le point de vue exclusivement propre au Christianisme, et qui n'a de valeur que pour ses disciples, se rapporte au mode de cette réalisation, et voici ce qu'il enseigne sur ce sujet : Jésus de Nazareth a été absolument, de lui-même et par lui-même, par son existence, sa nature, son inspiration, sans réflexion et sans artifice, sans instruction, la représentation parfaite, sensible, du Verbe éternel, comme personne absolument ne l'avait été avant lui. Tous ceux qui deviendront ses disciples ne le sont pas par cela seulement qu'ils ont besoin de lui; mais ils doivent le devenir par lui. Je viens d'exprimer ici clairement le dogme caractéristique du Christianisme considéré comme une apparition dans le temps, comme une institution temporelle pour l'éducation religieuse des hommes, et sans doute Jésus et ses apôtres ont eu foi dans ce dogme. Il est pur et sans altération; il est pris en son sens le plus élevé dans l'évangile de Jean. Jésus de Nazareth y est bien représenté comme le Christ, comme le bienfaiteur promis de l'humanité; mais ce Christ est à son tour présenté comme le Verbe fait chair. Chez Paul et chez les autres apôtres, ce même dogme est mêlé aux rêves judaïques d'un fils de David, destructeur de l'ancienne alliance avec Dieu, fondateur de la nouvelle [1]. Partout, et surtout chez Jean, Jésus est le premier né, le Fils unique immédiatement né du Père; ce n'en est pas une émanation ou quelque chose de semblable, rêves déraisonnables qui sont venus plus tard; il est le premier né de Dieu, dans le sens expliqué plus haut, comme une éternelle unité et identité d'essence. Tous les autres peuvent seulement en lui, et par leur transformation en son essence, devenir médiatement les enfants de Dieu. D'abord, constatons bien cela, sinon nous commenterions le Christianisme d'une manière déloyale, ou bien, en le comprenant mal, nous serions jetés dans la confusion et dans l'erreur. Ensuite, à supposer même que nous ne voulions faire aucun usage nous-mêmes de cette doctrine, ce dont chacun est parfaitement libre, il nous faut au moins la bien comprendre et la bien juger. En conséquence, je vous rappellerai : 1° que sans aucun

[1] Voir sur ce sujet la note qui est au commencement de cette leçon.

doute, la conception de l'unité absolue de l'être humain et de l'être divin est la plus haute connaissance à laquelle l'homme puisse atteindre. Avant Jésus, on ne la trouve nulle part. Depuis Jésus, et presque jusqu'à nos jours, au moins dans la science profane, elle a été comme extirpée et perdue. Mais Jésus l'a évidemment possédée, et pourvu que nous l'ayons nous-mêmes, nous en trouverons la preuve incontestable, ne serait-ce que dans l'Évangile, au moins dans l'évangile de Jean.

Mais comment Jésus s'est-il élevé à cette conception? Que quelqu'un, après qu'une vérité a déjà été découverte, la retrouve ensuite, il n'y a là rien de bien merveilleux. Mais comment le premier a-t-il pu arriver à cette conception dont la possession exclusive le sépare des milliers d'années qui l'ont précédé, et des siècles qui l'ont suivi, voilà ce qu'il y a de prodigieux. Ainsi est vraie la première partie du dogme chrétien : Que Jésus de Nazareth, en un degré éminent, et qui ne s'est réalisé en aucun individu, si ce n'est en lui, est le Fils unique, le Fils aîné de Dieu, et que tous les siècles capables de le comprendre devront le reconnaître comme tel. 2° Quoique chacun puisse maintenant retrouver cette doctrine dans les écrits de ses apôtres, et la reconnaître comme vraie par lui-même et par sa propre conviction, quoique, comme nous le disons plus loin, le philosophe, dans la proportion de sa science, trouve ces mêmes vérités, indépendamment du Christianisme, et les contemple dans toutes leurs conséquences et sous toutes leurs faces, en une clarté avec laquelle le christianisme ne les a pas livrées, à nous au moins, il n'en demeure pas moins éternellement vrai que nous et toute notre époque, et toutes nos spéculations philosophiques, nous sommes placés sur le terrain du Christianisme, et que nous sommes sortis de son sein ; il n'en demeure pas moins éternellement vrai que ce Christianisme, par mille voies diverses, a pénétré tout notre développement intellectuel et moral, et que d'une manière absolue, tous tant que nous sommes, nous ne serions rien de ce que nous sommes si ce principe puissant ne nous avait précédés dans le temps. Nous ne pouvons annuler aucune partie de l'existence que nous avons reçue en partage des événements antérieurs, et aucun homme sensé ne s'occupe de faire des recherches sur ce qui serait si ce qui est n'était pas. Ainsi demeure incontestablement vraie la seconde comme la première partie du dogme chrétien, à savoir que tous ceux qui depuis Jésus sont arrivés à l'union avec Dieu n'y sont arrivés que par lui et par son intermédiaire. Par là est donc confirmée de mille manières la vérité de cette autre croyance, que jusqu'à la fin des temps, devant Jésus de Nazareth, tous les hommes intelligents se prosterneront profondément, et tous avec d'autant plus d'humilité qu'ils seront plus grands eux-mêmes, reconnaîtront la magnificence infinie de cette grande apparition.

Voilà ce que j'avais à dire pour défendre où elle se rencontre naturellement cette idée du Christianisme valable au point de vue de son temps contre un jugement faux et injuste. Mais je ne l'ai pas défendue pour l'imposer en aucune façon à celui qui n'aurait pas dirigé son attention sur ce côté historique, ou qui, l'y ayant dirigée, ne croirait pas y découvrir ce que nous croyons y trouver. Car nous n'avons pas du tout voulu, par ce qui a été dit, nous ranger du parti de cette espèce de chrétiens pour lesquels les choses de la religion paraissent n'avoir de valeur que par leur nom. Ce qui est métaphysique seul et non ce qui est historique béatifie. Ce qui est historique ne fait que des érudits. Quelqu'un est-il réuni à Dieu réellement et vit-il en lui, peu importe le chemin par lequel il y est arrivé; il serait inutile et absurde de s'occuper sans cesse du souvenir du chemin par lequel on y est parvenu, au lieu de vivre de cette vie divine. Si Jésus pouvait revenir dans le monde, il serait, sans aucun doute, tout à fait satisfait s'il voyait ce Christianisme régner réellement dans les esprits des hommes, soit que son nom fût célébré, soit qu'il fût oublié. N'est-ce pas en effet le moins qu'on puisse attendre de la part d'un homme qui, déjà du temps de sa vie, ne cherchait pas sa propre gloire, mais la gloire de celui qui l'avait envoyé?

Après avoir trouvé dans la distinction des deux points de vue précédents la clef du sens de toutes les paroles de Jésus dans l'évangile de Jean, et le moyen assuré de ramener à une vérité pure et absolue ce qui a été dit sous une forme accommodée à l'époque, nous allons embrasser le contenu de toutes ces paroles dans la réponse aux deux questions suivantes : 1° Que dit Jésus sur lui-même et sur son rapport avec la divinité? 2° Que dit-il sur ses partisans et ses disciples dans leur rapport d'abord avec lui et ensuite avec Dieu par son intermédiaire? Chap. 1-18. — Personne n'a jamais vu Dieu; le fils unique de Dieu, qui est dans le sein de son père, est celui qui l'a annoncé[1]. C'est absolument

---

[1] Deum nemo videt unquam; unigenitus filius, qui est in sinu patris, ipse enarravit. 1-18.

ce que nous avons dit nous-mêmes : l'essence divine est en elle-même cachée, c'est seulement sous la forme du savoir qu'elle se manifeste, absolument telle qu'elle est en elle-même.

Chap. 5-19. « Le fils ne peut rien faire par lui-même, il ne fait que ce qu'il voit faire au père, car ce que fait celui-ci, le fils le fait également [1]. » Son indépendance s'évanouit au sein de la vie de Dieu, comme nous l'avons exprimé.

Chap. 10-28. « Je donne à mes brebis la vie éternelle, et personne ne peut me les arracher de ma main. »

Chap. 10-29. « Le père qui me les a donnés est plus grand que tout, et personne ne peut les arracher de la main de mon père [2]. » Qui donc les soutient et les supporte? est-ce Jésus ou le père? La réponse est dans le verset 30. — « Moi et mon père nous sommes un [3]. » La même chose

---

[1] Non potest filius a se facere quidquam nisi quod viderit patrem facientem. Quæcumque enim ille fecerit, hæc et filius similiter facit. 5-19.
[2] Ego vitam æternam do eis (ovibus) et non peribunt in æternum, et non rapiet eas quisquam de manu mea. 10-28. Pater meus quod dedit mihi majus omnibus est, et nemo potest rapere de manu patris mei. 10-29.
[3] Ego et pater unum sumus. 10-30.

est dite dans ces deux propositions identiques :
Sa vie est ma vie, ma vie est la sienne, mon
œuvre est son œuvre, et réciproquement. C'est
là précisément ce que nous avons dit dans la
leçon précédente.

Voilà assez de passages décisifs et concluants.
L'Évangile tout entier reproduit partout la même
idée dans le même esprit et dans les mêmes
formules. Jésus ne parle jamais autrement de
lui.

En second lieu, comment parle-t-il de ses disciples et de leurs rapports avec lui ? Voici quelle
est à ce sujet l'invariable opinion développée dans l'Évangile : dans leur état actuel
ils n'avaient pas la véritable existence ; mais,
comme Jésus le dit dans le chap. 3, à Nicomède[1],
ils devaient avoir une existence aussi profondément opposée à leur existence antérieure que
si à leur place était né un homme nouveau.
Ailleurs il dit encore avec plus de force qu'à
proprement parler ils n'existaient pas, ils ne
vivaient pas, mais qu'ils étaient plongés dans la
mort et le tombeau, et que *Lui* seul doit les ap-

---

[1] Respondit Jesus et dixit ei : Amen, amen dico tibi nisi quis renatus fuerit denuo, non potest videre regnum Dei. 3-3.

peler à la vie. Écoutez à ce sujet les passages décisifs qui suivent.

Chap. vi, 53 : « Si vous ne mangez ma chair et ne buvez mon sang (le sens de ces paroles sera plus tard expliqué), vous n'aurez pas la vie en vous [1]. C'est seulement en mangeant cette chair et buvant ce sang, qu'il y aura de la chair et du sang en vous, sinon, il n'y en aura point. » Il est dit encore, chap. v, 24 : « Celui qui entend ma voix a la vie éternelle ; il a passé de la mort à la vie [2]. »

Chap. v, 25 : « L'heure viendra, elle est déjà venue, où les morts entendront la voix du fils de Dieu, et ceux qui l'entendront vivront [3]. »

Les morts ! Quels sont ces morts ? Sont-ce ceux qui au dernier jour seront couchés dans les tombeaux ? Interprétation grossière, interprétation d'après la chair et non d'après l'esprit de l'expression biblique. Déjà l'heure était arri-

---

[1] Nisi manducaveritis carnem filii hominis et biberitis ejus sanguinem, non habebitis vitam æternam in vobis. vi, 53.

[2] Qui verbum meum audit... habet vitam æternam..... et transiit a morte ad vitam. v, 24.

[3] Dico vobis quia venit hora, et nunc est quando mortui audient vocem filii Dei, et qui audierint vivent. v, 25.

vée. Ceux-là étaient les morts qui n'avaient pas encore entendu sa voix, et c'est pour cela qu'ils étaient morts. Et quelle est cette vie que Jésus promet aux siens?

Chap. VIII, 51 : « Si quelqu'un conserve ma parole, de toute éternité il ne verra pas la mort [1]. » Non pas dans le sens où l'ont entendu de plats interprètes, c'est-à-dire, en ce sens qu'il mourra bien une fois, mais pour un temps, mais pour ressusciter au dernier jour. Le vrai sens, au contraire, est que, ni maintenant, ni jamais, il ne doit mourir. C'est ainsi que les Juifs l'ont compris, et voilà pourquoi ils opposent à Jésus la mort d'Abraham, et lui, approuvant leur interprétation, répond qu'Abraham qui a vu le jour de Jésus, parce que, sans doute, il a été introduit dans sa doctrine par Melchisédech, n'est pas mort en effet.

Cela est encore plus clairement signifié au chap. XI, 23 :

« Ton frère ressuscitera [2]. » Marthe, dont la tête est encore remplie de rêves juifs, répond :

---

[1] Si quis sermonem meum servaverit, mortem non videbit in æternum. VIII, 51.
[2] Resurget frater tuus. XI, 23.

Je sais bien qu'il ressuscitera à la résurrection du dernier jour. « Non, lui dit Jésus, je suis la résurrection et la vie. Celui qui croit en moi vivra, quand même il serait mort. Et quiconque vit et croit en moi ne mourra jamais [1]. » L'union avec moi donne l'union avec le Dieu éternel et avec sa vie, et la certitude de cette union. De telle sorte que l'homme, ainsi uni avec Dieu, a et possède dans chaque moment toute l'éternité, et, comme il n'attribue aucune foi aux phénomènes trompeurs d'une naissance et d'une mort dans le temps, il n'a pas besoin d'une résurrection qui le sauve d'une mort à laquelle il ne croit pas.

D'où vient à Jésus cette force qui donne la vie pour toute l'éternité à ceux qui croient en lui? Elle vient de son identité absolue avec Dieu. « Comme Dieu a la vie en lui-même, ainsi il a donné aussi au fils d'avoir la vie en lui-même [2]. »

Et comment les disciples de Jésus arriveront-ils à l'identité de leur vie avec sa vie divine?

Jésus l'a indiqué sous les formes les plus va-

---

[1] Ego sum resurrectio et vita, qui credit in me etiam si mortuus fuerit vivet. Et omnis qui vivit et credit in me non morietur in æternum. xi, 25 et 26.
[2] Sicut enim pater habet vitam in semetipso, sic dedit et filio habere vitam in semet ipso. v, 26.

riées. Je ne citerai ici que la plus claire et la plus forte, qui, justement à cause de sa clarté absolue, a paru la plus incompréhensible et la plus scandaleuse à ses contemporains, aussi bien qu'à ceux qui sont venus après lui : « Si vous ne mangez pas la chair du Fils de l'Homme, et si vous ne buvez pas son sang, vous n'avez point de vie en vous. Celui qui mange ma chair et boit mon sang, celui-là a la vie éternelle. Ma chair est la véritable nourriture et mon sang est la véritable boisson [1]. » Qu'est-ce que cela veut dire ? Il l'explique lui-même : « Celui qui mange ma chair et boit mon sang, celui-là reste en moi, et moi en lui. Et aussi celui qui reste en moi et moi en lui, a mangé ma chair, etc. » Manger sa chair et boire son sang veut dire devenir entièrement lui-même, et se transformer en sa personne sans restriction, le reproduire dans notre personnalité, nous transsubstantialiser en lui. De même qu'il est le Verbe éternel devenu chair et sang, de même nous devons devenir sa chair et son sang, et en conséquence, et ce qui est identique, nous devons devenir le Verbe éternel fait chair

---

[1] Nisi manducaveritis carnem filii hominis et biberitis ejus sanguinem, non habebitis vitam in vobis... Qui manducat meam carnem et bibit meum sanguinem, habet vitam æternam... Caro enim mea vere est cibus et sanguis meus vere est potus. Qui manducat meam carnem et bibit meum sanguinem, in me manet et ego in illo. vi, 54, 55, 56, 57.

et sang. Nous devons penser absolument comme lui, et comme s'il pensait lui-même et non pas nous; nous devons vivre absolument comme lui, comme s'il vivait en nous à notre place. Pourvu que vous ne rabaissiez pas mes paroles, et que vous ne les interprétiez pas en ce sens plus vulgaire et plus restreint, qu'on doit seulement imiter Jésus de loin, comme un modèle que la faiblesse humaine ne peut égaler et ne peut reproduire que par fragments, pourvu que vous preniez ces paroles dans mon sens, c'est-à-dire que vous croyiez qu'il faut devenir entièrement lui, alors vous reconnaîtrez que Jésus ne pouvait pas parler autrement, et qu'il s'est exprimé d'une manière excellente. Jésus était bien loin de se poser comme un idéal inaccessible, tel qu'il a été si mesquinement représenté par les temps qui ont suivi; aussi ses apôtres ne l'ont pas ainsi considéré, entre autres Paul, qui dit : Je ne vis plus, mais Jésus-Christ vit en moi. Jésus voulait que ses disciples le reproduisissent tout entier dans son indivisible caractère, et il l'exigeait comme une condition absolue et indispensable : Si vous ne mangez pas ma chair, etc., vous n'aurez point de vie en vous, vous resterez au fond des tombeaux dans lesquels je vous ai trouvés.

Il n'exigeait que cette unique chose, ni plus ni

moins. Il était bien loin de se contenter de la foi historique, consistant à croire qu'il était le Verbe éternel fait chair, et le Christ, ainsi qu'il l'annonçait. Sans doute, même chez l'évangéliste Jean, comme condition préalable pour l'entendre et pour pénétrer dans le sens de ses discours, il exige la foi, c'est-à-dire la supposition préalable qu'il pouvait bien être ce Christ. On voit même qu'il ne dédaigne pas d'appuyer et d'insinuer cette supposition par les actions frappantes et merveilleuses qu'il accomplit. Mais la démonstration finale et décisive à laquelle doit aboutir cette hypothèse préliminaire ou cette foi, est celle-ci : Quiconque accomplit réellement la volonté de celui qui a envoyé Jésus, c'est-à-dire celui qui, dans le sens où nous l'avons expliqué, mange sa chair et boit son sang, celui-là découvre que cette doctrine est de Dieu, et que Jésus ne parle pas de lui-même. Il n'y est nullement question de la foi à la substitution de ses mérites. Jésus est bien, dans l'évangile de Jean, un agneau de Dieu qui enlève les péchés du monde[1], mais on ne voit nulle part qu'il doive les expier par son sang pour apaiser un Dieu irrité. Il ne les expie pas, il les enlève. D'après sa doctrine, l'homme en dehors de Dieu et en dehors de lui n'existe pas,

---

[1] *Agnus Dei qui tollit peccata mundi.*

il est mort, il est enseveli, il est exclu du royaume spirituel de Dieu ; comment donc un être si misérable, un pur néant, pourrait-il troubler en rien ce royaume de Dieu, et détruire les plans divins? Quant à celui qui s'est métamorphosé en Jésus et par conséquent en Dieu, celui-là ne vit plus, mais Dieu vit en lui ; or comment Dieu pourrait-il pécher contre lui-même? En conséquence, Jésus a fait justice de cette fausse idée du péché ; il a détruit, il a extirpé la peur d'une divinité qui pouvait se croire offensée par les hommes. Enfin, lorsque quelqu'un a reproduit de cette manière en lui le caractère de Jésus, quelle en sera la conséquence d'après la doctrine de Jésus? Jésus invoque ainsi son père en présence de ses disciples : « Je ne prie pas seulement pour eux, mais pour tous ceux qui, par leur parole, croiront en moi, afin qu'ils ne fassent tous qu'un, comme toi, mon père, en moi, et moi en toi, et afin qu'ils ne fassent qu'un avec nous [1]. »

Être en nous, être un ! cela étant accompli, toute différence est détruite. Toute la famille, le premier né et avec lui ceux qui sont nés après lui, et ceux qui sont venus plus tard, se confon-

[1] Non pro eis autem rogo tantum, sed et pro eis qui credituri sunt per verbum eorum in me... Ut omnes unum sint, sicut tu, pater, in me, et ego in te, ut et ipsi in nobis unum sint. xvii, 20-21.

dent au sein d'une source commune de vie, au sein de la divinité. Ainsi, comme nous l'avons dit plus haut, le christianisme, lorsqu'il pose son but comme atteint, coïncide avec la vérité absolue, et il enseigne que chacun peut et doit arriver à l'union avec Dieu, et devenir dans sa personnalité le Verbe éternel, c'est-à-dire la manifestation de l'essence de Dieu.

Ainsi il est démontré que la doctrine du christianisme, même dans ses expressions métaphoriques de vie et de mort, et dans tout le système qui en découle, est en harmonie parfaite avec la doctrine que je vous ai présentée dans les leçons précédentes, et que j'ai résumée au commencement de cette leçon. Écoutez encore, pour terminer, la conclusion de ma dernière leçon, exprimée dans ces paroles de Jean. Il résume ainsi, sans nul doute, en vue de son évangile, le résultat pratique qui en découle dans la première épître, chap. 1er : « Ce qui était dès le commencement, ce que nous avons entendu, ce que nous avons contemplé de nos propres yeux, et ce que nos mains ont touché du Verbe de la vie. (Remarquez combien il a à cœur de ne pas paraître présenter dans son évangile ses propres pensées, mais de purs témoignages de ce qu'il a vu.) « Nous vous l'annonçons afin que vous soyez en société avec nous. » Il dit cela tout à fait dans le principe et dans l'esprit des dernières paroles de Jésus que nous avons citées. « Et que nous soyons en société (non-seulement nous, apôtres, mais aussi vous, nouveaux convertis) avec le père et son fils Jésus-Christ. Si nous disons que nous sommes en société avec lui, et si nous marchons dans les ténèbres (si nous croyons être réunis avec Dieu, sans que l'action divine se manifeste dans notre vie), nous mentons, nous ne sommes que des rêveurs et des visionnaires [1]. « Mais si nous marchons dans la lumière, comme il est lui-même dans la lumière, il y a société entre nous et le sang de Jésus-Christ, du Fils de Dieu (il n'est pas ici question du sang versé pour nous en un sens métaphysique pour l'expiation de nos péchés, mais du sang, de l'esprit, de la vie qui a pénétré en nous), nous purifie de tout péché [2] » et nous ôte la possibilité même du péché.

[1] Quod fuit ab initio, quod audivimus, quod vidimus oculis nostris, quod perspeximus et manus nostræ contrectaverunt de verbo vitæ. V. 1.
Quod vidimus et audivimus annuntiamus vobis ut et vos societatem habeatis nobiscum, et societas nostra sit cum patre et cum filio ejus Jesu Christo. V. 3.
Si dixerimus quoniam societatem habemus cum eo et in tenebris ambulamus, mentimur. V. 6.
[2] Si autem in luce ambulamus sicut et ipse est in luce societatem habemus ad invicem, et sanguis Jesu Christi filii ejus emundat nos ab omni peccato. *Id.*, v. 7.

SUPPLÉMENT A LA SIXIÈME LEÇON.

La doctrine fondamentale du Christianisme, considéré comme institution particulière ayant pour but de développer la religion parmi les hommes, consiste en ce point : dans Jésus pour la première fois et en un degré qui n'a été égalé par aucun autre homme, la manifestation éternelle de Dieu a revêtu une forme humaine ; par lui seulement et par la reproduction de tout son caractère en eux, les autres hommes peuvent arriver à l'union avec Dieu. Nous avons dit que cette thèse était purement historique et non métaphysique. Il ne sera pas inutile d'exposer ici plus clairement la distinction sur laquelle se fonde mon opinion, car je ne puis supposer que le public plus nombreux auquel je m'adresse en publiant cet ouvrage la comprenne aussi facilement qu'a pu la comprendre la majorité de mes auditeurs, d'après l'ensemble de mes doctrines. A parler rigoureusement, l'historique est entièrement opposé au métaphysique. Ce qui n'est réellement qu'historique, par là même n'est pas métaphysique, et réciproquement ; car, dans un phénomène quelconque, l'historique est ce qu'on saisit seulement comme un fait pur et absolu, isolé et détaché de tous les autres faits, mais ne se laissant expliquer et déduire par aucun principe plus élevé. Au contraire, dans un phénomène quelconque, le métaphysique est ce qui suit nécessairement d'une loi plus élevée et plus générale et peut en être déduit ; il n'est donc pas pris purement pour un fait, et même, à parler rigoureusement, c'est par une illusion qu'on le considère comme un fait, car en réalité il n'est pas un fait, mais une déduction de cette loi de la raison qui règne en notre intelligence. Mais l'élément métaphysique ne constitue pas à lui seul la réalité du phénomène, et jamais le phénomène ne s'identifie entièrement avec lui ; donc, dans tout phénomène réel, ces deux parties sont inséparablement liées.

Le défaut fondamental de toute prétendue science transcendentale de l'entendement qui méconnaît ces limites est de ne pas se contenter de prendre un fait pour un fait, mais de le convertir en un élément métaphysique. Car si ce que la métaphysique veut ramener à une loi plus élevée est un simple fait, quelque chose de purement historique, il est impossible, au moins dans la vie actuelle, de trouver cette loi. En conséquence, la métaphysique dont il est question fait une première faute en supposant qu'on doit chercher une explication de ce fait ; elle fait une seconde faute en inventant, en remplissant par une hypothèse arbitraire une lacune qu'elle ne peut combler d'aucune autre manière.

Pour en revenir à la question qui nous occupe, on prend le fait primitif du christianisme historiquement et purement comme fait, lorsqu'on s'en tient à ce qui paraît au grand jour, c'est-à-dire lorsqu'on se borne à croire que Jésus a su ce qu'il sait, qu'il l'a su avant tout autre, qu'il a enseigné et vécu comme il a vécu et enseigné, sans prétendre expliquer comme tout cela a été possible. En effet, par des raisons concluantes que je ne veux pas développer ici, jamais nous ne le saurons dans cette vie. Ce même fait est changé en principe métaphysique par la logique, qui prétend s'élever au-dessus des faits, lorsqu'on s'efforce d'en concevoir la raison et qu'on établit, par exemple, une hypothèse pour expliquer comment Jésus en tant qu'individu est sorti de l'essence divine. Je dis comme individu, car comme l'humanité sort de l'essence divine, on peut très-bien le concevoir, et les leçons précédentes avaient pour but de la faire comprendre. Cette vérité est, selon moi, exprimée dans l'exorde de l'évangile de Jean.

Pour nous qui considérons la chose d'un point

de vue historique, peu nous importe de quelle des deux manières tel ou tel individu prendra cette thèse; ce qu'il nous importe, c'est de savoir comment Jésus et ses apôtres l'ont comprise, et en conséquence comment les autres sont autorisés à la comprendre. Or, ce qu'il y a de plus important dans tout ce que j'ai avancé, c'est que le Christianisme lui-même et Jésus le premier n'ont pas pris cette thèse dans un sens métaphysique.

Nous ramenons notre démonstration aux points suivants :

Jésus de Nazareth a possédé sans nul doute la plus haute connaissance, celle qui contient le principe et le fondement de toutes les autres, à savoir, la connaissance de l'identité absolue de l'humanité avec la divinité, en considérant ce qu'il y a de vraiment réel dans l'humanité. Il faudrait que tout le monde fût d'abord d'accord avec moi sur ce point purement historique, pour que la démonstration que je vais donner soit concluante, et je prie qu'on ne me juge pas avec trop de précipitation. A mon avis, celui qui n'a pas déjà reçu à l'avance cette connaissance par une autre voie, et ne l'a pas laissé vivifier en lui, la trouvera difficilement là où sans cette connaissance je ne l'aurais jamais trouvée. Mais celui qui remplit cette condition, et par là même s'est créé l'organe avec lequel seul on peut comprendre le Christianisme, ne trouvera pas seulement cette vérité dans la vie du fondateur du christianisme, il la trouvera aussi dans toutes les écritures dont les expressions les plus bizarres au premier abord lui apparaîtront comme pénétrées d'un esprit sublime et sacré.

Le mode de cette connaissance en Jésus-Christ, ce qui est le second point important à remarquer, ne peut mieux se caractériser que par opposition au mode de cette connaissance dans l'esprit du philosophe spéculatif. Le philosophe, pour arriver à cette connaissance, part du désir profane et étranger à la religion d'expliquer la manifestation de l'être. Partout où il y a un public lettré, il trouve cette question déjà posée, et parmi ses prédécesseurs et ses contemporains il rencontre des collaborateurs dont le secours l'aide à la résoudre. Il ne peut lui venir à l'esprit de se considérer comme un être extraordinaire, comme un être à part pour avoir clairement conçu cette question. En outre, ce problème, en tant que problème, s'adresse à son activité et à sa liberté personnelle dont il a clairement conscience ; or, ayant une conscience claire de son activité propre, il ne peut se croire inspiré.

Enfin, supposez qu'il découvre la solution de ce problème par la seule vraie méthode, à savoir, par le principe de la religion, cette découverte sera toujours pour lui le résultat d'une série de recherches préliminaires et en conséquence un fait entièrement naturel. La religion n'est pas intervenue purement et simplement en tant que religion, mais comme le mot de l'énigme qui résout le problème de sa vie tout entière.

Il n'en est pas de même de Jésus. D'abord, il n'est pas parti d'une question spéculative, et la religion n'est pas seulement intervenue dans le cours de ses recherches pour la solution de cette question. Car par le principe de sa religion il n'explique rien dans le monde et il n'en tire aucune conséquence ; mais il présente purement et simplement ce principe en lui-même comme la seule chose digne d'être connue, en laissant de côté tout le reste comme étant sans importance. Sa foi et sa persuasion intime ne le conduisaient pas à poser une question sur l'existence des choses finies. Pour lui elles n'existent pas, et toute réalité est dans l'union avec Dieu. Comment ce non-être peut-il revêtir l'apparence de l'être, il ne s'inquiète en aucune façon de cette question, qui est le point de départ et le grand problème de toute spéculation profane.

Cette connaissance ne lui vient pas davantage de l'enseignement et de la tradition, car avec cette franchise et cette sincérité vraiment sublimes qui se manifestent dans tous ses discours, il l'aurait déclaré, et il aurait renvoyé ses disciples à la source où il l'aurait lui-même puisée. (Je suppose encore ici que mon lecteur a en lui une idée claire de cette sincérité par son propre penchant pour cette vertu, et par une étude approfondie de la vie de Jésus.) Si Jésus-Christ lui-même parle d'une connaissance religieuse plus pure avant Abraham que chez les Juifs contemporains, si un de ses apôtres renvoie positivement à Melchisédech, il n'en résulte pas que Jésus fût lié avec Abraham et Melchisédech, par une tradition immédiate, car il peut très-bien avoir retrouvé dans l'étude de Moïse ce que déjà il avait trouvé par lui-même. Une foule d'autres exemples prouvent qu'il a compris les écrits de l'Ancien Testament avec bien plus de profondeur que les commentateurs de son temps, et que le plus grand nombre des commentateurs de notre époque. Il partait aussi de ce principe herméneutique que Moïse et les prophètes ont voulu dire quelque chose, et non pas ne rien dire.

Aucune connaissance n'est venue à Jésus ni de la spéculation, ni de la tradition ; cela veut dire qu'il tenait de son être même toute sa doctrine. Cette doctrine était pour lui primitive et absolue, elle ne se reliait par aucune partie à autre chose qu'à elle-même. Il la tenait de la pure inspiration, comme nous disons maintenant par opposition avec notre connaissance réfléchie, mais comme lui-même ne pouvait pas s'exprimer. Mais quelle connaissance avait-il par inspiration ? Que tout être a son fondement en Dieu, et par une conséquence immédiate que son être propre avec et dans cette connaissance est fondé en Dieu et sort immédiatement de lui. Je dis par une conséquence immédiate, quoique pour nous cette conséquence soit médiate, parce que nous allons du particulier au général, parce que nous tous, nous devons d'abord anéantir dans le général notre moi personnel, qui pour nous existe antérieurement et constitue le particulier. Mais, et je prie de le remarquer, il n'en est point de même pour Jésus. En lui n'était à anéantir aucun moi spirituel apprenant et réfléchissant. Son moi spirituel était tout entier identifié avec cette connaissance. La conscience de soi-même était en lui immédiatement la pure et absolue vérité de la raison, un pur fait de conscience et non, comme en nous, un produit génétique d'autres faits antérieurs, une conclusion et non un pur fait de conscience.

Dans ce que je viens de m'efforcer d'expliquer, je crois avoir établi le vrai caractère personnel de Jésus-Christ, qui comme toute individualité ne peut être supposé qu'une fois dans le temps, ne peut avoir existé auparavant, ni se reproduire plus tard. Il était la raison absolue arrivée à la conscience immédiate d'elle-même, ou bien, ce qui est la même chose, la religion.

Or, Jésus se reposait dans ce fait absolu et s'était identifié avec lui; il pouvait seulement penser, savoir et dire qu'il savait qu'il en était ainsi, qu'il le savait immédiatement en Dieu, et qu'il avait conscience de le savoir en Dieu. De même il ne pouvait donner d'autre méthode à ses disciples que celle de l'imiter pour arriver à la vie bienheureuse, car il éprouvait en lui-même que son mode d'existence rendait bienheureux. Mais il ne connaissait la vie bienheureuse qu'en lui-même et comme son mode propre d'existence, et il ne pouvait la désigner autrement. Il ne connaissait pas cette vie bienheureuse par une notion générale, comme la connaît le philosophe spéculatif, et comme il peut la démontrer, car il ne la tirait pas d'une notion, mais seulement de la conscience de lui-même. Il la comprenait seulement comme un fait, et celui qui la comprend ainsi, comme nous venons de l'expliquer, la prend, selon nous, d'une manière purement historique. Tel homme est apparu à telle époque dans le pays de la Judée et voilà tout. Mais celui qui désire savoir en outre par quelle disposition arbitraire de Dieu, ou par quelle nécessité intime de sa nature, un tel individu est devenu possible et réel, celui-là va au delà du fait, et cherche à transporter dans la métaphysique un fait purement historique.

Pour Jésus une réflexion transcendantale de cette nature était absolument impossible, car il ne pouvait la faire qu'en se distinguant de Dieu dans sa personnalité, et en se séparant de lui, en s'étonnant au sujet de sa propre nature comme de quelque chose de merveilleux, et en se posant la solution du problème de la possibilité d'un tel individu. Mais c'est un des traits les plus saillants et les plus continuels du Jésus de l'évangéliste Jean qu'il ne veut pas entendre parler d'une séparation de sa personne d'avec son père, et qu'il blâme sérieusement les autres lorsqu'ils cherchent à l'établir. Toujours il suppose que celui qui le voit, voit son père ; que celui qui l'entend, entend son père, et que tout cela est une seule et même chose. Il nie d'une manière absolue et rejette ce moi que ceux qui ne l'ont pas compris lui reprochent d'élever trop haut. Pour lui, ce Jésus n'était pas Dieu, car il n'admettait pas l'existence d'un Jésus indépendant, mais c'était Dieu qui était Jésus, qui paraissait comme Jésus. Le réalisme de l'antiquité n'était pas porté à la contemplation et à l'admiration de soi-même, à plus forte raison un homme comme Jésus, par rapport auquel cette supposition serait presque une injure, car le talent de contempler ce qui se passe au dedans de soi-même, et de sentir son sentiment et de ressentir le sentiment de son sentiment, et d'expliquer, dans l'ennui du désœuvrement, d'une manière psychologique, sa petite personnalité, était réservé aux modernes, qui ne feront jamais rien de bien jusqu'à ce qu'ils se contentent de vivre tout simplement, sans prétendre élever toujours de puissance en puissance la contemplation de cette vie, jusqu'à ce qu'ils abandonnent le soin de cette contemplation à d'autres qui n'ont rien de mieux à faire, et qui croient cette vie digne d'être admirée et expliquée.

SEPTIÈME LEÇON.

Description plus approfondie de la vie purement apparente considérée dans son principe. — Pour démontrer le bonheur de la vie religieuse il faut considérer tous les modes possibles de la jouissance de nous-mêmes et du monde. — Il y a cinq modes de conception et en conséquence cinq modes de jouissance du monde. — Le mode scientifique étant exclu, il en reste quatre à examiner. — La jouissance en tant que satisfaction de l'amour se fonde sur l'amour. — L'amour est l'affect de l'être. — De la jouissance sensible et des affects déterminés par l'imagination dans le premier point de vue. — Dans le second point de vue, qui est celui de la loi, l'affect pour la réalité est un impératif d'où résulterait un jugement désintéressé, si l'intérêt pour nous-mêmes en s'y mêlant ne le changeait en un désir de ne pas avoir à nous mépriser nous-mêmes. — Ce système anéantit tout amour dans l'homme et le met au-dessus de tout besoin. — Le stoïcisme n'est qu'une pure apathie par rapport au bonheur sensible et au bonheur spirituel.

Messieurs,

Notre théorie sur l'être et sur la vie est maintenant complétement développée. J'ai donné la démonstration de sa conformité avec la théorie du Christianisme, non pas comme preuve de sa vérité, mais comme une simple remarque accessoire. Je vous demande en conséquence la permission de me servir de temps à autre d'une expression ou d'une métaphore tirée des Écritures chrétiennes, qui renferment des images frappantes et des figures expressives. Je n'abuserai pas de cette permission. Je n'ignore pas qu'aujourd'hui il est impossible de s'adresser à un auditoire un peu nombreux, composé de gens instruits, sans y trouver quelques personnes qui entendent avec déplaisir le nom de Jésus et les expressions bibliques, et qui soupçonnent que celui qui les prononce est un hypocrite ou un pauvre esprit. Il est contraire à mes principes de leur en vouloir, car qui sait combien de fois ils ont été tourmentés par des zélateurs avec ces formules, et quelles choses contraires à la raison on a prétendu leur imposer au nom de la Bible? Mais je sais aussi que, dans toute société d'hommes instruits, et certainement dans cet auditoire il y a des gens qui aiment à revenir à ces souvenirs et par ces souvenirs aux sentiments de leur jeunesse. Que ces deux sortes de personnes se prêtent à un accord mutuel. Je dirai d'abord tout ce que j'ai à dire dans la langue scientifique; que ceux auxquels les termes bibliques font mal s'en tiennent à cette première expression, et ne prennent pas garde à la seconde.

Ce n'est pas la connaissance purement historique, sèche et morte, mais l'assimilation réelle et vivante de cette théorie, qui constitue le bonheur le plus élevé et le seul véritable. J'aurai désormais pour but de démontrer ce point, et telle sera la seconde partie de toutes ces leçons, qui est séparée de la première partie par l'épisode de la précédente leçon.

La clarté augmente toujours par l'antithèse. Comme nous nous préparons à nous pénétrer profondément de la pensée seule vraie, seule béatifiante, et à en faire la vivante description, il sera bon de caractériser d'une manière plus profonde et plus expressive que nous n'avons pu le faire dans la première leçon, la manière d'exister superficielle et malheureuse qu'avec le Christianisme, nous avons appelé le néant, la mort, le tombeau. En opposition à la réflexion et à la concentration sur l'unité, nous avons regardé la dispersion au sein de la variété comme la fausse pensée opposée à la vraie pensée, et tel est et tel demeure son trait essentiel. Mais au lieu de considérer, comme nous l'avons fait, les différents objets sur lesquels cette pensée se disperse, laissons pour le moment de côté ces objets, afin de considérer combien en elle-même elle est superficielle, flasque, triviale, décousue et difficile.

Toute énergie intime et spirituelle, dans la conscience immédiate que nous en avons, nous apparaît comme un effort, comme une contraction et une concentration sur un point unique de l'esprit, qui, sans elle, se disperserait au dehors; elle se manifeste dans son attachement à ce point central et dans sa lutte contre l'effet continuel, qui tend naturellement à lui faire relâcher et à détendre cette contraction. Ainsi se révèle toute énergie intime, et c'est seulement par cette concentration de sa force que l'homme devient indépendant et se sent indépendant. En dehors de cet état de concentration de sa propre force, il se dissipe et s'éparpille, pour ainsi dire, non pas à sa volonté et par le fait de sa puissance propre, car sa puissance se manifeste par la concentration et non par l'éparpillement, mais sous l'empire de la puissance déréglée et incompréhensible du hasard. En cet état, il n'a donc point d'indépendance, il n'existe pas comme quelque chose en soi, mais comme un accident de la nature. En résumé, l'image primitive de l'indépendance intellectuelle est dans la conscience un point géométrique, qui se crée éternellement, et se maintient au plus haut degré de vie, et l'image également primitive de la dépendance et du néant intellectuel, c'est une surface vague et indéterminée. L'indépendance tourne une pointe aiguë contre le monde, et la dépendance une pointe émoussée et aplatie.

Dans le premier état seulement il y a de la

force, et le sentiment de la force ; aussi il ne peut y avoir qu'en cet état une conception et une pénétration vigoureuse et énergique du monde. Dans le second état il n'y a point de force, l'esprit n'est pas présent dans la conception du monde, il est ailleurs ; de même que Baal dans une vieille tradition [1], il est allé se promener aux champs, il rêve ou il dort. Comment pourrait-il se sentir dans l'objet, et comment pourrait-il s'en séparer? Il se perd avec lui, et il voit ainsi s'évanouir son monde, et au lieu d'un être vivant auquel il devrait donner et opposer la vie, qui lui est propre, il ne saisit qu'une ombre et qu'une image. On peut lui appliquer ce qu'un ancien prophète dit des idoles des païens : elles ont des yeux et elles ne voient

---

[1] C'est une allusion à un chapitre des Rois. Voici le sens de ce passage :

Élie y défie les prêtres de Baal ; il leur propose d'élever, chacun de leur côté, en l'honneur de leur Dieu, un bûcher, et d'y placer la chair des victimes. Ils invoqueront Baal, et il invoquera Jéhovah ; et celui des deux bûchers qui en s'allumant de lui-même brûlera la chair des victimes, décidera qui est le vrai Dieu de l'un ou de l'autre. Les prêtres de Baal acceptent le défi, et passent vainement toute la journée à invoquer leur Dieu à grands cris. Cependant Élie les raillait : « Criez plus fort, disait-il ; il est peut-être à la campagne ; il est occupé à ses affaires ; il dort ; il ne vous entend pas. » Mais aussitôt que le prophète Élie se fut mis en prières, le feu du ciel descendit, et alluma le bûcher consacré à Jéhovah. Alors Élie fit mettre en pièces, par le peuple, les prêtres confondus de Baal.

pas, elles ont des oreilles et n'entendent pas [1]. En effet, ils ne voient pas avec des yeux qui voient, car autre chose est de saisir par l'œil et par l'intelligence, les contours déterminés d'une apparence visible, de telle sorte, qu'à chaque instant et en toute liberté, on puisse la reproduire exactement à l'œil intérieur, condition à laquelle seule on peut dire qu'on a bien vu; autre chose est d'avoir aperçu passer devant soi, planer et voltiger une image vague et indécise, jusqu'à ce qu'elle disparaisse, sans laisser aucune trace de son existence dans notre esprit. Celui qui n'est pas encore parvenu à cette forte conception des objets extérieurs, peut être assuré qu'il ne parviendra pas de si tôt à la vie intérieure infiniment plus élevée.

Dans ce faux être flasque, distendu, multiple, il y a une foule d'antithèses, de contradictions qui vivent paisiblement les unes à côté des autres. En lui rien n'est distingué ni séparé, mais tout est confondu, tout est entrelacé. Les hommes en question ne tiennent rien pour vrai et rien pour faux, ils n'aiment rien, ils ne haïssent rien.

[1] « Simulacra gentium argentum et aurum, opera manuum hominum, Os habent et non loquentur, oculos habent et non videbunt. Aures habent et non audient, nares habent et non odorabunt. » Ps. CXIII, 12, 13, 14.

Ils n'aiment ni ne haïssent, parce que pour la reconnaissance, pour l'amour, pour la haine, pour chaque affection, il faut cette concentration énergique dont ils ne sont pas capables, parce qu'il faut qu'on distingue et sépare dans le sein du varié, et qu'on choisisse le seul objet de sa reconnaissance et de son affection. Comment pourraient-ils établir une chose quelconque pour vraie, puisqu'ils seraient obligés de rejeter comme faux tout ce qui lui est contraire? Or, leur tendre attachement pour ce qui est faux ne le permet pas. Comment pourraient-ils aimer de toute leur âme quoi que ce soit, puisqu'ils seraient obligés de haïr le contraire ? ce que ne peut permettre ni leur indifférence, ni leur disposition à s'accommoder de toutes choses. J'ai dit qu'ils n'aiment absolument rien, qu'ils ne s'intéressent à rien, pas même à eux-mêmes. Si jamais ils se posaient la question : suis-je dans le vrai ou dans le faux, fais-je bien ou fais-je mal, que deviendrai-je, suis-je sur le chemin du bonheur ou du malheur, ils se répondraient nécessairement : que m'importe? je verrai bien ce que je deviendrai, il faudra bien que je me prenne tel que je serai, tout cela se trouvera. Ainsi eux-mêmes ils s'abandonnent et se méprisent, ainsi leur plus proche propriétaire, à savoir, eux-mêmes, ne s'inquiète pas d'eux-mêmes. Quel autre doit donc leur donner plus de valeur qu'ils ne s'en donnent à eux-mêmes? Ils se sont eux-mêmes livrés au hasard aveugle et sans loi pour faire d'eux tout ce qu'il voudra.

De même que la juste conception des choses est en soi bonne et vraie, et pour augmenter sa dignité et sa valeur n'a pas besoin des bonnes œuvres qui d'ailleurs viennent d'elles-mêmes à sa suite, de même cette fausse conception des choses que nous venons de décrire est en soi-même fausse et condamnable, et pour la réprouver il n'est pas besoin que des vices quelconques viennent s'y ajouter. Ainsi quiconque est placé à ce point de vue, ne peut se croire justifié, par la raison qu'il ne fait pas de mal, ou même qu'il fait ce qui lui paraît et ce qu'il appelle du bien. L'orgueil criminel de cette race d'hommes consiste précisément à croire que si cela leur plaisait, ils pourraient faire le mal, et que s'ils ne le font pas, il faut leur en savoir gré. Ils se trompent, ils ne peuvent rien faire, car ils n'existent pas, car ils ne sont pas des personnes, ainsi qu'ils se l'imaginent; mais à leur place vit et agit le hasard aveugle et sans loi. Ce hasard se manifeste, selon l'occasion, par un acte mauvais, ou par un acte en apparence innocent, sans que ces actes, ombres et reflets d'une force qui agit aveuglément, méritent ou l'éloge ou le blâme. Nous ne pouvons savoir à l'avance si ces actes seront bons ou mauvais, mais cela n'importe pas. En effet, nous savons à l'avance, d'une manière certaine, qu'ils se produiront sans vie intérieure et spirituelle, sans ordre et sans règle, car la force aveugle de la nature qui les produit ne peut pas agir autrement, c'est un arbre qui ne peut pas porter d'autres fruits.

Ce qui rend cet état incurable, ce qui le prive de toute impulsion du dehors pour s'élever à un état meilleur, c'est l'impuissance presque totale de ceux qui s'y trouvent à prendre dans son vrai sens, même comme un simple fait, tout ce qui s'élève au-dessus de leur sphère. Ils croiraient aller contre l'amour de l'humanité, et faire la plus grande des injures à un honnête homme, si, quelque étrange que son langage leur paraisse, ils supposaient qu'il dise et veuille autre chose que ce qu'ils disent et veulent eux-mêmes, et qu'il n'a pas pour but, dans une communication quelconque avec eux, de leur faire répéter la vieille leçon qu'ils ont apprise par cœur, pour savoir s'ils l'ont bien retenue. En vain cherche-t-on à se mettre en garde contre toute confusion par les antithèses les plus tranchées, en vain épuise-t-on tous les secrets de la langue pour mettre en œuvre les expressions les plus énergiques, les plus frappantes, les plus lumineuses ; dès qu'elles arrivent à leur oreille, elles perdent leur nature et se transforment pour eux dans la vieille trivialité. Leur art de tout interpréter en un sens vulgaire, de tout rabaisser, est inépuisable et l'emporte sur tous les autres arts. C'est pourquoi ils repoussent instinctivement toutes les expressions fortes et énergiques, et surtout celles qui pour être plus intelligibles procèdent par des métaphores. A les en croire, il faudrait toujours l'expression la plus vulgaire, la plus froide, la plus maigre, la plus pâle, la moins énergique, sous peine de passer pour un homme importun et mal élevé. Ainsi, lorsque Jésus parlait de manger sa chair et de boire son sang, ses disciples trouvaient quelque chose de rude et de dur dans ces paroles, et lorsqu'il parlait d'une union possible avec Dieu, les juifs ramassaient des pierres pour les lui jeter. Ces gens-là n'ont-ils pas toujours raison, puisqu'ils sont persuadés qu'on ne peut et qu'on ne doit pas dire autre chose que ce qu'ils disent et de la manière dont ils le disent ; pourquoi donc ces ridicules efforts pour exprimer la même chose d'une autre manière ? Pourquoi leur donner la peine superflue de traduire un langage étranger dans leur propre langage ?

J'ai fait ce tableau de la non-existence spirituelle, ou, pour parler comme le Christianisme, de la mort et de l'ensevelissement de l'homme vivant, dans un double but, d'abord pour rendre plus claire, par opposition, l'idée de la vie spirituelle; ensuite pour indiquer à l'avance une partie nécessaire de la description de l'homme dans son rapport au bonheur, description que je dois donner à présent. Pour nous guider dans cette description, nous avons les cinq points de vue déterminés dans la cinquième leçon, ou plutôt puisque le point de vue de la science doit être exclu de cette exposition populaire, nous en avons quatre qui sont autant de points de vue d'après lesquels on peut jouir du monde et de soi-même. L'état de néant spirituel que nous venons de décrire ne rentre même dans aucun de ces points de vue, car cet état n'est pas quelque chose de possible et de positif; mais il est un pur néant, et, comme tel, il est entièrement négatif par rapport à la jouissance et au bonheur. En lui il n'y a aucun amour, et toute jouissance se fonde sur l'amour. Ainsi dans cet état aucune espèce de jouissance n'est possible, et voilà pourquoi nous avons commencé par le décrire comme la privation absolue de toute jouissance et de tout bonheur, en opposition aux différentes manières que nous allons maintenant établir de jouir du monde ou de soi-même.

J'ai dit que toute jouissance se fondait sur l'amour. Mais qu'est-ce que l'amour? Je réponds que l'amour est l'affect [1] de l'être. En effet, je raisonne ainsi avec vous. L'être se repose sur lui-même, se suffit à lui-même, est achevé en lui-même, et n'a besoin d'aucun être en dehors de lui. Que cet être doué de la conscience absolue de lui-même, se sente, qu'en résultera-t-il? Évidemment le sentiment de sa plénitude et de son indépendance, et, en conséquence, un amour de soi-même, et, comme je l'ai dit, un affect produit par le sentiment de l'être, c'est-à-dire le sentiment de l'être en tant qu'être. Admettez en outre que dans l'être fini tel que nous l'avons décrit plus haut, dont l'essence est le devenir, ré-

---

[1] J'ai mieux aimé conserver le mot allemand *affect*, que de le traduire par le mot français *affection*, qui est inexact. En effet, le terme d'*affection* appelle un complément, se rapporte à un objet. On dit affection pour quelqu'un et pour quelque chose ; il n'en est pas de même du terme *affect*, qui peut se rapporter tout entier au sujet lui-même, sans appeler aucun complément, sans s'adresser à aucun objet extérieur, comme dans cette phrase expliquée par ce qui suit : L'amour est l'affect de l'être; c'est-à-dire le sentiment de l'être en tant qu'être. Fichte lui-même, dans un passage de la dixième leçon, distingue, en les employant dans la même phrase, ces deux mots *affect* et *affection*, qui tous deux sont allemands.

side un prototype de l'être véritable avec qui il participe, il aimera ce prototype; et si l'être qui est en lui, l'être dont il a conscience, est d'accord avec ce prototype, son amour sera satisfait, et il sera heureux. Si, au contraire, l'être qu'il sent en lui ne s'accorde pas avec ce prototype qui cependant vit en lui, qui ne peut s'effacer, qui est l'éternel objet de son amour, alors il sera malheureux, car il lui manque ce qu'il ne peut se passer d'aimer par-dessus tout, il aspire vers cet objet, et sans cesse il se tourmente pour l'atteindre. En effet, le contentement est l'union avec l'objet aimé, et la souffrance est la séparation d'avec l'objet aimé. Par l'amour seulement on est susceptible de contentement ou de souffrance; celui qui n'aime pas est également assuré contre l'un et contre l'autre. Que personne cependant n'aille croire que l'état de néant spirituel semblable à la mort, exempt de souffrance, parce qu'il est exempt d'amour, soit préférable à la vie dans l'amour accessible et vulnérable à la souffrance. D'abord, dans la souffrance, on se sent au moins, on se possède, et ce seul sentiment est déjà un inexprimable bonheur, comparé à la privation absolue du sentiment de soi-même. Ensuite cette douleur est l'aiguillon salutaire qui doit nous exciter, et qui plus tôt ou plus tard doit nous pousser à nous réunir avec l'objet bien-aimé, et à vivre heureux en lui. Heureux donc même l'homme qui ne connaît que la tristesse et le désir.

D'après la première manière de considérer le monde, où l'on n'attribue de réalité qu'aux objets des sens extérieurs, la jouissance sensible prédomine dans la jouissance de soi-même et du monde. Pour la rigueur du point de vue scientifique, et pour l'explication du principe qui domine toute cette matière, nous disons que cette jouissance sensible est aussi fondée sur l'affect de l'être, considéré comme vie sensible et organique. Elle est fondée sur l'amour de cet être, et sur les moyens qui le réalisent et le développent, moyens immédiatement sentis, et non, comme quelques-uns l'ont pensé, déduits par une conclusion secrète. La saveur d'un plat et l'odeur d'une fleur nous plaisent, parce qu'elles élèvent et animent notre existence organique, et elles ne sont que le sentiment immédiat de cette élévation et de cette animation. Ne nous arrêtons pas plus longtemps à cette jouissance qui appartient au système général de la vie, et, à ce titre, ne doit pas être entièrement proscrite, mais qui n'est pas digne d'une attention sérieuse. Cependant j'avoue franchement qu'à mes yeux, d'une manière relative, celui qui se précipite tout entier et sans réserve dans la jouissance sensible, doit aux yeux d'un philosophe conséquent paraître préférable à celui qui, à cause de son caractère flasque, mou et indécis, ose à peine se diriger même là où il s'agit seulement de quelque chose à savourer et à sentir.

Dans l'état de société, entre l'appétit purement sensible et les tendances plus élevées, se glissent des affections engendrées par l'imagination, qui néanmoins se rapportent toujours à une jouissance sensible et en dérivent. Ainsi l'avare se soumet volontairement à la gêne présente, pour laquelle il n'a actuellement aucune espèce de goût, par la crainte seule d'une gêne future pour laquelle il a encore moins de goût, car par la bizarrerie de son imagination, il est arrivé à redouter plus une faim imaginaire et future, que la faim réelle qu'il sent actuellement. Ne nous arrêtons pas non plus à toutes ces jouissances, qui, même comparées à la jouissance purement sensible, sont légères, superficielles et capricieuses, car tout ce qui est dans cette région est au même degré dépourvu de raison et de fondement.

Le second point de vue sous lequel on peut envisager le monde est celui de la moralité, dans lequel on attribue la réalité seulement à une loi spirituelle qui ordonne tout ce qui existe. Quel est l'affect engendré par ce point de vue, et, en conséquence, quel est son rapport au bonheur? Par un raisonnement rigoureux, et par quelques courtes remarques, j'éclairerai d'une lumière nouvelle, pour ceux qui ont quelques connaissances philosophiques, ce sujet déjà si bien traité par Kant.

L'homme placé à ce point de vue, dans la racine la plus profonde de son être, est lui-même la loi. Cette loi constitue l'être de l'homme, un être qui se repose sur lui-même, qui se suffit à lui-même, qui n'a besoin d'aucun autre être, et ne peut en admettre aucun autre en dehors de lui. Cette loi n'existe que pour la loi, et n'a point d'autre but en dehors d'elle-même.

D'abord, l'homme ainsi enraciné dans la loi peut en effet être, penser et agir. Un philosophe tant soit peu profond le démontre *à priori*; l'homme qui a quelque bon sens et quelque clarté dans les idées, le sent éternellement en lui-même, et se le démontre par toute sa vie et par toutes ses pensées. Je ne m'occupe pas de ce fameux axiome, qu'il est impossible que l'homme veuille sans un but extérieur pour sa volonté, ou agisse sans un but extérieur de son action, axiome soutenu et répété à satiété par la majorité des théologiens, des philosophes et des beaux esprits du temps, en opposition avec la thèse de Kant et d'autres philosophes, de nouveau mise en avant de nos jours, et je me contente de lui opposer froidement le dédain et le mépris. Où ont-ils donc appris ce qu'ils affirment si catégoriquement, et comment pensent-ils démontrer leur prétendu axiome? Ils ne l'ont appris qu'au dedans d'eux-mêmes, et aussi n'exigent-ils pas autre chose de leur adversaire que de rentrer au dedans de lui, et de s'y trouver tel qu'ils sont eux-mêmes. Ils ne le peuvent pas, et c'est pour cela qu'ils prétendent que personne ne le peut. Quelle chose donc ne peuvent-ils pas? Ils ne peuvent ni vouloir ni agir, sans un but placé en dehors de l'action. Quel est donc ce but ainsi placé en dehors de la volonté et de l'action, et de l'indépendance de l'esprit en lui-même? Il ne peut être que le bonheur des sens, seul opposé au bonheur et à l'indépendance de l'esprit. Je dis le bonheur sensible, de quelque manière bizarre qu'on puisse l'entendre, et alors même qu'on en place le lieu et l'époque par delà la tombe. Qu'avouent-ils donc eux-mêmes dans cette profession de foi? Ils avouent qu'ils ne peuvent ni penser, ni se conduire, ni se mouvoir, sans la perspective d'une vie heureuse. Ils avouent qu'ils ne peuvent se considérer autrement que comme un moyen et un instrument de la jouissance sensible, et que d'après leur ferme persuasion, ce qu'il y a de spirituel en eux n'existe que pour nourrir et soigner la bête. Qui voudrait leur contester cette connaissance d'eux-mêmes, et les contredire dans ce qu'ils doivent savoir mieux que personne, et dans ce qu'en effet eux seuls ils peuvent savoir?

Dans la seconde manière de considérer le monde, nous avons dit que l'homme est la loi; il va sans dire que c'est une loi vivante, sentant elle-même, affectée par elle-même, que c'est un affect de la loi [1]. Mais l'affect de la loi en tant que loi est sous cette forme, comme je vous prie de le considérer avec moi, un ordre absolu, un *doit être* inconditionné, un impératif catégorique, qui, justement par ce qu'il a de catégorique dans la forme, rejette l'inclination et l'amour pour ce qui est commandé. Cela doit être; voilà tout, il n'y a rien autre. Si vous étiez porté par votre inclination, le *doit être* serait inutile, il viendrait trop tard, on s'en passerait. Au con-

---

[1] Il faut entendre par affect de la loi le sentiment de la loi en tant que loi, de même que par affect de l'être le sentiment de l'être en tant qu'être.

traire, puisqu'il est certain que nous devons et que nous pouvons devoir, l'inclination et l'amour sont par là même expressément exclus.

Si l'homme avec toute sa vie pouvait s'absorber dans cet affect de la loi, il en resterait à ce *doit être* froid et rigoureux. Dans la considération de lui-même et du monde, il s'en tiendrait à ce jugement, que telle ou telle chose est conforme ou non à la loi, jugement absolument désintéressé, qui exclut toute idée de sympathie, de plaisir ou de déplaisir. Tel est l'homme qui s'absorbe dans l'affect de la loi ; un tel homme, malgré son exacte connaissance de la loi, pourrait déclarer sans repentir, sans mécontentement de lui-même, que néanmoins il n'agit pas et ne veut pas agir selon la loi, avec la même indifférence et la même froideur avec laquelle il jugerait que mille ans avant sa naissance, dans une partie éloignée du monde, quelqu'un a manqué à son devoir. Mais ordinairement à l'affect de la loi s'ajoute en nous l'intérêt pour nous-mêmes et pour notre personne, intérêt qui prend alors la nature de la loi, et est modifié par elle. Ainsi l'appréciation que nous portons sur nous-mêmes demeure un pur jugement, ce qu'elle doit être d'après son premier élément, mais non un jugement entièrement désintéressé. En conséquence, nous sommes obligés de nous mépriser, si nous n'agissons pas d'après la loi ; nous nous débarrassons de ce mépris de nous-mêmes, lorsque nous agissons conformément à la loi, et nous aimons mieux nous trouver dans le second état que dans le premier.

L'intérêt de l'homme pour lui-même s'absorbe, avons-nous dit, dans l'affect de la loi. L'homme, en présence de la loi, ne veut pas être obligé de se mépriser. Je dis avec une tournure négative ne pas se mépriser, car il ne pourrait en aucune façon s'estimer d'une manière positive. Quand on parle d'une estime positive de soi-même, on ne peut vouloir signifier par là que l'absence du mépris de soi-même. En effet, le jugement dont il est ici question se fonde sur la loi qui est déterminée d'une manière absolue, et qui a droit sur l'homme tout entier. Or, à l'égard de la loi, l'homme ne peut que deux choses, ou bien ne pas s'y conformer, et alors il doit se mépriser, ou bien s'y conformer, et alors il n'a rien à se reprocher, et voilà tout. Mais on ne peut jamais par aucun effort dépasser les exigences de la loi, et faire quelque chose en sus de ce qui est commandé par elle, car une telle action serait une action faite sans commandement, et par là même une action sans loi. On ne peut donc jamais s'estimer et s'honorer d'une manière positive, comme un être supérieur.

L'intérêt que l'homme porte à lui-même s'absorbe dans l'affect de la loi qui exclut toute tendance, tout amour et tout besoin. L'homme n'a pas d'autre besoin et d'autre volonté que de n'avoir pas à se mépriser lui-même. La satisfaction de ce besoin dépend entièrement de lui-même, car une loi absolue dans laquelle l'homme doit s'absorber suppose nécessairement que l'homme est libre. L'homme, à ce point de vue, est élevé au-dessus de tout amour, de toute inclination et de tout besoin ; il est élevé au-dessus de tout ce qui est hors de lui et ne dépend pas de lui ; il n'a plus besoin que de lui-même par l'anéantissement de tout ce qu'il y a de dépendant en lui ; il devient vraiment indépendant, supérieur à tout et semblable aux dieux. Le malheur consiste dans un besoin non satisfait. N'ayez besoin que de ce que vous-même pouvez vous procurer (or, vous ne pouvez vous procurer que de n'avoir rien à vous reprocher), et vous serez éternellement à l'abri du malheur. Vous n'avez besoin de rien hors de vous, pas même de Dieu ; vous êtes à vous-même votre Dieu, votre Sauveur et votre Rédempteur.

Quiconque a les connaissances historiques que

possède tout homme un peu instruit a sans doute compris que je venais d'exposer la manière de voir et le système des stoïciens si célèbres dans l'antiquité. Je trouve un remarquable exemple de ce caractère moral dans le mythe de Prométhée, raconté par un ancien poëte. Prométhée, dans la conscience d'avoir bien fait, se rit de Jupiter, qui demeure au-dessus des nuages, et de tous les tourments qu'il amasse sur sa tête, et il voit sans trembler les ruines du monde tomber sur lui. Un de nos poëtes l'a fait ainsi parler à Jupiter :

« Je suis ici, je moule des hommes à mon image, une race semblable à moi qui souffre, qui pleure, qui rie et se réjouisse, et qui te méprise comme je méprise [1]. »

---

[1] Goëthe, *Prométhée*. Cette strophe est la dernière de l'ode que nous reproduisons ici tout entière.

« Couvre ton ciel, ô Zeus ! des vapeurs des nuages, et, semblable à l'enfant qui abat les têtes des chardons, exerce-toi contre les chênes et les montagnes. Il faudra bien cependant que tu me laisses ma terre à moi et ma hutte que tu n'as point bâtie, et mon foyer dont tu m'envies la flamme. — Je ne sais rien de plus misérable sous le soleil que vous autres dieux ! Votre majesté se nourrit péniblement d'offrandes, de victimes, de fumée, de prières, et dépérirait s'il n'y avait là des enfants et des mendiants, pauvres fous qui se bercent d'espérances ! — Quand j'étais enfant et ne savais que devenir, je tournais mon œil égaré vers le soleil, comme s'il y avait eu par derrière une oreille pour entendre ma plainte, un cœur comme le mien pour prendre en pitié les opprimés. — Qui m'est venu en aide contre l'arrogance des Titans ? Qui m'a sauvé de la mort, de l'esclavage ? N'as-tu pas tout accompli

Vous avez suffisamment compris que cette conception du monde n'est pour nous que le premier degré, le degré le plus inférieur de la région élevée de la vie spirituelle. Déjà, dans la leçon précédente, je vous ai indiqué des caractères d'une vie spirituelle plus intime et plus parfaite, que je développerai dans des leçons suivantes. Cependant il n'est nullement dans mon intention de livrer une doctrine aussi noble aux dédains superbes de la pourriture intellectuelle, ni de laisser à cette pourriture le moindre voile pour se cacher. J'ajouterai donc encore ce qui suit :

Il est incontestable que cette doctrine ne peut arriver à Dieu que par une inconséquence, et que partout où elle est conséquente elle n'a pas besoin de Dieu pour la pratique, de Dieu pour son cœur ; elle rejette toute espèce de Dieu, alors même qu'elle en aurait besoin pour l'explication

toi-même, ô cœur saintement embrasé! Et, dupe que tu étais, ne brûlais-tu pas d'un jeune et naïf sentiment de reconnaissance pour le dormeur de là-haut ? — Moi t'adorer, et pourquoi ? As-tu jamais adouci les douleurs de l'opprimé ? As-tu jamais essuyé les larmes de celui qui souffre ? L'éternité toute-puissante et l'éternel destin, mes maîtres et les tiens, ne m'ont-ils pas forgé homme ? — Croirais-tu par hasard que je doive haïr la vie et fuir au désert, parce que toutes les fleurs de mes rêves n'ont pas donné ? — Ici je reste à fabriquer les hommes à mon image, une race qui me ressemble pour souffrir et pour pleurer, et te dédaigner, toi, comme je fais ! »

(Traduction de M. Henri Blaze.)

théorétique de la nature ; elle est son Dieu à elle-même. Mais quel est ce Dieu qu'elle écarte? A ce second point de vue, il ne peut être que le Dieu déjà décrit plus haut, distributeur arbitraire du bien-être sensible, dont il faut acheter les faveurs à un prix quelconque, même au prix le plus élevé, au prix d'une vie tout entière conforme à la loi. Ce Dieu, elle a raison de le mettre à l'écart; il doit tomber, car il n'est pas Dieu. Aussi une doctrine plus élevée, comme nous le verrons plus tard, n'admet pas davantage un Dieu sous cette forme et avec ces attributs. Le stoïcisme ne rejette pas la vérité, il rejette le mensonge, mais il ne s'élève pas jusqu'à la vérité, il demeure à son égard purement négatif, et c'est là sa faute [1].

[1] Dans les leçons sur l'esprit du siècle, Fichte fait aussi la critique suivante de ce même système qu'il y désigne sous le nom de système de moralité pure. « Examinons ensemble la moralité pure, qui est ce que l'homme privé de religion peut posséder de plus élevé. Dans ce système, l'homme obéit à l'ordre du devoir seulement, parce que c'est un ordre, et accomplit le devoir seulement parce qu'il se manifeste à lui. Mais en même temps se comprend-il lui-même? sait-il ce qu'est ce devoir auquel, à chaque instant, il sacrifie toute son existence? sait-il ce qu'il est en lui-même et sa valeur propre? Il le sait si peu, qu'il déclare hautement que cela doit être simplement parce que cela doit être. C'est précisément cette ignorance, cette incompréhensibilité, cette abstraction absolue de la signification de la loi et des conséquences de l'acte dont il doit faire le signe caractéristique de la parfaite obéissance... Celui qui suit simplement l'ordre du devoir comme devoir, ne comprend pas ce qu'est le devoir en lui-même. Cependant,

Ainsi, croire avec certains chrétiens que le désir sensible aurait été sanctifié, qu'un Dieu aurait été chargé de le satisfaire, que le secret aurait été trouvé de s'y livrer et de servir Dieu en même temps est une illusion et une erreur. Le bonheur que cherche l'homme sensible est à jamais séparé du bonheur que ne promet pas, mais donne immédiatement la religion, par l'abîme de la soumission à une loi sacrée qui fait taire toutes les inclinations sensibles. Ces deux sortes de bonheur ne diffèrent pas seulement par le degré, mais par leur nature intime. Ainsi, les philoso-

puisque sans le comprendre il l'accomplit, puisque, quelque incompréhensible, le devoir ne lui parle pas moins d'une manière infaillible, évidemment il agit tout comme s'il le comprenait. Mais ici se présente une autre question. Cette obéissance à quelque chose qu'il ne comprend pas est-elle appropriée à la dignité de l'homme en tant qu'être raisonnable? Il ne suit pas, il est vrai, le penchant d'une nature aveugle; il suit une idée, et par là il a bien plus de noblesse et de dignité : mais cette idée n'est pas claire pour lui, et son obéissance est une obéissance aveugle. Par une voie plus noble, mais toujours avec les yeux bandés, il marche à sa destination. Cet état est, sans aucun doute, contraire à la dignité de la raison. Dans la raison même, il y a une tendance qui nous pousse à rechercher la signification de la loi du devoir. Si l'homme moral persiste dans cette obéissance aveugle, il sera sans cesse excité et agité par cette tendance, et il ne lui restera plus qu'à se barricader contre ce secret entraînement. Quelque parfaite que soit sa conduite, c'est-à-dire ses actes extérieurs, il n'y a dans son intérieur, dans les racines de son être, que division, obscurité, absence de liberté et de dignité. Tel est l'aspect que présente l'homme de la moralité pure, considéré à la lumière de la religion.

phes qui se font les interprètes de ce système et qui, dans le langage le plus enthousiaste, font appel à notre cœur, en nous accusant d'extirper le caractère essentiel de la nature humaine et de vouloir, par nos exigences, leur arracher le cœur, non-seulement sont méprisables, comme nous les avons convaincus, mais encore sont ridicules par-dessus le marché. Les beaux esprits qui poussent des cris contre la destruction de l'amour par le stoïcisme témoignent également de la même confusion dans les idées ; car par amour ils n'entendent nullement cette flamme divine dont nous parlerons plus tard, mais seulement un amour terrestre et une inclination sensible. L'enfant qui tend sa petite main vers la friandise qu'on lui offre est un spectacle qui touche et qui plaît, et ils s'imaginent en conséquence que l'homme adulte qui se conduit de la même manière a droit à l'approbation morale d'un juge sévère, et ils prétendent que tout ce qui peut donner au spectateur un spectacle touchant et agréable est par là même noble et bon.

Voilà ce que j'avais à dire sur cette seconde conception du monde au point de vue du bonheur. Dans le stoïcisme ce bonheur ne peut être qu'une négation et une pure apathie. J'ai voulu déterminer avec précision cette doctrine et séparer, par cette apathie comme par un terme intermédiaire, ce qui est commun et bas de ce qui est sacré, et élever entre eux un mur infranchissable. En quoi cette apathie est-elle insuffisante, et par là même pousse-t-elle au développement d'une vie supérieure, telle sera le sujet de la prochaine leçon.

HUITIÈME LEÇON.

Conception plus approfondie de la doctrine de l'être. — Tout ce qui découle de la manifestation de l'être est compris sous la dénomination générale de forme. — Dans la réalité l'être est absolument inséparable de la forme, et l'existence de la forme est fondée sur la nécessité intime de l'essence divine. — Application de ce principe à l'une des parties de la forme, à l'infinité. — Application du même principe à la seconde partie de la forme, à la quintuplicité ou aux cinq modes de conception du monde. — Cette seconde partie de la forme donne un moi libre et indépendant comme point d'unité organique de toute la forme. — De l'essence de la liberté. — Affect du moi pour son indépendance. — Cet affect disparaît dès que par l'entier épuisement de la liberté sont anéantis les divers modes dans lesquels seuls la liberté est possible. — La présence ou l'absence de l'amour de soi-même engendre deux manières générales et entièrement opposées de considérer le monde. — De la première découle le penchant à la jouissance sensible qui est l'amour pour le moi déterminé d'une certaine manière par les objets, et, dans le point de vue de la conformité à la loi, l'amour pour la liberté purement formelle qui remplace l'amour pour une détermination objective de soi-même. — Caractéristique de l'amour d'où naît l'impératif catégorique. — Par l'anéantissement de l'amour de notre moi, la volonté du moi se confond avec celle de Dieu. — De là résulte le troisième point de vue qui appartient à la moralité supérieure. — Du rapport de ce point de vue avec les circonstances extérieures. — De son opposition avec la superstition qu'engendrent les besoins sensibles.

Messieurs,

La description de la vie véritable, et en conséquence bienheureuse, renferme le but et l'objet de ces leçons. Mais une bonne description doit être génétique, et elle doit faire apparaître successivement ce qu'elle décrit aux yeux du spectateur. La vie spirituelle véritable est parfaitement susceptible d'une pareille description. Car, comme nous l'avons déjà dit, d'abord, en un sens figuré, qui s'est ensuite transformé en un sens littéral, elle se développe ordinairement peu à peu, et passe par des stations déterminées. Nous avons présenté comme les stations de cette vie spirituelle les cinq points de vue possibles de la conception du monde. Nous l'avons vu d'abord paraître dans une conception froide et sans amour, et ensuite s'élever et grandir. Puis, dans la leçon précédente, nous lui avons ajouté l'affect, l'amour, la jouissance de soi-même, et par là nous avons complété la forme de la véritable vie. Nous avons ensuite comparé la vie ainsi déterminée avec l'état de pur néant, l'état de la jouissance sensible, et l'état de moralité austère et de conformité avec la loi.

A mesure que cette description de la vie intellectuelle s'élève aux degrés supérieurs, elle devient, on le conçoit, bien plus obscure et plus difficile à comprendre pour la majorité des esprits d'un siècle dégénéré, parce qu'elle les fait pénétrer dans des régions qui leur sont étrangères, dans des régions qui ne leur sont connues ni par leur propre expérience, ni par ouï-dire.

Cela impose le devoir à celui qui entreprend de parler sur de pareils objets, alors même qu'il serait obligé de désespérer de se faire comprendre de tout le monde d'une manière positive, de se mettre en garde contre tous les malentendus qui viendraient de lui-même. S'il ne peut donner la vérité à tout le monde, il doit empêcher au moins que personne, par sa faute, ne tombe dans l'erreur. Il doit encore au moins armer de telle sorte ceux qui peuvent le comprendre, qu'ils puissent à leur tour, dans leur sphère, discourir et répondre sur le même sujet, et redresser les interprétations mauvaises. Ces considérations m'ont déterminé à consacrer une partie de cette leçon à épuiser complétement le sujet que nous traitons, et que, dans la dernière leçon, nous avons élevé jusqu'à son point culminant. Ceux qui, parmi mes auditeurs, sont familiers avec la spéculation, doivent maintenant entrer avec moi dans le point d'unité organique de toute spéculation, comme jamais personne, que je sache, n'y est entré. Quant à ceux qui ne peuvent pas ou qui ne veulent pas suivre nos raisonnements philosophiques, ils peuvent au moins profiter des raisonnements que je vais exposer, pour se faire une idée générale de la question. Ils pourront voir que, pourvu qu'on s'y prenne bien, on ne trouve plus rien là-dedans de si bizarre et de si artificiel que d'ordinaire on s'imagine, que tout s'y passe simplement, naturellement, et que, pour comprendre, il ne faut que la volonté d'une attention persévérante. Cependant les auditeurs de cette dernière classe seront obligés de saisir et d'accepter au moins comme un fait ce que je vais dire, parce qu'avant la fin de la leçon, j'aborderai un sujet que tous désireront comprendre, mais qu'ils ne pourront comprendre s'ils n'ont pas saisi ce qui précède, au moins comme un fait et comme une hypothèse possible.

J'ai dit : L'être est absolu, il n'est jamais devenu, rien n'est devenu en lui. En outre cet être existe, il se manifeste extérieurement, nous l'apercevons comme un fait, mais nous ne pouvons en donner la genèse. Après avoir reconnu que l'être existe, il est facile de comprendre que cette existence n'est pas devenue, qu'elle est fondée dans la nécessité de l'être, et que, par suite de cette nécessité, elle est absolue. Or, dans son existence et par une conséquence nécessaire de son existence, l'être devient conscience, et une conscience qui se divise en plusieurs manières.

Pour ne pas toujours répéter la même série de paroles, je donnerai le nom général de forme à tout ce qui dans l'être résulte de son existence. Ce mot résume précisément tout ce que nous avons vu auparavant découler de l'existence de l'être. Il en est ainsi, et je fais cette remarque pour tous ceux qui ne peuvent pas philosopher avec nous, de toute terminologie philosophique. Les expressions dont elle se compose ne sont jamais que des formules concises dont le but est de rappeler ce qui a été auparavant l'objet d'une intuition immédiate. Pour celui qui n'a pas pris part à cette intuition, mais pour celui-là seulement elles sont de vides et insignifiantes formules.

Nous avons donc ces deux points à distinguer, d'abord l'être tel qu'il est intérieurement et en lui-même, et ensuite la forme qu'il revêt en se manifestant dans l'existence. Comment me suis-je exprimé? Qu'est-ce qui revêt une forme? L'être tel qu'il est en lui-même, sans la moindre variation dans son essence intime ; il importe de le remarquer. Qu'y a-t-il donc dans l'existence de l'être? Absolument rien, si ce n'est l'être un, éternel, invariable, hors duquel rien ne peut être. Mais cet être éternel pourrait-il se manifester dans une autre forme? Comment cela serait-il possible, puisque cette forme n'est pas autre chose que la manifestation même de son essence? Ainsi cette opinion que l'être peut se manifester sous une autre forme, serait identique à celle-ci :

L'être peut exister et cependant ne pas exister. Si vous appelez l'être A, et sa forme, sa forme entière pensée dans son unité, B, alors l'existence réelle a pour expression $A \times B$ et $B \times A$, A étant déterminé par B, et réciproquement. Je dis déterminé, et j'insiste sur ce mot, pour que, dans votre pensée, vous ne partiez pas d'un point extrême, mais d'un point central, et que vous le compreniez ainsi : Tous les deux sont entremêlés dans la réalité, et sont mutuellement pénétrés l'un par l'autre, de sorte que tous les deux ne peuvent être séparés dans la réalité, sans qu'il y ait anéantissement de l'existence de l'être. Voilà ce qu'il m'importe le plus d'établir. C'est là le point d'unité organique de toute spéculation ; quiconque y a pénétré a vu luire à ses yeux le dernier degré de la lumière.

Dieu lui-même, pour exprimer avec plus de force cette même pensée, Dieu lui-même, c'est-à-dire l'essence intime de l'absolu que notre esprit borné distingue seul de son existence, ne peut pas détruire cette indissoluble alliance de l'essence avec la forme. Car l'existence de son être, qui, au premier regard superficiel de l'expérience, apparaît comme un fait accidentel au regard de la raison, n'est point quelque chose d'accidentel ; elle est et ne peut pas être autrement, elle est la conséquence nécessaire de son essence intime. Donc il est de l'essence de Dieu que son essence soit liée indissolublement avec la forme, et que d'elle-même elle revête cette forme. Ce principe résout, pour ceux qui le comprennent bien, la plus haute difficulté de la spéculation qui a existé depuis le commencement du monde jusqu'à nos jours. Il fortifie le commentaire que nous avons donné des premières paroles de l'évangile de Jean. Au commencement, entièrement indépendante de toute possibilité du contraire, de toute volonté arbitraire, de tout hasard, indépendante du temps, était la forme fondée sur la nécessité intime de l'être divin lui-même. La forme était avec Dieu, reposant en lui et fondée dans la détermination intime de son essence, d'où elle tire son existence. La forme était donc Dieu même, et Dieu ressortait en elle tel qu'il est en lui-même.

Par exemple, une partie de la forme est la formation successive et la caractérisation de l'être se développant à l'infini, et demeurant toujours égal à lui-même $= A$. Je vous pose la question suivante pour que vous y exerciez votre esprit : Qui, dans cette formation et cette caractérisation infinie, joue le rôle d'agent? Serait-ce la forme? Mais la forme n'est rien en elle-même. Non, ce n'est pas la forme, mais c'est la réalité absolue = A qui se forme elle-même, je dis elle-même telle qu'elle est intérieurement d'après la loi de son infinité. Ce n'est pas un rien qui se forme, mais l'essence intime de Dieu.

Saisissez au sein de cette infinité le contenu d'un moment déterminé quelconque. Il est bien clair que ce contenu est de tout point déterminé, qu'il est ce qu'il est et qu'il n'est pas autre chose. Je demande pourquoi est-il ce qu'il est, et pourquoi est-il ainsi déterminé? Vous ne pouvez répondre que de la manière suivante : Il est ce qu'il est en vertu de deux facteurs, d'abord parce que l'absolu, dans son essence intime, est tel qu'il est, ensuite parce que cet absolu se transforme à l'infini. Si vous faites abstraction de ce qui, dans le contenu de ce moment, est la conséquence de l'essence intime de Dieu, ce qui restera dans ce moment, à savoir, la pure et simple transformation, sera la part qui revient à ce moment dans le reste de la transformation universelle.

J'ai dit que la réfraction à l'infini était un élément de la forme, et je me suis servi de cet élément comme d'un exemple pour rendre plus clair mon principe. Pour notre but actuel, il importe maintenant d'envisager le second élément de la forme que je déterminerai à l'aide du principe que je viens d'établir, et que, j'espère, vous avez compris. Je fais un appel nouveau à votre attention.

Ce second élément de la forme est la division en cinq points de vue de la réalité, qui coexistent et qui ne peuvent dominer qu'à l'exclusion les uns des autres. Il importe avant tout de ne pas oublier la coexistence de ces points de vue, et l'impossibilité où ils sont de dominer autrement qu'à l'exclusion les uns des autres. Nous l'avons démontré plus haut, aussi cela doit-il être clair et évident à première vue. Encore une fois, qui donc se divise dans cette nouvelle division? Évidemment, c'est encore l'absolu tel qu'il est en lui-même, l'absolu qui, dans l'unité et l'indivision de sa forme, se divise aussi à l'infini; il ne peut y avoir là-dessus aucun doute. Mais comment ces points de vue doivent-ils être posés? Doivent-ils être conçus comme réels, comme l'infinité s'écoulant dans le temps? Non, car dans le même moment du temps aucun ne peut dominer, si ce n'est à l'exclusion des autres. C'est pourquoi, considérés par rapport aux moments du temps qu'ils peuvent remplir, tous ne sont également que possibles, et l'être par rapport à chacun d'eux ne doit pas être considéré comme déterminé ou devant être déterminé d'une manière nécessaire, mais seulement possible. En d'autres termes, l'un divisé à jamais dans l'infinité du temps, se présente-t-il sous le premier point de vue, ou sous le second, ou sous le troisième, etc.? Non certainement, car cet être, au contraire, étant en lui-même et par lui-même, est entièrement indéterminé, entièrement indifférent par rapport à la manière dont on peut le saisir et le comprendre. Sous ce rapport, le réel ne va que jusqu'à la possibilité et pas plus loin. Dans son existence l'être pose une liberté entièrement indépendante de lui dans son essence intime, et l'indépendance propre des déterminations sous lesquelles on peut le saisir ou le concevoir par la réflexion. Exprimons encore ceci avec plus de précision. L'être absolu se pose lui-même dans son existence comme cette liberté absolue, et comme cette indépendance à l'égard de sa propre essence. Il ne crée pas, comme on pourrait le penser, une liberté en dehors de lui-même, mais dans cet élément de la forme, il est lui-même sa propre liberté hors de lui. Sous ce point de vue, il se sépare lui-même, dans son existence de lui-même, dans son essence intime, il s'expulse en quelque sorte de lui-même pour ensuite y rentrer plein de vie. Or la forme générale de la réflexion est le moi, l'être pose un moi indépendant et libre, ou bien en d'autres termes un moi, un moi indépendant et libre, car sans cela il ne serait pas un moi appartenant à la forme absolue = B, et constitue le véritable point de l'unité organique de la forme absolue de l'être absolu. En effet la division à l'infini, second élément de la forme, que pour le moment j'ai mis de côté, selon mes propres déductions, se fonde sur l'indépendance essentielle à la réflexion, et d'après une remarque précédente, elle est inséparable de la nécessité intime de l'essence divine, de sorte que Dieu même ne pourrait la détruire.

On peut, en passant, noter encore les points suivants : 1° La liberté existe certainement et véritablement, elle est même la racine de l'existence, mais elle n'est pas immédiatement réelle, car la réalité en elle ne va que jusqu'à la possibilité. Ce paradoxe s'expliquera de lui-même à mesure que nous avancerons dans nos recherches. 2° La liberté dans le temps, la liberté en tant qu'elle remplit et détermine d'une manière indépendante la suite des événements dans le temps, n'existe que relativement aux cinq points de vue de la vie intellectuelle et comme une conséquence de ces cinq points de vue. En dehors de ces points de vue, elle n'existe pas, car en dehors il n'y a que l'essence absolue déterminée par elle-même dans la forme aussi invariablement déterminée de l'infinité, et dans le temps immédiatement rempli par la réalité elle-même. Elle n'existe pas non plus dans un point de vue exclusif de cette division, et le moi ne repose pas sur un seul de ces points, car dans chaque point isolé il y a une rigoureuse nécessité et la déduction sévère d'un principe.

Je dis ceci en passant et à cause de son rapport avec un sujet important, je le dis aussi, parce que cela ne paraît pas très-généralement connu et compris. Mais ce qui va suivre, je ne vous le donne pas en passant, je vous le donne comme se rapportant directement à la question actuelle, et je réclame de nouveau votre attention. Puisque cette indépendance et cette liberté du moi appartient à son essence, puisque chaque essence est affectée par la conscience immédiate qu'elle a d'elle-même, en tant que cette conscience immédiate de la liberté existe, il résulte qu'il y a un affect pour cette liberté qui est l'amour de la liberté, et qu'il y a une croyance qui en est la suite. J'ai dit, en tant que cette conscience immédiate existe, car ceci est le point le plus important de toute cette recherche ; et le **véritable but de tout ce qui a précédé cette liberté**

et cette indépendance n'est pas autre chose que
la pure possibilité des divers points de vue de
la vie. Mais cette possibilité est bornée aux
cinq points de vue indiqués; si donc quelqu'un
les a tous embrassés, il a épuisé toute cette possibilité, il l'a élevée jusqu'à la réalité, il a épuisé
toute sa puissance, il a poussé sa liberté jusqu'à
ses dernières limites. Il ne lui reste plus de
liberté dans la racine de son existence. Avec
l'essence de la liberté disparaît aussi l'affect,
l'amour, la croyance de la liberté, mais pour
faire place à un amour plus saint et à une
croyance plus béatifiante. Aussi longtemps que
l'activité naturelle du moi a encore à travailler
pour créer en lui la forme achevée de la réalité,
le penchant à l'activité, penchant non encore
satisfait, comme un aiguillon salutaire qui le
pousse toujours en avant, demeure en lui avec
la conscience de la liberté qui dans cet état de
l'homme n'est point une illusion, mais une vérité
absolue. Mais dès que le but est atteint, cette
conscience qui deviendrait alors en effet trompeuse, s'évanouit, et à partir de ce moment la
réalité s'écoule pour lui dans la forme de l'infinité, la seule qui reste, la seule qui ne périsse
pas.

Donc je donne ceci comme un résultat accessible à tous, et non pas seulement à ceux qui sont versés dans la spéculation. D'une part, la présence d'un affect, d'un amour, d'une croyance de notre propre liberté; d'autre part, l'absence de ce même affect, sont les deux points de vue fondamentaux, les deux manières opposées de considérer et d'embrasser le monde. Je réduis de la sorte à deux les cinq points de vue que j'ai établis jusqu'à présent.

La croyance et l'amour de la liberté revêtent aussi deux formes différentes, qui ne sont que des subdivisions de la division générale que je viens d'établir. Je vais vous éclaircir d'abord la première et la moins élevée de ces deux formes. Le moi, comme le sujet de la liberté, est, vous le savez, la réflexion. La réflexion, comme vous le savez également, a pour première fonction de former, de déterminer et de caractériser le monde. Au dedans de ces formes et de cet acte de formation, le moi particulier que nous allons décrire est un être propre et indépendant, qui, en conséquence, embrasse son être déterminé avec amour, et éprouve ainsi le désir et le besoin de cet être déterminé. Encore une fois, quelle est la nature de cet être? C'est l'être dans une détermination particulière de sa vie. D'où lui vient le besoin de cette détermination? De l'amour de soi-même sous ce point de vue de la liberté. Si ce besoin était satisfait, qu'en résulterait-il? Il en résulterait la jouissance. D'où naîtrait cette jouissance? D'une certaine détermination de sa vie par le monde qu'il s'est formé lui-même, par le monde objectif, multiple et varié. Là se trouve le point fondamental, la tendance sensible de l'homme, qui est le véritable créateur du monde sensible. Ainsi, et c'est là le trait caractéristique qu'il importe de remarquer, et sur lequel j'appelle votre attention, ainsi prend naissance le désir et le besoin d'une détermination particulière de notre vie. Ainsi se développe un penchant au bonheur dans des objets déterminés et par des objets déterminés. Il va sans dire que cette détermination objective du bonheur ne repose pas sur le néant, mais sur la réalité qui subsiste néanmoins sous cette forme de l'indépendance. Il va encore sans dire qu'un changement continuel ayant lieu dans la formation progressive du monde, le moi change aussi progressivement, et en même temps change peu à peu l'objet dans lequel il est obligé de placer son bonheur. Dans ce progrès, il rejette les premiers objets de son amour, et en met d'autres à leur place. Or, à cause de cette incertitude absolue sur la nature de l'objet qui rend véritablement heureux, on se fait une idée entièrement vide et indéterminée d'une vie heureuse, idée qui cependant a toujours pour caractère général de faire dériver le bonheur d'un objet déterminé. On arrive ainsi à concevoir l'idée d'une vie dans laquelle tous nos besoins, tous nos désirs, quels qu'ils soient, doivent être satisfaits à l'instant, l'idée d'une absence de toute peine, de toute douleur, de tout travail; ce sont tantôt les îles Fortunées et les Champs-Élysées des Grecs, tantôt le sein d'Abraham des juifs, tantôt le ciel de la foule des chrétiens. A ce degré, la liberté, l'indépendance est matérielle.

Dans la seconde forme sous laquelle se manifeste l'existence de l'affect pour la liberté et l'indépendance propre, la liberté est sentie et aimée en elle-même, pure, vide et formelle, sans qu'elle tende à un état particulier quelconque posé par elle-même. De là résulte le point de vue de la conformité à la loi, que j'ai développé dans la dernière leçon, et que j'ai appelé le stoïcisme, pour le rattacher à quelque chose de connu. Le stoïcien se croit entièrement libre, car il admet qu'il peut ne pas obéir à la loi; il se pose comme un pouvoir indépendant en face de la loi, ou de ce qui lui semble être la loi. Il ne peut pas se comprendre et se considérer autrement, ai-je dit, que comme ayant le pouvoir d'obéir ou de ne pas obéir à la loi. Cependant, d'après son point de vue nécessaire, il doit obéir à la loi et non à ses inclinations. Ainsi il ne peut plus y avoir pour lui de droit au bonheur, et s'il est bien réellement pénétré de son point de vue, il n'a plus besoin ni de bonheur, ni d'un Dieu béatifiant. De cette première supposition seule qu'il a le pouvoir de ne pas obéir, naît pour lui une loi, car privée de toute espèce de penchant, sa liberté serait vide et sans direction. Il faut qu'il la lie, et un lien pour la liberté, c'est une loi. C'est donc seulement par la croyance en sa liberté qu'il a conservée en se dépouillant de toute inclination, qu'il rend possible pour lui l'existence d'une loi, et donne, d'après son point de vue, la forme d'une loi à ce qui est vraiment réel.

Comprenez donc ceci dans toute sa profondeur et dans toute la plénitude de sa clarté. L'essence divine n'entre pas tout entière et sans partage dans ces cinq points de la liberté qui s'excluent mutuellement; elle y entre d'une manière partielle. Mais au delà de ces points de vue, l'essence divine se manifeste telle qu'elle est en elle-même; elle se manifeste sans aucun de ces voiles, au travers desquels seulement elle se découvre aux conceptions de notre esprit que nous avons analysées; elle se manifeste en se développant sans cesse dans cette forme de l'éternel écoulement de la vie qui est inséparable de l'essence de la vie intime, simple en elle-même. Cet écoulement éternel de la vie divine est la vraie, la profonde racine de l'existence, c'est-à-dire de la réunion absolument indissoluble de l'essence avec la forme. Or, cet être de l'existence, comme toute espèce d'être, porte en lui-même son affect, son désir essentiel, c'est la volonté éternelle et invariable de l'absolue réalité, de continuer à se développer comme elle doit nécessairement se développer. Mais aussi longtemps qu'un moi quelconque demeure dans un point de vue quelconque de la liberté, il a encore un être particulier qui lui est propre, qui est une partie incomplète et exclusive de l'existence divine, et, en conséquence, à proprement parler, une négation de l'être, et un tel moi a aussi un affect pour cet être, c'est-à-dire une volonté actuellement fixe et invariable de maintenir cet être qui lui est propre. Donc sa volonté propre, sa volonté permanente, n'est pas en harmonie avec le désir et la volonté de l'existence divine complète. Si un moi placé à ce point de vue pouvait cependant avoir une volonté conforme à l'éternelle volonté, il ne le pourrait pas par le fait de sa volonté permanente; mais il devrait se faire cette volonté par une volonté intermédiaire qu'on appelle décision de la volonté. L'homme de la loi se trouve précisément dans ce cas, et il est homme de la loi, par là même qu'il se trouve dans ce cas. Lorsqu'il professe cette opinion, qui est la racine même de toute sa manière de voir, et par laquelle il faut le considérer, à savoir, qu'il peut ne pas obéir, comme il ne s'agit pas ici de la puissance physique supposée indépendante de la volonté, pouvoir ne pas obéir signifie pouvoir vouloir ne pas obéir. Nous devons croire à la vérité de cette déclaration, comme à l'expression immédiate de ce qui se passe dans sa conscience. Il reconnaît par là que ce n'est pas sa volonté dominante et ordinaire de toujours obéir, car qui pourrait agir contre sa volonté, qui pourrait concevoir quelque chose au-dessus d'une volonté toujours prête à vouloir et à agir dans le même sens? Mais il ne reconnaît aucunement qu'il a une aversion pour obéir, car dans ce cas il y aurait en lui une inclination sensible, ce qui est contre la supposition, puisqu'alors il ne serait pas un être moral, et devrait être contenu par le moyen d'une contrainte extérieure; il avoue seulement qu'il n'a pas d'inclination à cette volonté, et qu'il est indifférent à son égard. Par l'indifférence de sa volonté propre, cette volonté lui devient en quelque sorte une volonté étrangère qu'il établit comme une loi pour sa volonté, laquelle n'est pas naturellement disposée à obéir à cette loi étrangère. Pour l'accomplissement de cette loi, il doit par une décision particulière produire en lui cette volonté qui naturellement lui manque. Ainsi l'indifférence à l'égard de la volonté éternelle, qui demeure après le renoncement à la volonté sensible, est la source d'où naît dans la conscience l'impératif catégorique, de même que la croyance conservée à notre liberté purement formelle est la source de cette indifférence.

Du moment que par l'acte le plus élevé de la liberté et par l'accomplissement de la liberté, cette croyance à notre indépendance s'évanouit, l'ancien moi se perd dans la pure existence divine, et à parler rigoureusement on ne peut pas même dire que l'affect, l'amour et la volonté de cette existence divine deviennent son affect, son amour et sa volonté, car il n'y a plus deux êtres, mais un seul ; il n'y a plus deux volontés, mais une seule volonté ; toujours la même volonté de tout en tout. Aussi longtemps que l'homme désire être quelque chose de particulier, Dieu ne vient pas à lui, car aucun homme ne peut devenir Dieu. Mais dès qu'il s'anéantit entièrement et jusqu'à la racine, Dieu seul reste,

Dieu est tout en tout. L'homme ne peut pas se créer un Dieu, mais il peut lui-même, en tant que pure négation, s'anéantir, et alors il se plonge en Dieu.

Cet anéantissement de soi-même est la transition à une vie plus élevée entièrement opposée à la vie inférieure déterminée par l'existence d'un moi personnel. Elle est, d'après notre première division, la prise de possession du troisième point de vue de la conception du monde, du point de vue de la moralité pure et supérieure.

Je décrirai dans la leçon suivante l'essence propre et intime de ce nouvel état et le bonheur qui se trouve en son sein. J'indiquerai seulement maintenant le rapport dans lequel il se trouve avec le monde inférieur et sensible. J'espère avoir assez solidement fondé mes principes pour ôter toute espèce de prétexte à la confusion qui se fait ordinairement de l'idée du bonheur matériel et de l'idée du bonheur spirituel. Cette opinion, qui en face d'un homme sérieux se repent promptement de s'être avouée, se plaît dans le clair-obscur et dans une certaine indétermination. Mais à nous, au contraire, il convient de la traîner à la lumière et de nous séparer d'elle de la manière la plus précise et la plus déterminée. Ses partisans voudraient capituler avec nous, nous le savons bien ; ils n'aimeraient pas rejeter entièrement l'esprit ; nous ne sommes pas assez injustes pour les en accuser, mais ils ne veulent rien sacrifier de la chair. Quant à nous, ni nous ne voulons, ni nous ne pouvons nous entendre avec eux, car ces deux choses sont absolument inconciliables, et celui qui veut l'une de ces deux choses doit renoncer à l'autre.

Il est vrai que la conception de soi-même, comme d'une personne existant pour elle-même et vivant dans un monde sensible, appartient encore à celui qui se trouve placé à ce troisième point de vue, parce qu'elle fait partie de la forme invariable de la réflexion, mais il n'est plus l'objet de son amour et de son affect. Que devient donc pour lui cette personne et toute son activité sensible ? Évidemment elle reste comme un moyen d'atteindre le but, c'est-à-dire de faire ce qu'il veut lui-même et ce qu'il aime par-dessus tout, à savoir, la volonté de Dieu qui se révèle en lui. Cette personnalité n'est également pour le stoïcien qu'un moyen, un moyen d'obéir à la loi ; donc, en ceci les deux points de vue se rapprochent et se confondent. Pour l'homme sensible, au contraire, l'existence personnelle et sensible est l'unique but, le but suprême, et tout ce qu'il sait, tout ce qu'il croit d'ailleurs n'est jamais qu'un moyen pour atteindre ce but. Il est absolument impossible et contradictoire que quelqu'un aime deux choses différentes pour suivre deux buts [1]. L'amour de Dieu, tel que nous l'avons décrit, efface entièrement l'amour de soi, car on n'arrive à l'amour de Dieu que par l'anéantissement de l'amour de soi. Là où est l'amour de soi, là ne peut être l'amour de Dieu, car l'amour divin ne souffre aucun autre amour à côté de lui.

Le caractère fondamental de l'amour sensible de soi-même, comme déjà nous l'avons expliqué, consiste à désirer la formation d'une vie particulière et déterminée, et à placer son bonheur dans un objet particulier quelconque. L'amour de Dieu, au contraire, considère toutes les formes particulières et tous les objets comme un simple moyen. Il sait que tout ce qui lui est donné n'est qu'un moyen direct et nécessaire, voilà pourquoi il ne veut aucun objet déterminé d'une manière quelconque et les accepte tous comme ils se présentent.

[1] Fichte veut encore parler ici de la croyance à un paradis qui, concurremment avec l'amour de Dieu, déterminerait nos sentiments et nos actions. Tout ceci est un éloquent développement de ces paroles de l'Évangile : on ne peut servir deux maîtres à la fois.

Or que ferait l'homme sensible qui a besoin d'une jouissance objective, si seulement il avait le courage de son opinion, et s'il était conséquent avec lui-même? Je m'imagine qu'appuyé sur lui-même, il tendrait de toutes ses forces à se créer des objets pour sa jouissance, il jouirait de ce qu'il a et saurait se passer de ce dont il est obligé de se passer. Mais que lui arrive-t-il si, par-dessus le marché, il est encore un enfant superstitieux? Alors il se laisse dire que les objets de sa jouissance sont en la réserve de Dieu, qui, un jour, les lui donnera, mais qui exige aussi quelque chose en retour de ce bienfait. Il se laisse raconter qu'un contrat à ce sujet a été conclu avec lui. On lui fait prendre une collection d'écrits comme les pièces à l'appui de ce prétendu contrat.

Or que devient-il s'il adopte cette opinion? La jouissance sensible demeure toujours son véritable but, et l'obéissance à son dieu imaginaire n'est qu'un moyen pour atteindre ce but. Il faut en convenir, et il n'y a pas possibilité d'éviter cet aveu. Il ne sert rien de dire, comme on le fait d'ordinaire, je veux la volonté de Dieu à cause d'elle-même, et le bonheur sensible comme quelque chose d'accessoire. Mais en faisant abstraction de cet épithète d'accessoire, homme sensuel, tu avoues pourtant toujours que tu veux le bonheur matériel, parce qu'il est un bonheur matériel, parce que tu crois que tu t'en trouveras bien, et parce que tu désires avant tout le bien-être. Mais tu ne veux certainement pas la volonté de Dieu à cause d'elle-même ; si tu la voulais, tu ne pourrais pas vouloir le bonheur matériel, puisque cette première volonté annule et anéantit la seconde, et qu'il est impossible que ce qui est anéanti existe encore à côté de ce qui l'anéantit. Si tu veux, comme tu le dis, la volonté de Dieu, tu ne veux cette volonté que parce que tu penses ne pouvoir arriver par une autre voie à l'objet propre de ta volonté, à savoir, au bonheur matériel, et parce que cette volonté de Dieu t'est imposée par ta volonté propre qui est d'arriver à ce bonheur. Tu ne veux donc la volonté de Dieu qu'accessoirement et parce que tu es obligé de la vouloir, mais naturellement tu ne veux que ton bonheur matériel.

Il ne sert encore à rien qu'on éloigne ce bonheur loin de nos yeux, et qu'on le place dans un autre monde par delà le tombeau, pour donner ainsi le change aux esprits. Quoi que vous puissiez dire, ou plutôt ne pas dire sur votre ciel, pour ne pas laisser paraître au grand jour vos vrais sentiments, cette seule circonstance que vous le rendez dépendant du temps, et que vous le placez dans un autre monde, démontre déjà d'une manière irréfutable que c'est un ciel de la jouissance sensible. Vous dites : Le ciel n'est pas ici ; il sera au delà du tombeau. Mais, je vous le demande, qu'y a-t-il donc au delà du tombeau qui puisse être autrement qu'il n'est ici ? Évidemment, il n'y a que les qualités objectives du monde au milieu desquelles notre existence se trouve placée. Donc, d'après votre opinion, les qualités objectives du monde actuel le rendraient incapable d'être ciel, et les qualités objectives du monde futur le rendraient capable d'être ciel, et ainsi, vous êtes obligés d'en convenir, votre bonheur dépend des circonstances au milieu desquelles votre existence est placée, et en conséquence, votre bonheur n'est qu'une jouissance sensible. Mais si vous cherchiez le bonheur là où seulement il se trouve, c'est-à-dire en Dieu et dans la manifestation pure de Dieu, au lieu de ne le chercher que dans une des formes accidentelles de sa manifestation, vous n'auriez pas besoin de faire intervenir une autre vie ; car Dieu est déjà aujourd'hui, comme il sera de toute éternité. Je vous assure, et souvenez-vous de ce que je vous dis maintenant, quand vous entrerez dans une seconde vie à laquelle vous arriverez nécessairement, si vous rendez encore votre bonheur dépendant des choses environnantes, vous vous y trouverez aussi mal que dans cette vie, et vous vous consolerez alors par l'espoir d'une troisième vie, et dans cette troisième vie par l'espoir d'une quatrième, et ainsi de suite à l'infini. Car Dieu ne peut ni ne veut nous rendre heureux par les choses qui nous entourent, parce qu'il veut se donner à nous indépendamment de toute forme. En somme, cette opinion sous la forme de prière s'exprimerait ainsi :

« Seigneur, que ma volonté seule soit faite, qu'elle soit faite dans toute l'éternité, que son accomplissement rendra pour moi bienheureuse, et, en compensation, ta volonté sera faite pendant la courte et pénible durée de cette vie. » Or, dans cette prière, il y a une évidente immoralité, une stupide superstition, il y a impiété, il y a blasphème contre la volonté simple et béatifiante de Dieu. Au contraire, voici la prière qui serait l'expression fidèle du sentiment continuel de l'homme vraiment moral et religieux : « Seigneur, que ta volonté seule se fasse, et par là même la mienne sera faite, car je n'ai pas d'autre volonté que celle de voir la tienne accomplie. » Cette volonté divine doit nécessairement toujours s'accomplir, d'abord dans la vie intime de l'homme dévoué à Dieu, dont nous parlerons dans la prochaine leçon, et ensuite dans tout ce qui lui arrive extérieurement, dont nous avons à parler ici.

Car tout ce qui lui arrive extérieurement n'est que la manifestation au dehors nécessaire et invariable de l'œuvre divine qui s'accomplit au dedans de lui. Il ne peut pas vouloir que quelque chose soit autrement qu'il n'est dans ces phénomènes extérieurs, sans vouloir en même temps que l'intérieur dont ils sont l'exacte expression soit lui-même changé, et sans se séparer de Dieu et opposer sa volonté à la volonté divine. Il ne peut pas s'y réserver un choix, il doit les prendre tels qu'ils arrivent. Car tout ce qui arrive est, par rapport à lui, la volonté de Dieu, et en conséquence ce qui peut arriver de mieux. Toutes choses absolument et immédiatement doivent être pour lui bonnes et salutaires.

Aussi chez ceux dans lesquels la volonté de Dieu ne s'accomplit pas intérieurement, parce qu'ils ne sont qu'extérieur et n'ont point d'intérieur, elle s'accomplit cependant là seulement où elle peut s'accomplir, c'est-à-dire extérieurement. Cette volonté qui, au premier abord, se manifeste comme une disgrâce et un châtiment, n'est au fond cependant que de la grâce et de l'amour. En effet, l'homme purement extérieur se trouvant de plus en plus malheureux, s'épuise en un effort continuel et impuissant à saisir un bien qui plane toujours devant lui, et que jamais il ne peut atteindre; il se rend méprisable et ridicule, jusqu'à ce qu'il soit forcé de chercher le bonheur là où seulement il existe. A ceux qui n'aiment pas Dieu, toutes choses doivent être immédiatement une peine et un tourment, jusqu'à ce que ces mêmes choses, par ce tourment même, lui deviennent médiatement un moyen de s'élever au salut.

NEUVIÈME LEÇON.

Le nouveau monde que la moralité supérieure crée au milieu du monde sensible est la vie immédiate de Dieu même dans le temps. — Nous ne pouvons connaître ce nouveau monde que d'une manière immédiate, dans notre propre vie. — Nous ne pouvons le caractériser en général que par ce seul signe : chaque chose y plaît par elle-même et non pas comme moyen vers un but quelconque. — Exemples qui éclaircissent l'idée de ce nouveau monde. — Exemples tirés de la beauté, de la science, et des manifestations du talent naturel pour la production de la science et de la beauté. — Néanmoins l'homme élevé au point de vue de cette moralité supérieure aspire par son activité à une certaine influence sur le monde extérieur. — Tant que le désir du succès de son activité s'ajoute au plaisir de la pure activité, la moralité supérieure est encore susceptible de douleur. — Dans le point de vue de la religion disparaissent à la fois ce désir du succès et cette possibilité de la douleur. — Principe de l'individualité. — Chacun a sa part propre à la vie divine. — Première loi de la moralité et de la vie heureuse. — Chacun doit saisir cette part qui lui est propre. — Caractéristique générale de la volonté morale et religieuse en tant qu'elle sort de sa vie propre et intime pour se manifester au dehors.

Messieurs,

Voici quel a été le résultat de notre dernière leçon et le point auquel nous nous sommes arrêtés. Tant que l'homme veut exister par lui-même, le véritable être, la véritable vie ne peuvent pas se développer en lui, et en conséquence il ne peut être heureux. Car tout être particulier n'est qu'un non-être et une limitation de l'être véritable. Si cet être particulier est placé au premier point de vue de la sensibilité dans lequel on attend son bonheur des objets, il sera tout entier malheureux, parce qu'aucun objet ne peut satisfaire l'homme; s'il est placé au second point de vue de la conformité à la loi, il ne sera pas absolument malheureux, il est vrai, mais il ne sera pas davantage heureux; il sera apathique, indifférent, froid, et incapable d'aucune jouissance. Au contraire, dès que l'homme parvenu au plus haut degré de la liberté, abandonne et perd sa liberté propre et son indépendance, il entre en participation avec le seul être véritable, avec l'être divin et avec le bonheur qui y est contenu. Pour nous séparer à jamais du point de vue sensible et en finir avec lui, nous avons dit comment l'homme parvenu à la vie véritable considérait la vie extérieure et sensible, et nous avons reconnu qu'il envisage toute son existence personnelle et tous les événements extérieurs qui s'y rattchent comme de purs moyens pour l'accomplissement de l'œuvre de Dieu en lui, et comme étant tous, sans exception, les meilleurs moyens pour atteindre le but. Voilà pourquoi il ne veut pas avoir une voix ni un choix sur la qualité objective des événements, et il prend et accepte toutes choses telles qu'elles arrivent.

Nous avons réservé pour cette leçon la description de la vie propre et intime de cet homme parvenu à la véritable vie, et nous allons la commencer.

Déjà j'ai dit que le troisième point de la vie intellectuelle auquel nous sommes arrivés, le point de vue de la moralité supérieure, se distingue du point de vue de la conformité à la loi, parce qu'il crée un monde entièrement nouveau, un monde suprasensible qu'il fait sortir du monde sensible comme de sa sphère, tandis que la loi du stoïcisme n'est rien que la loi de l'ordre dans le monde sensible. Je vais approfondir cette remarque et la déterminer avec plus de précision.

A ce point de vue, le monde tout entier des sens qui n'est posé que par notre affect et notre amour pour une existence déterminée au milieu d'objets déterminés, n'est qu'un pur moyen. Mais s'il n'est qu'un moyen, évidemment il n'est pas un moyen sans but, car s'il n'y avait rien en dehors de lui, il ne serait pas un moyen, il resterait le but unique et éternel en tant que seule existence absolue, tandis qu'au contraire il n'est qu'un moyen pour arriver à un être vrai et réel. Quel est cet être? Déjà nous le connaissons. C'est l'être intime de Dieu, tel qu'il est par lui-même et en lui-même, absolu immédiat, pur, primitif, c'est l'être qui n'a pas encore été déterminé, et par là même enveloppé, obscurci, limité par une forme quelconque de l'indépendance du moi; c'est l'être qui ne se manifeste encore que sous la forme indestructible de l'infinité. Cet être, comme je l'ai rigoureusement démontré dans la précédente leçon, étant déterminé d'un côté par l'essence divine fondée sur elle-même d'une manière absolue, et de l'autre par la forme de l'infinité qui ne disparaît et ne s'annule jamais dans l'existence réelle, il est évident qu'on ne peut comprendre sa nature par un intermédiaire quelconque et par une construction *à priori*. Sa nature ne peut être saisie, éprouvée et reconnue que dans le fait de la vivante émanation de l'être en l'existence, de telle sorte que la vraie connaissance de ce nouveau monde suprasensible ne peut être donnée à ceux qui n'y vivent pas par une description ou une définition quelconque. L'homme inspiré de Dieu nous révèlera ce monde tel qu'il est, et ce monde est tel qu'il nous le révèle, parce que c'est un homme inspiré qui nous le révèle. Personne ne peut en parler sans une révélation intime.

Mais voici comment ce monde divin peut très-bien se caractériser d'une manière générale par un critérium extérieur et négatif. Tout être a son amour en lui, et il en est de même de l'être divin immédiat qui se manifeste dans la forme de l'infinité. Or, cet être tel qu'il est, n'est pas par un autre et à cause d'un autre, mais il est par lui-même et à cause de lui-même. Se produit-il, est-il aimé? il est aimé nécessairement et purement à cause de lui-même, il plaît par lui-même, et non en vue d'une autre chose qui serait son but, et par rapport à laquelle il ne serait qu'un moyen. Ainsi j'ai trouvé le critérium extérieur qui sépare profondément le monde divin du monde sensible. Ce qui plaît absolument par soi-même, ce qui plaît en un degré infiniment supérieur à tous les autres, est la manifestation de l'essence divine dans la réalité. On peut encore décrire le monde divin comme ce qu'il y a de plus parfait dans un moment déterminé et dans toutes les conditions données du temps. Il ne s'agit pas ici d'une perfection dérivée d'une notion logique qui ne comprendrait que l'ordre et les rapports complets du varié, mais d'une perfection dérivée d'un affect immédiat qui se rapporte à un être déterminé.

Telle est la seule description possible de ce nouveau monde qu'une moralité supérieure crée au sein même du monde sensible. Si vous me demandiez une clarté plus grande sur ce point, il ne faudrait pas la chercher dans une définition plus claire, car on ne peut rien ajouter à celle que je viens de donner, mais seulement dans des exemples. Puisque je me suis élevé à une région inaccessible aux regards du vulgaire, je veux bien encore recourir à ces exemples. Toutefois je vous préviens que les exemples particuliers que je puis vous donner, n'épuisent par eux-même aucunement ce qui ne peut être épuisé, comme nous venons de le faire, que par une description, et ces exemples eux-mêmes ne peuvent être bien compris que par cette description.

L'essence intime et absolue de Dieu se manifeste comme beauté; elle se manifeste comme le règne complet de l'homme sur toute la nature; elle se manifeste comme l'état parfait et le rapport de tous les états; elle se manifeste comme science, en un mot, elle se manifeste dans tout ce que j'appelle les idées au sens rigoureux et propre du mot, sur lequel j'ai donné des explications dans les leçons que j'ai faites l'hiver passé, et dans d'autres que je viens de publier il y a peu de temps [1]. Je prends pour exemple à

---

[1] Les leçons auxquelles Fichte renvoie sont contenues dans les deux ouvrages successivement publiés à Berlin, en 1806, dont le premier a pour titre : Caractères fondamentaux de l'Esprit du siècle (*Grundzüge*

l'appui de ma pensée fondamentale, la forme inférieure de l'idée, la beauté par laquelle j'espère pouvoir me faire plus clairement comprendre. On entend parler de l'embellissement du monde qui nous environne, et des beautés de la nature, comme si, à prendre ces mots dans leur sens rigoureux, le beau pouvait se trouver ou bien être transmis dans les choses terrestres et passagères. Mais la source de la beauté est en Dieu seul, et elle se manifeste dans le cœur de ceux qu'il inspire. Représentez-vous, par exemple, une femme sainte qui est emportée sur les nuages, qui est environnée par les légions célestes ravies d'amour à son aspect, brillante de tout l'éclat du ciel, dont elle est la joie et l'ornement, et qui cependant seule, ne s'apercevant pas de toute sa gloire, se plonge et se perd dans ce seul sentiment : Je suis la fille du Seigneur, que tout me soit fait selon sa volonté. Incarnez un pareil sentiment environné de toute cette grandeur dans un corps humain, et vous aurez assurément la beauté sous une forme déterminée. Or, d'où vient la beauté de cette forme? Vient-elle de ses membres et des diverses parties qui forment son corps? N'est-ce pas plutôt ce sentiment unique

---

des gegenwärtigen Zeitalters, et le second : De l'Essence du Savant (*Über das Wesen des Gelehrten*). Nous les avons déjà cités tous les deux.

qui respire exclusivement au travers de tout son corps? La forme y est jointe purement et simplement, parce qu'en elle et par elle la pensée devient visible. Cette forme est imprimée à la surface par des lignes et des couleurs, parce que sans cette forme elle ne pourrait se révéler aux autres. Peut-être cette même pensée aurait-elle pu être exprimée dans la pierre insensible ou dans toute autre matière; la pierre serait-elle donc devenue belle? La pierre reste éternellement pierre, et en conséquence n'est pas susceptible du prédicat de la beauté. Mais l'âme de l'artiste était belle, lorsqu'il a conçu son œuvre, et l'âme de tout spectateur intelligent devient belle au moment où il la conçoit après l'artiste. Quant à la pierre, elle demeure toujours ce qui limite l'œil extérieur pendant ce développement intérieur de l'esprit.

Cet être idéal et l'affect créateur qui le produit se manifeste comme une apparition naturelle dans le talent, pour l'art, pour le gouvernement, pour la science, etc. Puisque l'affect naturel pour les créations du talent, est l'affect fondamental dans lequel s'absorbe tout entière la vie du talent, il va sans dire, et quiconque a quelque expérience en ce genre a pu suffisamment l'éprouver par lui-même, que le vrai talent n'a pas besoin d'être stimulé et contraint par un impératif catégorique à un effort assidu dans son art ou dans sa science, et que toutes ses forces se dirigent spontanément vers cet objet [1]. Il est également évident que l'homme de talent, par là même qu'il a du talent, réussira toujours dans ce qu'il entreprend, et sera satisfait des produits de son travail, et ainsi toujours au dedans de lui et au dehors de lui, il jouira des choses qui lui plaisent et le charment. Il ne veut que son activité même, et rien en dehors de cette activité. Au contraire, pour aucun prix au monde, il voudrait ne pas faire ce qu'il a résolu de faire, et il ne consentirait à le faire autrement qu'il ne juge convenable et qu'il lui plaît de le faire. En conséquence, il trouve sa jouissance vraie, entière et vitale dans son activité même, en tant qu'activité. S'il s'arrête en passant à quelque chose du monde, ce n'est pas pour s'y absorber, mais pour en revenir renouvelé et fortifié dans son véritable élément. Ainsi déjà le talent purement naturel nous élève non-seulement au-dessus des vils besoins des sens, mais encore bien au-dessus de la froide apathie du stoïcien, et place celui qui

---

[1] Fichte a développé cette idée sur la nature du vrai talent dans son ouvrage sur l'Essence du Savant, et principalement dans la troisième leçon qui a pour titre : *Des premiers développements du savant, du talent et de l'assiduité.*

le possède dans une série non interrompue de moments de bonheur, pour lesquels il n'a besoin que de lui-même, et qui, sans peine et sans effort, s'épanouissent d'eux-mêmes au sein de sa vie. Une seule heure de jouissance dans l'art et dans la science dépasse de bien loin toute une vie de jouissances sensibles; et, en présence du seul tableau de ce bonheur, déjà l'homme sensible sécherait de désir et d'envie.

Jusqu'à présent j'ai toujours placé dans le talent naturel la source et la racine de la jouissance de la vie spirituelle et du mépris des choses sensibles. Par cet exemple particulier d'une moralité supérieure, et du bonheur qui en découle, j'ai voulu seulement vous préparer à saisir quelque chose de plus général. Quoique l'objet de ce talent soit véritablement suprasensible, et la pure expression de la divinité, comme nous l'avons surtout prouvé par l'exemple du beau, cependant le talent exige et doit exiger que cet objet suprasensible ait une certaine enveloppe, et une forme empruntée au monde sensible qui en soit le cadre. Il faut donc reconnaître que le talent a aussi besoin d'une forme déterminée du monde qui l'entoure, ce que j'ai jugé et condamné d'une manière absolue, en traitant de la sensibilité dans la précédente leçon. Or, si la jouissance de soi-même dépendait pour le talent de la réalisation ou de la non-réalisation de cet objet extérieur vers lequel il tend, c'en serait fait de la paix et du bonheur du talent lui-même, et la moralité supérieure serait abandonnée à toutes les misères de la grossière sensibilité. Mais, à considérer le talent en particulier, aussi sûrement qu'il existe, aussi sûrement les moyens et le milieu dont il a besoin pour exprimer et représenter son idée ne lui manqueront pas. Jamais la forme et les accessoires dont il a besoin ne peuvent lui faire défaut. D'ailleurs c'est l'activité avec laquelle il produit cette forme qui est le sujet propre et immédiat de sa jouissance, et la forme n'en est qu'un sujet indirect, en tant que cette activité se manifeste en elle. On peut se convaincre de cette vérité, en remarquant que le vrai talent ne s'arrête jamais longtemps à l'œuvre qui lui a réussi, pour se reposer dans la jouissance voluptueuse de lui-même et de son œuvre; au contraire, il va sans cesse en avant, et s'élance dans de nouveaux développements. Je fais maintenant abstraction de toute espèce particulière de talent; je considère la pure manifestation de l'être divin dans toute vie possible, et j'établis le principe suivant. Aussi longtemps que la jouissance de l'activité elle-même se mêle à la jouissance et au désir du produit extérieur de cette activité, l'homme de la moralité supérieure n'est pas encore lui-même arrivé au dernier degré de la pureté et de la clarté. Alors, dans l'économie divine, l'échec extérieur de son activité est le moyen pour le faire rentrer en lui-même, et pour l'amener au point de vue plus élevé de la vraie religion, c'est-à-dire à la conception claire de ce qui est le véritable objet de son désir et de son amour. Comprenez bien ce que je vais dire dans son ensemble et dans ses rapports.

/ Le moi un et libre, dont j'ai déterminé l'idée dans la précédente leçon, reste comme réflexion éternellement un; mais comme objet, c'est-à-dire comme substance réfléchissante qui n'existe que dans l'apparence, il se divise. A un premier point de vue, il se divise à l'infini, et par une raison trop profonde pour la donner dans ces leçons; il se divise dans un système de moi et d'individus qui doit être entièrement accompli. Cette division est une partie de la division plusieurs fois suffisamment décrite du monde objectif dans la forme de l'infinité. Elle fait donc partie de la forme fondamentale et absolue de l'existence que Dieu lui-même ne peut anéantir. Tel que l'être s'est brisé primitivement en elle, tel il demeure éternellement brisé, et tout individu arrivé par cette réfraction primitive à la réalité, ne peut jamais périr. Je dis ceci en passant, contre ceux de nos contemporains qui, se croyant éclairés par la lumière confuse d'une philosophie incomplète, nient la continuation des existences individuelles dans des sphères plus élevées. Fondée sur la forme primitive de l'existence de l'être, l'existence des individus participe au développement sans terme de toute l'essence divine, qui est divisée en eux et distribuée d'après une règle absolue de division ayant sa raison dans l'essence de Dieu même. En outre, chaque individu, en tant que fragment de l'Un, chaque moi déterminé par sa propre forme, revêt nécessairement cette forme tout entière, c'est-à-dire, comme je l'ai expliqué dans la leçon précédente, est un être libre et indépendant dans la sphère des cinq points de vue que j'ai établis. Ainsi chaque individu, par sa puissance que Dieu lui-même ne peut détruire, est capable de la conception et de la jouissance d'après chacun de ces points de vue, de sa participation avec l'être absolu, participation qui constitue sa réalité. Ainsi, encore chaque individu a d'abord une part déterminée à la vie sensible et à l'amour de la vie sensible, qui lui paraît le but dernier, le but absolu, tant que sa liberté y demeure tout entière concentrée. Mais si, en passant par la sphère de la conformité à la loi, il s'élève à une moralité supérieure, alors cette vie sensible ne lui paraît plus qu'un pur moyen et la participation à une vie plus élevée, à une vie suprasensible et immédiatement divine se découvre à son amour. Chacun sans exception, par le simple fait de son existence réelle, reçoit sa part de l'être suprasensible, car autrement il ne serait pas un produit de cette division nécessaire de l'être absolu sans laquelle il n'y a point de réalité et sans laquelle il n'existerait pas. Mais cet être suprasensible peut demeurer caché à tout individu sans exception qui ne s'élève pas au-dessus de son être sensible et de son indépendance objective. Chacun, dis-je, sans exception reçoit une part de l'être suprasensible qui lui est exclusivement propre et qui n'appartient à aucun autre individu hors de lui. Or, cette part qui se manifeste comme une action continuelle se développe éternellement en lui et ne peut se développer en aucun autre de la même manière; on pourrait appeler ce développement propre, le caractère individuel de la détermination supérieure de l'individu. Je ne veux pas dire que l'être divin en soi se divise ; l'essence une et invariable de Dieu, telle qu'elle est en elle-même, se trouve dans chacun sans exception et peut y paraître pourvu qu'il se rende véritablement libre ; seulement elle y paraît sous une face différente et particulière. Si nous posons, comme nous l'avons fait plus haut, ces deux équations, l'être = A et la forme = B, alors A, pénétrant d'une manière absolue en B, se divise par le fait même de son entrée en B, et non quant à son essence. D'après la forme absolue de la réflexion, il se divise en $b+b+b...$, c'est-à-dire en un système d'individus et chaque b particulier et déterminé a en soi : 1° A entier et indivisible, 2° B entier et indivisible, 3° son b propre qui est égal au reste de toutes les autres formations d'A par $b+b+b....$

Personne ne peut inventer par la réflexion ni déduire d'aucune autre vérité par voie de conclusion, ni se faire communiquer par un autre individu la notion de cette part propre d'être suprasensible. Aucun individu ne peut la voir dans un autre que lui-même, chacun doit donc la trouver immédiatement en lui-même, et chacun l'y trouvera sans peine et sans effort du moment où il aura sacrifié sa volonté propre, ses buts particuliers, et aura tout à fait anéanti son individualité. Il est donc évidemment clair que l'on ne peut parler d'une manière générale de ce que chaque individu voit en lui d'une manière particulière, et en conséquence je suis forcé de m'arrêter ici. A quoi servirait aussi d'aller plus loin, même si cela était possible ? Celui auquel est apparue sa destination supérieure et propre, celui-là sait aussi de quelle manière elle lui apparaît, et par analogie il peut conclure en général ce qui se passe dans les autres lorsque se manifeste également à eux cette destination supérieure. Mais on ne peut en donner aucune connaissance à celui auquel elle ne s'est pas manifestée ; il ne sert de rien de parler de couleurs aux aveugles.

Lorsque cette destination propre à l'individu lui apparaît, elle le remplit d'un amour ineffable, du plus pur de tous les plaisirs, elle le saisit tout entier, et s'approprie tout ce qu'il y a de vie en lui. Ainsi le premier acte de cette moralité supérieure, qui se manifeste infailliblement en nous lorsque nous avons dépouillé notre propre volonté, découvre à l'homme sa propre destination, l'empêche de vouloir être autre chose que ce qui peut être lui et seulement lui, que ce qu'il doit être conformément à sa nature supérieure, c'est-à-dire conformément à ce qu'il y a de divin en lui; en un mot, il ne veut plus autre chose que ce qu'il veut réellement dans le fond de son être. Comment un tel homme pourrait-il donc jamais faire quelque chose avec déplaisir, puisqu'il ne fait jamais autre chose que ce qui lui procure le plus grand plaisir? Ce que j'ai dit plus haut du talent naturel s'applique bien mieux encore à la vertu engendrée par une liberté accomplie, car la vertu est la plus haute expression et le triomphe du génie, c'est-à-dire de cette forme que l'essence divine a revêtue dans notre individualité. Au contraire, tout effort, pour être autre chose que ce qui est conforme à notre destination, quelque grand et élevé que puisse paraître ce quelque chose, est la plus haute immoralité, et toute la contrainte qu'on s'impose, toutes les souffrances qu'on endure pour y parvenir, sont des révoltes, des soulèvements de notre volonté contre la volonté divine, et l'ordre divin qui nous avertit de notre révolte par ces obstacles et ces souffrances. Qui nous impose ce but que notre nature ne nous donne pas, si ce n'est notre propre volonté, notre propre choix, notre propre sagesse qui se glorifie elle-même? Nous sommes donc alors bien loin d'avoir abandonné notre propre volonté. Aussi cette tendance produit-elle nécessairement le plus haut degré de malheur. Dans cet état nous sommes obligés de nous contraindre, de nous pousser, de nous exciter et de nous renier nous-même. Car jamais naturellement nous ne pouvons aimer ce que réellement nous ne pouvons vouloir. Aussi le succès de cette tentative est-il impossible; en effet, nous ne pouvons pas faire ce à quoi notre nature se refuse. Agir ainsi c'est vouloir se sanctifier par les œuvres de son propre choix, ce que le Christianisme aussi condamne. Vous transporteriez les montagnes, vous jetteriez votre corps dans les flammes, que tout cela ne vous servirait de rien, si vous n'y étiez porté par l'amour, c'est-à-dire par l'affection qui accompagne toujours votre être propre, votre être spirituel. Ayez la ferme volonté d'être, non pas dans les choses sensibles, où il n'y a pas de bonheur, mais dans les choses suprasensibles, ce que vous devez être, ce que vous pouvez être, et ce qu'en conséquence vous voulez être, voilà la loi fondamentale de la moralité supérieure et de la vie bienheureuse.

Cette destination supérieure que l'homme embrasse, comme nous avons dit, avec un amour entier et sans partage, se rapporte d'abord, il est vrai, seulement à sa propre activité, mais ensuite, par l'intermédiaire de cette activité, elle agit d'une certaine manière dans le monde sensible. Aussi longtemps que l'homme ignore la racine propre et l'unique point fondamental de son existence, il confond son essence intime propre avec le succès extérieur. Que quelque chose ne lui réussisse pas, et qu'il ne puisse atteindre le but extérieur vers lequel il tend, ce qui ne dépend pas de lui, car il ne veut que ce qu'il peut, mais dépend des choses extérieures qui ne sont pas soumises à son influence; alors son amour dont l'objet n'est pas encore arrêté, n'est pas satisfait, et par là même son bonheur est troublé et dérangé. Ce trouble le fait rentrer en lui-même, et le pousse à nettement distinguer quel est l'objet propre vers lequel il tend, et l'objet vers lequel en réalité il ne tend pas, et qui lui est indifférent. Dans cet examen de lui-même, il trouvera ce que nous avons dit plus haut, peu importe qu'il l'exprime en d'autres termes que nous, il trouvera que cet objet vers lequel il doit tendre est le développement de l'être divin et de la vie divine en lui, individu déterminé. Ainsi se dévoilera à ses yeux la nature propre de son être et de son amour, et il s'élèvera du point de vue de la moralité supérieure, dans lequel nous l'avons jusqu'à présent considéré, au quatrième point de vue qui est celui de la religion. Cette vie divine, telle qu'elle peut et doit se développer en lui, se développe toujours sans empêchement et sans obstacle, c'est elle seule que proprement il veut, sa volonté se fait donc toujours, et il est absolument impossible que quelque chose se fasse contre cette volonté. Or cette vie propre et intime tend toujours à se répandre dans tout ce qui l'entoure, et à le transformer à son image. Dans cette action sur le dehors elle se montre comme la véritable vie, et non comme une dévotion morte. Mais le succès de cette tendance au dehors ne dépend pas seulement de sa vie isolée et individuelle, il dépend aussi de la liberté générale de tous les autres individus à côté et en dehors de lui. Dieu lui-même ne peut pas abolir cette liberté; en conséquence l'homme qui lui est dévoué, l'homme aux yeux duquel la lumière s'est faite, ne peut vouloir la détruire. Il désire donc sans doute le succès extérieur, il travaille sans cesse et avec toute sa force pour l'obtenir, parce que cela est dans sa vie intime, parce qu'il ne peut pas ne pas le faire; mais il ne veut pas ce succès absolument et sans condition, sa paix et son bonheur ne sont pas troublés même un moment si ce succès lui manque, car son amour et son bonheur se rapportent toujours à sa propre vie où ils se trouvent toujours satisfaits. Je dis ceci en général; dans la leçon suivante je donnerai à cette matière l'explication plus étendue dont elle a besoin, aujourd'hui donnons une conclusion qui répande de la clarté sur toute cette question.

Tout ce que cet homme moralement religieux veut et poursuit sans cesse au dehors n'a point pour lui, et n'a point en réalité, de valeur en soi; car ce n'est pas le plus parfait en soi, mais le plus parfait par rapport à un moment donné, qui dans un temps à venir sera remplacé par quelque chose de plus parfait. Ce que veut l'homme religieux n'a de valeur que comme apparition immédiate de Dieu dans l'homme individu déterminé. Or, Dieu est aussi primitivement en chaque autre individu sous une forme propre, quoique dans la plupart, à cause de leur volonté particulière et de leur défaut de liberté supérieure, il demeure caché, et ne se manifeste ni à eux-mêmes ni aux autres dans leur activité. Ainsi l'homme moral et religieux, de son côté, a pris possession de sa part d'être véritable, mais il demeure séparé des portions d'être qui appartiennent à d'autres individus, et il languit dans une continuelle aspiration vers ces autres fractions de l'être qui doivent compléter celle qui est en lui. Mais cette aspiration ne trouble point son bonheur, car elle est inhérente à sa nature finie et à la soumission à l'égard de Dieu qui, embrassée avec amour, fait partie de son bonheur.

Par quoi cet être intime et caché, s'il se manifestait dans les actions des autres individus, aurait-il de la valeur pour l'homme religieux? Évidemment ces actions, de même que l'existence de l'homme religieux, n'ont pas de valeur par elles-mêmes; elles n'en ont que comme manifestation de Dieu dans ces individus. Ensuite, par quoi l'homme religieux voudrait-il que cette apparition de Dieu eût de la valeur pour ces individus? Évidemment par là seulement que ces individus la reconnussent en eux comme une apparition divine. Enfin, pourquoi voudrait-il que sa propre activité et ses efforts eussent de la valeur pour ces individus? Évidemment par là seulement qu'ils prissent cette activité et ces efforts pour l'apparition de Dieu en lui.

Nous avons donc ainsi le caractère général et extérieur de la volonté morale et religieuse, en tant qu'elle sort de sa vie intérieure et cachée pour se manifester à l'extérieur. L'objet seul et éternel de cette volonté est le monde spirituel des individus doués de raison, car le monde sensible est devenu depuis longtemps pour elle une simple sphère d'activité. Or, la volonté positive de l'homme moralement religieux, par rapport à ce monde spirituel, est que dans l'action de chaque individu paraisse absolument la même forme revêtue en lui par l'essence divine, que chaque individu reconnaisse Dieu dans l'action de tous les autres individus tel qu'il se manifeste hors de lui, et que tous les autres le reconnaissant également dans l'action d'un seul individu, tel qu'il se manifeste hors d'eux. L'homme moral et religieux veut donc que toujours et continuellement Dieu ressorte entièrement dans toute apparition, qu'il vive seul, qu'il règne seul, et rien hors de lui, et que, présent en tout temps et en tout lieu, il apparaisse toujours seul à l'œil de la créature finie.

Donc, comme l'a dit le Christianisme, sous forme de prière : Que ton règne arrive, c'est-à-dire vienne l'état du monde dans lequel, seul, tu seras, tu vivras, tu règneras, parce qu'au moyen de la liberté que toi-même ne peux détruire, ta volonté sera faite dans la réalité sur la terre, comme elle se fait éternellement, et comme elle ne peut pas se faire dans le ciel ou dans l'idée, dans le monde tel qu'il est en lui-même, et sans rapport avec la liberté.

Il y a des gens qui gémissent sur toutes les misères accumulées dans le monde, et s'efforcent de les diminuer avec un zèle digne d'éloge. Mais, hélas! la misère qui se découvre à l'œil n'est malheureusement pas la vraie misère, et les choses étant ce qu'elles sont, la misère est peut-être la meilleure des choses qui soient dans le monde, et puisque malgré tant de misère, le monde ne change pas, on serait presque disposé à croire qu'il n'y en a pas encore assez. Mais l'image de Dieu, c'est-à-dire l'humanité souillée, avilie, traînée dans la poussière, voilà la vraie misère dans le monde, voilà ce qui remplit d'indignation l'homme religieux. Peut-être adoucissez-vous, aussi loin que votre main peut s'étendre, les misères humaines par le sacrifice de vos propres et de vos plus chères jouissances. Mais si vous le faites, parce que la nature vous a donné un système nerveux tellement tendre et tellement sympathique avec le reste de l'humanité, que chaque souffrance dont vous êtes le témoin retentit douloureusement dans vos nerfs, alors vous pouvez rendre grâce à cette organisation délicate; mais dans le monde des esprits il ne sera pas tenu compte de votre action. Au contraire, si vous avez accompli cette même action, plein d'une sainte indignation de voir le fils de l'éternité en qui habite quelque chose de divin, tourmenté par ces misères, et abandonné de la société, si vous l'avez accomplie avec le désir de lui procurer une fois au moins une heure dans laquelle, heureux et reconnaissant, il puisse contempler le ciel, si vous l'avez accomplie dans le but de lui montrer en votre main la main secourable de Dieu, de lui apprendre que le bras de Dieu n'est pas raccourci, que Dieu ne manque encore ni d'instruments ni de serviteurs, et qu'il doit se pénétrer de foi, d'amour et d'espérance, si vous avez voulu porter remède à ce qu'il y a d'intérieur en lui, plutôt qu'à son extérieur qui n'a pas de valeur, vous avez accompli la même action dans un esprit moralement religieux.

DIXIÈME LEÇON.

De l'ensemble et du point de vue le plus élevé de ces leçons. — L'être, en se repoussant lui-même de lui-même dans l'indépendance du moi qui est la forme de la réflexion, est lié à cette forme par l'amour seul placé au delà de la sphère de toute réflexion. — Cet amour engendre la pure notion de Dieu, il est la source de toute certitude. — L'amour saisit par l'idée l'absolu dans la vie sans aucune modification. — L'amour étend réellement jusqu'à l'infinité la réflexion dans la forme de laquelle seulement se trouve la possibilité de l'infinité. — L'amour enfin est la source de la science. — Dans la réflexion vivante et réelle cet amour se manifeste immédiatement par l'activité morale. — Caractéristique de l'amour des hommes dans l'homme moral et religieux. — Tableau de son bonheur.

Messieurs,

Avant de terminer ces leçons, résumons encore une fois brièvement l'ensemble de tout ce que je vous ai déjà exposé.

La vie en elle-même est une; elle est invariable, semblable à elle-même; elle est le parfait bonheur, puisqu'elle est la satisfaction de l'amour de la vie qui repose en elle. Cette vraie vie, pour qui sait l'apercevoir, existe partout où il y a une forme, un degré quelconque de la vie. Mais elle peut être voilée par un mélange d'éléments de mort et de néant, et alors elle tend à se développer par la souffrance et par la douleur, par la lutte contre cette vie imparfaite. Nous avons suivi des yeux ce développement de la vraie vie, à partir de la vie imparfaite et apparente dans laquelle elle est cachée d'abord. Aujourd'hui je vais conduire cette vie à son apogée, je vais la montrer en possession de toute sa gloire. J'ai caractérisé dans la dernière leçon, sous le nom de moralité supérieure, le plus haut degré de la vie réelle. La réalité étant enfermée dans la forme de la réflexion, et la forme indestructible et nécessaire de la réflexion étant l'infinité, cette vie est celle qui s'écoule dans le temps infini qui se sert comme de son instrument de l'existence personnelle des hommes, et se manifeste en conséquence comme activité. J'ai dû avouer qu'en raison de la séparation de l'essence divine en plusieurs individus, séparation qui résulte nécessairement de la loi de la réflexion, l'activité de chacun de ces individus particuliers ne peut s'empêcher de tendre en dehors dans le monde de la liberté, vers un résultat qui ne dépend pas d'elle seule. J'ai cependant reconnu que le bonheur de cet individu n'était pas troublé par la nature de ce résultat indépendant de sa volonté, pourvu que cet individu s'élève au point de vue de la vraie religion, c'est-à-dire à l'intelligence de l'objet vers lequel il tend d'une manière absolue, et à la distinction de ce qui est le but d'avec ce qui n'est que le moyen. C'est ce dernier point que j'ai renvoyé à la leçon d'aujourd'hui, et duquel j'ai promis une explication plus profonde.

Je vais préparer cette explication, en reprenant ce qu'il y a de plus profond dans notre sujet.

L'être existe, et l'existence de l'être est nécessairement conscience ou réflexion, d'après des lois déterminées essentielles à la réflexion elle-même, et devant se développer de son sein. Voilà le fondement de notre doctrine, dont j'ai maintenant analysé suffisamment toutes les faces. C'est l'être seul qui est dans l'existence, et par la présence duquel seul il peut y avoir existence, c'est l'être seul qui reste dans l'existence tel qu'il est en lui-même, et sans lequel l'existence s'anéantirait. Personne n'en doute, et quiconque réfléchit ne peut en douter. Mais dans l'existence comme existence, ou dans la réflexion, l'être d'une manière absolue et immédiate change sa forme, qui en elle-même est insaisissable, et ne pourrait tout au plus être décrite que comme vie et action pure, en une essence et en une détermination fixe.

Toutes les fois que j'ai parlé de l'être, j'en ai parlé ainsi, et personne ne peut en parler autrement. Mais quoique notre être ne soit que l'être de l'être, et ne puisse jamais devenir autre chose, cependant ce que nous sommes en nous-mêmes et pour nous-mêmes, dans notre propre forme, dans la forme du moi, dans la réflexion et dans la conscience, n'est jamais l'être en soi ; mais l'être dans notre forme, l'être comme essence. Comment cet être qui n'entre pas pur dans la forme, est-il uni avec la forme? Comment ne la repousse-t-il pas irrévocablement de lui-même? Pourquoi ne constitue-t-il pas un second être, un être nouveau, qui, selon-nous, est impossible?

Au lieu de chercher un pourquoi, posons le fait. La liaison existe d'une manière absolue. Il y a un lien qui est au-dessus de toute réflexion, qui ne découle d'aucune réflexion, qui ne reconnaît le tribunal d'aucune réflexion, qui se manifeste avec la réflexion, et à côté de la réflexion. Accompagné de la réflexion, ou conscience, il est sentiment, et puisque c'est un lien, il est amour, et puisque c'est le lien de l'être pur et de la réflexion, il est l'amour de Dieu. Au sein de cet amour se confondent et se perdent l'un dans l'autre l'être et l'existence, Dieu et l'homme. L'amour est le point d'intersection de A et B.

C'est l'amour de l'être pour lui-même qui conserve et soutient l'être dans l'existence. Cet amour ne doit pas être conçu comme un sentiment, puisque nous ne pouvons pas concevoir ce qu'il est en lui-même. La persistance de l'être dans l'existence est accompagnée de la réflexion, c'est-à-dire le sentiment de cette persistance constitue notre amour pour l'être, ou plutôt est le propre amour de l'être pour lui-même, sous la forme d'un sentiment, parce que ce n'est pas nous qui pouvons l'aimer, mais seulement lui qui peut s'aimer en nous.

Cet amour mutuel qui n'est pas le sien, et qui n'est pas le nôtre, qui nous divise en deux, et nous réunit en un, est le créateur de la notion vide de l'être pur, de la notion de Dieu, dont il a été déjà souvent question. Comment nous élevons-nous au-dessus de toute existence saisissable et déterminée, et au-dessus du monde entier de la réflexion? C'est par notre amour qu'aucune existence déterminée ne peut remplir. La notion ne fait là dedans que ce que seule elle peut faire; elle explique l'amour et lui donne une forme, en dépouillant l'objet de cet amour, qui ne devient un objet que par elle, de tout ce qui ne peut pas le satisfaire, en ne lui laissant rien que la pure négation de toute détermination, en le rendant digne d'un éternel amour. Qui donc nous assure de l'existence de Dieu, si ce n'est encore l'amour appuyé sur lui-même, et élevé au-dessus de tous les doutes inhérents à la réflexion ? Et d'où vient que l'amour repose ainsi sur lui-même, si ce n'est parce qu'il est immédiatement l'essence et la vie de l'absolu ? Ce n'est pas la réflexion se divisant en elle-même en vertu de sa nature propre, et s'opposant à elle-même ; c'est l'amour qui est la source de toute certitude, de toute vérité, de toute réalité.

J'ai dit que cette notion de Dieu, qui devient ainsi une notion vide et sans contenu, explique l'amour. Mais dans la vie réelle, je vous prie de le remarquer, l'amour n'est pas expliqué ; il est, et il possède l'objet bien aimé, non pas par la notion qui ne peut s'élever jusqu'à lui, mais il le possède immédiatement par l'amour, et en conséquence tel qu'il est en lui-même, parce que l'amour n'est pas autre chose que la vie de l'être absolu. Cette matière et ce contenu de l'amour est ce que la réflexion convertit d'abord en une essence fixe et objective. Puis, elle divise et transforme cette essence à l'infini et ainsi elle crée son monde. Je demande maintenant qui fournit la matière primitive de ce monde dont la forme et l'essence sont évidemment le produit de la réflexion ? C'est évidemment l'amour absolu, et vous direz avec moi l'amour absolu de Dieu pour son existence, ou l'amour absolu de l'existence de Dieu pour son être pur. Quelle est l'œuvre que doit achever la réflexion ? C'est établir son objectivité et le transformer à l'infini. Mais même dans cette transformation à l'infini qui donc ne permet jamais à la réflexion de s'arrêter, qui donc la pousse sans cesse d'un degré à un autre, et de ce degré à un autre qui suit ? C'est l'amour indestructible de l'absolu pur et réel qui échappe nécessairement à la réflexion, qui se cache derrière toute réflexion, et qui en conséquence doit être cherché à l'infini par de là toute réflexion. C'est l'amour qui pousse la réflexion à travers toute l'éternité et en fait en quelque sorte une éternité vivante. L'amour est donc plus élevé que toute raison, il est lui-même la source de la raison, la racine de toute réalité, le seul créateur de la vie et du temps. Ainsi, messieurs, je viens de déterminer le point de vue réel le plus élevé de la doctrine de l'être, de la vie et du bonheur, et de la vraie spéculation vers laquelle nous nous sommes élevés par degrés.

Enfin, de même que l'amour est la source de la vérité et de la certitude, de même il est la source de la vérité accomplie dans l'homme réel et dans sa vie. La vérité accomplie est science, l'élément de la science est la réflexion. Or, dès que la réflexion se reconnaît elle-même comme l'amour de l'absolu, et comprend cet absolu, ainsi qu'alors elle doit nécessairement le faire, comme se trouvant au delà de toute réflexion, comme inaccessible à toute réflexion, quels qu'en soient le degré et la forme, alors seulement cette réflexion pénètre dans la vérité pure et objective. Alors seulement elle devient capable de se saisir elle-même en se dégageant de la réalité à laquelle elle était toujours mêlée, d'établir, d'épuiser tous les produits dans la réalité, et de fonder ainsi une doctrine de la science. Donc, la réflexion devenue amour divin, et par là même s'anéantissant au sein de Dieu, constitue le point de vue de la science, point de vue que j'ai trouvé l'occasion de vous indiquer ici en passant.

Rattachons ce que je viens de dire à des choses déjà familières, et donnons-lui une forme plus facile à saisir et à retenir. Déjà deux fois j'ai traduit les paroles de Jean : Au commencement était le verbe, etc., dans notre langue philosophique. D'abord, je les ai ainsi traduites : Au commencement, et d'une manière absolue, coexistait avec l'être, l'existence de l'être. Ensuite, après avoir reconnu les différentes manifestations de l'existence, et les avoir toutes comprises sous le nom général de forme, j'ai dit : Au commencement avec l'être ou avec Dieu coexistait la forme. Maintenant, après avoir reconnu que la conscience avec ses formes variées qui nous avait d'abord apparu comme la vraie existence, n'était qu'une existence de seconde main, une pure apparence de l'existence, tandis que l'existence vraie et absolue dans sa forme propre est l'amour, je traduis ainsi les paroles de Jean : Au commencement, au-dessus de tous les temps et créateur absolu de tous les temps, est l'amour, et l'amour est en Dieu, car il est ce qui maintient Dieu dans la manifestaton de son être, et l'amour est lui-même Dieu. Dieu est en lui, et il y demeurera éternellement tel qu'il est en lui-même. Par l'amour et de l'amour, comme matière primitive, toutes choses sont faites au moyen de la réflexion vivante. Sans l'amour rien n'est fait de ce qui est fait, éternellement en nous et autour de nous l'amour devient chair et habite parmi nous. Il dépend de nous de contempler toujours devant nos yeux sa splendeur comme la splendeur de l'émanation éternelle et nécessaire de Dieu.

La vie est l'amour, et comme amour elle a, elle possède son objet bien aimé qui l'embrasse, qui la pénètre, qui se confond avec elle, elle est éternellement cet unique et même amour. Ce n'est pas l'amour qui se pose extérieurement son objet et le divise, non, c'est la réflexion. En tant que l'homme est amour (or, il est éternellement amour dans la racine de sa vie, et il ne peut pas ne pas l'être alors même qu'il est seulement amour de lui-même), et surtout en tant que l'homme est amour de Dieu, il reste toujours et éternellement un, vrai et impérissable comme Dieu même, et il reste Dieu même. Donc, ce que dit Jean n'est pas une métaphore hardie, mais une vérité littérale : Quiconque demeure dans l'amour, demeure en Dieu et Dieu demeure en lui [1]. C'est seulement la réflexion qui aliène en quelque sorte cet être qui est notre être propre, et nullement un être étranger; c'est la réflexion qui poursuit à travers toute l'infinité des choses, ce qui est dans l'homme, ce qui y demeure partout et toujours éternellement. Ce n'est donc pas l'essence intime de l'homme, son essence propre à lui-même et à nul autre être, qui se change éternellement, mais seulement l'apparence de cette essence, profondément distincte de l'essence

---

[1] Et nos cognovimus et credidimus charitati quam habet Deus in nobis. Deus charitas est et qui manet in charitate, in Deo manet, et Deus in eo. Première épître de saint Jean, chap. IV, v. 16.

elle-même et ne pouvant nous conduire jusqu'à elle. Nous avons dit autrefois : Dieu est caché à l'œil de l'homme, qui divise en des rayons de diverse couleur la pure lumière. Je dis maintenant, Dieu est caché à l'œil de l'homme uniquement parce que l'homme lui-même est caché à ses propres yeux et parce que sa vue ne peut jamais atteindre son être propre. Ce qu'il voit est toujours lui-même, comme je l'ai déjà dit plus haut, mais il ne se voit pas tel qu'il est, car son être est un et identique, et les modes divers de sa vision sont infinis.

L'amour entre nécessairement dans la réflexion, et apparaît immédiatement comme une vie qui fait son instrument d'une existence personnelle et sensible ; il apparaît en conséquence comme l'action de l'individu, comme une action qui lui est propre dans une sphère qui est au-dessus de la sensibilité, et dans un monde entièrement nouveau. Là où est l'amour divin, toujours les choses se passent ainsi, car l'amour n'a pas besoin pour se manifester de l'intervention de quelque autre principe, et où les choses ne se passent pas ainsi, là ne se trouve pas l'amour divin. Il est donc inutile de dire à celui qui n'a pas l'amour : Agis moralement, car le monde moral n'existe que dans l'amour, et sans l'amour il n'y a point de monde moral. De même il est inutile de dire à celui qui aime : Agis ; car son amour vit déjà par lui-même, et son action, son action morale, n'est que la simple manifestation de sa vie. L'action n'est absolument rien en elle-même et par elle-même, et elle n'a aucun principe propre à elle-même, mais elle découle tout naturellement de l'amour, comme la lumière semble découler du soleil, comme le monde découle réellement de l'amour intime de Dieu pour lui-même. Si quelqu'un n'agit pas, il n'aime pas, et quiconque croit aimer sans agir, est la dupe de son imagination excitée par une image de l'amour venue du dehors, à laquelle ne répond en lui aucune réalité. L'évangéliste Jean, après avoir établi en un sens très-juste l'amour du prochain comme la moralité supérieure, ajoute : Celui qui dit : j'aime Dieu, et n'aime pas son frère, est un menteur (ou bien, comme nous le dirions en termes plus convenables à notre époque, sans être moins sévère, est dupe de son imagination), et l'amour de Dieu ne demeure pas en lui [1]. Nous aussi nous disons : L'amour du Dieu ne demeure pas dans cet

---

[1] Si quis dixerit quoniam diligo Deum et fratrem suum oderit, mendax est. Qui enim non diligit fratrem suum quem videt, Deum quem non videt quomodo possit diligere? Saint Jean, première épître, chap. IV, v. 20.

homme, et n'est pas la racine de sa vraie vie, mais il peut tout au plus se le représenter et le figurer.

L'amour, avons-nous dit, est toujours un et concentré en lui-même, et, comme amour, il possède éternellement en lui la réalité tout entière ; la réflexion seule divise et sépare. C'est pourquoi, et nous revenons ainsi au point auquel nous nous sommes arrêtés dans la leçon précédente, le partage de la vie divine en différents individus n'existe pas dans l'amour, mais seulement dans la réflexion. Donc tout individu qui apparaît comme agissant, et tous les autres individus qui apparaissent en dehors de lui, ne sont qu'une apparition de l'amour un et identique, mais non pas l'amour lui-même. L'amour doit se manifester dans l'action propre de l'individu, autrement il n'existerait pas. Mais l'action morale des autres individus ne nous est pas immédiatement accessible comme manifestation de l'amour. L'absence apparente de l'action morale chez les autres ne démontre pas nécessairement l'absence de l'amour. C'est pourquoi, comme je l'ai dit dans la précédente leçon, il ne faut pas vouloir d'une manière absolue la moralité et la religion des autres, mais sous la condition du respect pour leur liberté, et l'absence de la moralité générale ne trouble pas la paix de l'amour qui repose sur lui-même.

La moralité et la religion de tout le reste du royaume des esprits est en un rapport intime avec l'action de chaque individu, comme une chose à produire est en rapport avec la cause qui doit la produire. L'homme moral et religieux veut répandre partout la religion et la morale. Mais la séparation de sa religion d'avec la religion des autres n'a de réalité que dans la réflexion. Donc l'affection qu'excite en son âme le succès ou l'insuccès de ses efforts résulte de la loi de la réflexion. Or, comme nous l'avons vu dans une autre occasion, l'affect propre à la réflexion est l'approbation ou la désapprobation qui, de sa nature, n'est pas indifférente, et a d'autant plus de vivacité que l'homme a plus d'amour. La réflexion qui a pour objet la moralité des autres, emporte avec elle un affect, car cette réflexion, dont l'objet est la moralité, est le plus haut degré de réflexion pour l'homme religieux, et la véritable racine du monde extérieur, objet de son affect, de ce monde qui, pour lui, n'est qu'un monde d'esprits.

Dans ce que nous venons de dire, mieux que dans la leçon précédente, nous trouvons le principe de la définition du sentiment de l'homme religieux à l'égard des autres, ou, en d'autres termes, de l'amour de l'humanité.

D'abord rien n'est plus éloigné de l'amour religieux de l'humanité que cette bonté banale et ce contentement de toutes choses qu'estime le vulgaire. Cette disposition d'esprit, loin d'être l'amour de Dieu, est plutôt, comme je l'ai déjà démontré à satiété, la platitude, l'insignifiance et la mollesse absolue d'un esprit incapable d'aimer comme de haïr. L'homme religieux ne s'inquiète pas du bonheur sensible du genre humain, à moins que, par sa position, il n'ait charge spéciale d'y pourvoir. Il ne veut du bonheur pour le genre humain que dans les voies de l'ordre divin. Pas plus que Dieu, il ne peut désirer, pour le genre humain, le bonheur qui dépend des circonstances extérieures. Car la volonté de Dieu, par rapport à tous les hommes, ses frères, doit toujours être la sienne. Dieu veut qu'il n'y ait pour personne de la paix et du repos en dehors de lui; il veut que quiconque n'est pas encore rentré dans son sein par l'anéantissement de lui-même soit toujours inquiet et tourmenté; l'homme dévoué à Dieu le veut également. Il aimera l'être des autres hommes lorsqu'il le trouvera en Dieu, et il haïra leur être lorsqu'il le trouvera en dehors de Dieu, et c'est précisément en vertu de son amour pour leur être véritable qu'il hait ce qu'il y a de négatif dans leur être. Vous croyez, s'écrie Jésus, que je suis venu porter la paix sur la terre, la paix, ce laisser-passer de tout ce qui est; non, puisque vous êtes ce que vous êtes, je vous porte l'épée [1]. Aussi l'homme religieux est-il bien éloigné de la tendance à cette mollesse de nos jours si recommandée, qui cherche à se faire illusion sur les choses de ce temps, afin de ne pas être troublée dans sa quiétude, qui cherche à se donner le change, et à interpréter tout en beau et en bien. L'homme religieux veut voir les choses telles qu'elles sont dans la réalité, et il les voit telles, en effet, car l'amour rend ses yeux plus pénétrants. Il tranche et juge sévèrement mais justement, et il poursuit jusque dans leurs principes les opinions régnantes.

Voyant ce que les hommes pourraient être, il s'anime d'une sainte indignation contre leur existence méprisable et honteuse. Il voit que tous ils portent quelque chose de divin au fond de leur nature, mais qu'ils ne le manifestent pas; il voit que ce qu'on blâme en eux fait leur propre misère, et que ce qu'on appelle vulgairement leur méchanceté est seulement la manifestation de leur mi-

---

[1] Nolite arbitrari quia pacem venerim mittere in terram, non veni pacem mittere sed gladium. Saint Matth., chap. x, v. 34.

sère; il voit qu'il leur suffit de tendre la main vers le bien qui les entoure pour devenir heureux à l'instant même, et la plus vive et la plus profonde tristesse s'empare de lui. Mais ce qui provoque surtout sa haine, c'est le fanatisme de la méchanceté, qui, non content de sa propre infamie, s'efforce de la répandre autour de lui aussi loin qu'il est possible, et se révolte intérieurement à l'espect de quelque chose de meilheur. En effet, tandis que cette mollesse dont nous avons parlé est le propre d'un pauvre pécheur, ce fanatisme de la méchanceté est le propre du diable, car le diable aussi hait le bien, non pas en tant que bien (s'il haïssait le bien pour lui-même, il serait un être incompréhensible), mais par envie, parce qu'il ne peut se l'approprier. De même que, comme nous venons de le dire, l'homme inspiré de Dieu veut que la lumière de Dieu brille toujours à ses yeux et aux yeux de tous ses frères, de tous les côtés et dans toutes les directions, de même celui qui s'inspire de lui-même veut que l'image de son infamie soit toujours de tous les côtés et dans toutes les directions devant ses yeux et devant les yeux des autres hommes. En sortant de son individualité, il dépasse les limites naturelles et humaines de l'égoïsme, il se pose comme un idéal universel, il se pose comme Dieu; il fait ce que fait le diable.

Enfin l'amour de l'homme religieux pour le genre humain se montre toujours énergique, invariable, identique à lui-même. Jamais, sous aucun prétexte, l'homme religieux ne cesse de travailler à l'ennoblissement de ses frères, et jamais en conséquence, sous aucun prétexte, il n'en désespère. Ses actions sont une manifestation nécessaire de son amour, et nécessairement elles se produisent au dehors, elles posent un dehors, et en même temps la pensée de quelque chose qui doit être réalisé dans ce dehors. Tant que dure son amour, cette activité et cette pensée nécessaire à l'activité doivent se retrouver en lui. Toutes les fois que son activité échoue contre le dehors, il rentre en lui-même et il puise dans la source intarissable de l'amour, un nouvel amour, une nouvelle ardeur et de nouvelles forces. Par cet amour il est poussé à une nouvelle tentative, et si elle échoue, à une autre encore, persuadé que ce qui n'a pas réussi jusqu'à présent peut réussir cette fois, ou la prochaine fois, ou bien une fois quelconque, persuadé que s'il ne lui est pas donné de réussir, du moins, par ses efforts, il aura préparé le triomphe d'un autre plus heureux. Ainsi l'amour est pour lui une source éternelle de foi et d'espérance. Nous ne parlons pas ici de la foi, de l'espérance en Dieu. Dieu toujours présent vit en lui, il n'a donc pas besoin d'acquérir la foi en Dieu, Dieu se donne continuellement à lui tout entier, tel qu'il est, donc il n'a plus rien à espérer en Dieu. Mais nous parlons de la foi et de l'espérance dont l'humanité est l'objet. Par cette foi inébranlable, par cette infatigable espérance, il peut, quand il lui plaît, triompher de cette indignation et de cette douleur, dont le remplit le triste spectacle de la réalité ; il peut, dès qu'il le désire, rappeler en son âme une paix et un repos inaltérables. Qu'il regarde au delà du présent dans l'avenir. Toute l'infinité s'ouvre devant lui, il peut autant qu'il lui plaira y puiser de siècles pour la réalisation de son idée.

A la fin, et quand viendra donc cette fin ? tout doit entrer dans le port assuré de l'éternel repos et de l'éternel bonheur, à la fin le royaume de Dieu doit venir, sa puissance, sa force et sa magnificence doivent se manifester !

Nous avons ainsi réuni en un point les différents traits du tableau de la vie bienheureuse, autant qu'un tel tableau est possible. Le bonheur consiste dans l'amour et dans la satisfaction éternelle de l'amour, il est inaccessible à la réflexion ; une notion ne peut que négativement exprimer ce bonheur, et il en est de même de notre description qui s'appuie sur des notions. Nous pouvons seulement démontrer que l'homme heureux est exempt de tout besoin, de toute peine, de toute souffrance. Nous ne pouvons pas décrire, nous pouvons seulement sentir en quoi consiste positivement son bonheur [1].

Le doute qui nous ballotte en tous les sens, l'incertitude qui répand devant nous une nuit impénétrable dans laquelle nous ne savons où poser le pied nous rendent malheureux. L'homme

[1] Dans la dernière partie de l'ouvrage sur l'Esprit du siècle, Fichte fait aussi le portrait suivant de l'homme religieux : « La religion élève ses initiés au-dessus du temps, au-dessus de toute fragilité, et les met immédiatement en possession d'une éternité. Le regard de l'homme religieux repose sur la vie divine, son amour s'y enracine. Il sait que ce qui lui apparaît en dehors de cette vie divine n'est pas en dehors d'elle, mais seulement une forme temporelle de son développement en vertu d'une loi qui est aussi en lui-même. Il contemple tout dans son ensemble, et dans chaque individu il voit aussi l'ensemble du tout infini. Son coup d'œil est toujours celui de l'éternité, ce qu'il voit, il le voit comme éternel et dans l'éternité. Rien ne peut véritablement être qui en conséquence ne soit pas éternel. La crainte de la destruction par la mort et le besoin de rechercher une preuve artificielle de l'immortalité de l'âme sont au-dessous de lui. A chaque moment il a et possède en lui-même immédiatement la vie éternelle dans toute sa béatitude. Pour en avoir l'idée, il n'a pas besoin d'exalter et de subtiliser ce qu'il sent déjà au dedans de lui-même. Ce qui prouve combien jusqu'à présent la vraie religion a été rare parmi les hommes et combien elle a été méconnue par les systèmes dominants, c'est qu'ils placent le bonheur éternel par de là le tombeau, et ne s'aperçoivent pas qu'il suffit de le vouloir pour le posséder dès cette vie. »

religieux est exempt à toujours du doute et de l'incertitude. A chaque instant il sait d'une manière déterminée ce qu'il veut et ce qu'il doit vouloir, car l'essence même de sa vie, à savoir la volonté, découle manifestement et d'une manière non interrompue de la divinité. Ce qu'elle prescrit est infaillible, et il reconnaît d'une manière infaillible ce qu'elle prescrit. A chaque instant, il sait avec certitude que dans toute l'éternité il saura ce qu'il doit vouloir et faire, car il sait que la source de l'amour divin qui jaillit en lui ne tarira pas et que cet amour doit éternellement le guider et le conduire. L'amour est le principe de son existence; dès qu'il lui est apparu son œil a été constamment fixé sur sa lumière. Comment cette lumière pourrait-elle s'obscurcir? Comment son œil pourrait-il se diriger ailleurs? Rien de ce qui se passe autour de lui ne l'étonne; qu'il le comprenne ou qu'il ne le comprenne pas, il sait d'une manière certaine que tout est dans le monde de Dieu, et que tout ce qui est dans ce monde de Dieu a pour but le bien.

Il n'a aucun souci de l'avenir, car un bonheur absolu l'y conduit éternellement. Il n'a aucun regret du passé, car tant qu'il n'était pas en Dieu, il n'était rien; mais aujourd'hui il est en

Dieu, et depuis qu'il est entré dans le sein de Dieu, il est né à la vie, et tout ce qu'il fait étant en Dieu est bon et juste. Il n'a rien à se refuser, il n'a rien à désirer, car il possède toujours et éternellement la plénitude de tout ce qu'il peut embrasser. Pour lui plus de travail, plus d'efforts, toute son existence apparente découle naturellement de son essence intérieure, et s'en détache sans peine. Pour emprunter les expressions d'un de nos grands poëtes [1] : « Toujours

---

[1] Ces vers sont tirés d'une ode de Schiller, intitulée l'*Idéal et la Vie*. Voici la fin de la première strophe citée par Fichte et quelques autres passages de la même ode :

« Entre le bonheur des sens et entre la paix de l'âme, il n'y a pour l'homme qu'une inquiète alternative ; sur le front seul du fils d'Uranus leurs rayons sont réunis.

» Si vous voulez déjà ressembler sur la terre à des dieux, si vous voulez être libre dans les empires de la mort, ne cueillez pas de fruit dans son jardin. Le regard peut se réjouir des choses apparentes, mais le désir qui fuit fait promptement justice de cette joie terrestre et changeante.

» Le corps seul appartient à ces puissances qui nous tressent le sombre destin ; mais indépendante de toutes les puissances du temps, la forme sœur des natures heureuses, divine parmi les dieux, se promène dans les champs de la lumière. Si vous voulez vous élever avec ses ailes, et repousser loin de vous tout souci terrestre, quittez cette vie étroite et étouffée pour l'empire de l'idéal.

» Jeune, affranchie de toutes les empreintes de la terre, plane ici dans tout l'éclat de sa perfection l'image divine de l'humanité, semblable aux fantômes brillants qui errent dans les Champs-Élysées, semblable à ce qu'était la forme immortelle avant de descendre du ciel vers le triste sarcophage de la terre. Tandis que dans la vie les chances du combat sont encore incertaines, ici la victoire est assurée. »

limpide, toujours pure, toujours calme, s'écoule semblable au zéphyr la vie des bienheureux dans l'olympe. Les années changent, les générations passent, et les fleurs de la jeunesse des Dieux fleurissent sans jamais se flétrir au milieu de la ruine éternelle. »

Voilà, Messieurs, ce que je voulais vous enseigner dans ces leçons sur la véritable vie et sur le bonheur qui lui est propre. Il est vrai qu'il y a encore beaucoup de choses à dire sur ce sujet, et qu'il serait surtout très-intéressant de suivre l'homme moral et religieux jusque dans les circonstances et dans les choses les moins importantes de la vie ordinaire, et de l'y considérer dans tout ce qu'il a de serein, d'aimable et de vraiment touchant, après l'avoir considéré dans le principe et le centre de sa vie. Mais pour celui qui n'aurait pas bien saisi ce principe fondamental, une pareille description serait ou une pure déclamation, ou bien une agréable fantaisie ne reposant sur aucun fondement. Voilà pourquoi je m'abstiens d'entrer dans ces détails. Peut-être en ai-je déjà trop dit sur les principes. Pour entendre la conclusion de toute cette théorie, je vous invite à une dernière leçon.

ONZIÈME LEÇON.

Considérations pratiques. — Des obstacles qui empêchent une communication intime entre le professeur et l'auditoire. — Du manque de confiance et d'abandon. — Du soi-disant scepticisme. — Des circonstances extérieures actuelles. — De la supposition absolue et réciproque dominante dans la foule, que tous les hommes ne valent pas mieux les uns que les autres. — De l'humanité moderne. — Comment l'homme droit triomphe de ces obstacles.

Messieurs,

Le sujet de cette recherche, tel que nous l'avons limité, ayant été épuisé dans sa dernière leçon, je n'ai plus qu'à ajouter quelques considérations générales sur l'application de ces principes. Dans cette dernière leçon j'aurai toujours présent devant les yeux ce libre rapport de bienveillance, que le cours qui finit aujourd'hui a établi entre nous.

Mon désir était de me communiquer à vous aussi intimement que possible, de vous pénétrer et d'être pénétré par vous, au sens où je l'ai expliqué. Je crois avoir, en effet, réussi à exprimer avec plus de clarté qu'on ne l'a fait jusqu'à présent les notions dont nous avons traité ici. Je crois aussi avoir présenté ces notions dans leur liaison naturelle. Mais malgré la clarté avec laquelle le professeur a exposé ces notions, et malgré une conception vive et complète de ces mêmes notions de la part de l'auditeur, il peut toujours exister un abîme entre celui qui enseigne et celui qui écoute, et la communication intime qui doit se faire de l'un à l'autre peut présenter encore de grandes lacunes. Or dans notre siècle, une communication incomplète est la règle, et une communication intime et complète est l'exception.

L'incomplète communication d'une doctrine enseignée a de notre temps deux raisons principales.

D'abord l'auditeur ne se livre pas avec tout son cœur à la doctrine enseignée; mais seulement avec son intelligence ou avec son imagination. S'il ne s'y livre qu'avec son intelligence, il n'apporte qu'un désir de savoir ou de la curiosité; il veut savoir ce qu'est cette doctrine, et d'ailleurs il est indifférent à son contenu, aux principes qui s'y trouvent ou ne s'y trouvent pas. S'il ne s'y livre qu'avec son imagination, il est absorbé tout entier par l'extérieur, par la suite des métaphores, par les mots harmonieux, par les phrases artistement construites qui s'adressent à l'imagination; et d'ailleurs il est tout aussi indifférent pour le contenu. On considère cette doctrine, en dehors de soi-même, séparée de soi-même, au lieu de l'essayer sur son amour, et de voir si elle lui est ou si elle ne lui est pas conforme. On suppose chez le professeur la même disposition d'esprit, on croit qu'il n'a pas d'autre but que de passer le temps dans des spéculations qui ne sont pas désagréables, de faire admirer sa pénétration, son art dialectique, ses belles phrases, etc. En nous demandant à nous-mêmes s'il est vivement et ardemment pénétré de ce qu'il enseigne, et en supposant qu'il désire faire tous ses efforts pour nous en pénétrer comme lui, nous craindrions d'aller au delà de ce qu'il nous est permis de rechercher, de lui faire injure, et de le transformer en un fanatique. Or, si on ne fait pas cette supposition quand on pourrait, quand on devrait la faire, on ne porte aucun préjudice au professeur, parce qu'il est placé au-dessus de ce jugement étranger qui n'atteint en rien ses vrais sentiments, mais on porte préjudice à l'élève. En effet, l'enseignement lui arrive tel qu'il le prend, et cet enseignement n'a pour lui aucune vie, s'il ne lui donne pas lui-même la vie. Cette froide et indifférente contemplation par l'entendement pur est le caractère du point de vue scientifique. Tout vrai développement scientifique commence par cette indifférence pour le contenu ; il ne prend garde qu'à la justesse de la forme, et demeure dans cette indifférence jusqu'à ce qu'il ait atteint son terme. Mais dès qu'il a atteint ce terme, il revient à la vie, à laquelle finalement tout se rapporte. Dans les leçons actuelles, notre but n'était pas principalement scientifique, quoique j'aie dû avoir égard aux besoins scientifiques de mes auditeurs qui me sont connus; il était avant tout pratique. Aujourd'hui, arrivé au terme de ces leçons, je n'ai rien à dire, je l'avoue, pour me défendre, si quelqu'un suppose que j'ai pris entièrement au sérieux tout ce que j'ai enseigné dans ces leçons, que les principes établis découlent de notre vie et réagissent sur elle, et que j'ai désiré du fond de mon cœur que ces principes pénètrent dans l'amour et dans la vie de ceux qui m'écoutent. Oui, messieurs, je ne croirai avoir atteint mon but, je ne croirai avoir été suffisamment persuasif qu'autant que cette pénétration a eu lieu.

Un second obstacle à la communication intime d'une doctrine dans notre époque, est cette maxime régnante, qu'il ne faut prendre aucun parti, qu'il ne faut se décider ni pour ni contre. On appelle la pratique de cette maxime le scepticisme, on la revêt encore de quelques autres titres pompeux. Nous en avons parlé dans le cours de ces leçons. Le principe d'une telle conduite est le manque de l'amour, même de l'amour le plus vulgaire, de l'amour de soi-même. C'est le degré le plus profond de cette dissolution de l'esprit que déjà nous avons décrite, ou bien c'est l'opinion vraiment brutale que la vérité n'est pas un bien, et qu'il n'importe pas de la connaître. Pour s'élever au-dessus de ce scepticisme, qui, loin d'attester la pénétration de l'esprit, n'atteste que le dernier degré de la stupidité, il faut au moins s'accorder avec soi-même sur ces points, y a-t-il partout de la vérité, est-elle accessible pour l'homme, est-elle un bien? Si quelqu'un n'avait pas encore une idée claire là-dessus, si même il demandait encore du temps pour réfléchir avant d'adopter ou de rejeter les résultats de ce cours, et, tout en approuvant l'habileté du professeur, avouait ne pas avoir encore d'opinion sur leur vérité ou sur leur fausseté, alors je dois convenir que la communication et l'action mutuelle entre lui et moi a été aussi faible que possible. Il n'aurait fait qu'augmenter la provision de ses opinions probables, tandis que je voulais lui donner quelque chose de plus solide et de meilleur. Je suis assuré qu'il y a un soleil au ciel, que j'ai un corps; mais je suis infiniment plus assuré qu'il y a une vérité, qu'elle est accessible à l'homme, qu'elle peut être clairement conçue par lui. Je dois encore être persuadé que pour ma part j'ai saisi cette vérité d'un certain point de vue qui m'est propre, et dans un certain degré de clarté, sinon je me tairais, j'éviterais d'enseigner ou d'écrire. Enfin, je dois être aussi persuadé que tout ce que j'ai enseigné ici est la vérité éternelle, invariable, et que tout ce qui lui est opposé est par-là même la fausseté et l'erreur, sinon j'aurais enseigné le contraire de ce que j'ai enseigné. Depuis longtemps, dans le monde des lecteurs et des écrivains, soit en vers, soit en prose, on a voulu me faire un crime de cette opinion bizarre qu'il n'y a qu'une seule vérité. J'ai reconnu et avoué ce crime à diverses fois dans plusieurs de mes publications. Mais on a l'air de croire que les pages d'un livre ne rougissent pas; on a l'air d'espérer qu'en répétant continuellement contre moi cette accusation on arrivera à me faire rougir. C'est pourquoi j'ai voulu une fois en présence d'une assemblée nombreuse et respectable, et la regardant en face, avouer de ma propre bouche la vérité de cette accusation. Aussi jusqu'à présent dans tout mon enseignement, et dans les leçons que je viens de faire, mon dessein et mon but a toujours sérieusement été de rendre clair et compréhensible aux autres, par tous les moyens qui sont en mon pouvoir, ce que j'ai reconnu être vrai, et de les contraindre à le comprendre autant qu'il dépendait de moi. J'ai toujours été également assuré que la conviction de la vérité que j'enseignais sortirait d'elle-même de mon exposition. Aussi aujourd'hui et de tout temps, mon but a-t-il été de propager mes convictions, de faire des prosélytes, peu importe le nom que voudront leur donner ceux qui haïssent ce dessein que j'avoue hautement. Souvent, et de toutes les manières, on m'a recommandé d'être plus modeste; on m'a conseillé de dire toujours : C'est là mon opinion; voilà le point de vue sous lequel je considère la chose; je ne crois pas d'ailleurs que cette opinion soit meilleure que celles qui se sont produites depuis le commencement du monde, et doivent se produire encore jusqu'à sa fin. Par les raisons que j'ai déjà données, je ne peux pas me faire à une pareille modestie. Cette prétendue modestie me semble la plus grande des impudences; c'est une abominable arrogance que de s'imaginer que quelqu'un tienne à savoir ce que personnellement nous pensons sur telle ou telle chose, et d'ouvrir la bouche pour enseigner quand on ne possède pas la science, mais seulement des opinions et des conjectures. Il est vrai qu'après coup il faut bien que je me soumette à n'avoir pas été compris, et par conséquent à n'avoir pas produit la conviction, car la logique ne donne aucun moyen de contrainte extérieure pour opérer la conviction qui ne peut se développer que dans l'intimité de la vie et de l'amour; mais me résigner à l'avance, et, déjà pendant le cours de mon exposition, compter que je ne serai pas compris, voilà ce qui m'est impossible, voilà ce que je n'avais jamais fait, et ce que je n'ai pas fait dans ces leçons.

Ces obstacles que je viens d'énumérer à la communication intime et féconde d'une doctrine sérieuse sont fortifiés et renouvelés à chaque instant, même chez ceux qui ont le désir et la force de s'en affranchir, par les influences journalières qui agissent sur chacun dans notre siècle. Quand je me serai expliqué plus clairement vous reconnaîtrez que jusqu'à présent je n'ai mentionné ces influences ni directement, ni indirectement; mais maintenant après de mûres réflexions, je me suis décidé, à la fin de ce cours, à constater l'existence de ces influences, à remonter à leur principe, et par un examen approfondi je veux vous mettre en garde contre elles à l'avenir, autant qu'il est en moi, autant qu'il est au pouvoir d'une force étrangère. Je n'en serai pas empêché par cette haine à peu près générale et qui m'est bien connue contre ce qu'on appelle polémique, car cette haine même est une de ces influences auxquelles en ce moment je déclare la guerre, elle est même une des plus dangereuses. Lorsque cette haine n'a pas ce dernier degré d'infamie dont nous parlerons plus tard, elle est cette aversion maladive de toutes les distinctions bien tranchées et de toutes les analyses qui font nécessairement partie de toute controverse ; elle est l'amour invincible déjà suffisamment décrit de la confusion et de l'amalgame de toutes les antithèses.

Aussi, c'est vainement que retentit à mes oreilles cet avertissement si souvent répété de m'élever au-dessus de toutes ces choses et de les mépriser. On ne peut croire qu'il y ait aujourd'hui un seul homme d'une intelligence nette et d'un caractère ferme, qui ne couvre de son mépris celui qui supposerait qu'il peut être blessé dans sa personne par les jugements qui dérivent de ces influences. Ces donneurs d'avertissements ne savent peut-être pas combien de mépris ils méritent et reçoivent pour supposer que ce sont eux qui les premiers nous enseignent ce mépris.

Je ne serai pas non plus arrêté par cette opinion commune, qu'on ne fait de la controverse et de la polémique que pour satisfaire une passion personnelle et rendre le mal à qui nous fait mal. En vertu de cette opinion, les hommes faibles qui n'ont pas de vérité dans l'esprit et ne peuvent en apprécier la valeur, croient avoir un motif honorable de haïr et de mépriser la polémique que déjà ils haïssent parce qu'elle trouble leur mollesse. Celui qui croit qu'on ne peut combattre une doctrine que par un intérêt personnel, témoigne seulement par là que personnellement aucun autre motif ne peut le conduire, et que si jamais il faisait de la polémique, il aurait la haine et l'envie pour unique mobile. Contre les gens de cette espèce nous acceptons volontiers le conseil du mépris, car par le mépris seul, tout homme honnête combattra l'injure que nous font des gens de la sorte, en nous supposant sans aucune espèce de preuve, semblables à eux.

On ne me retiendra pas non plus en me disant : il n'y a que bien peu d'hommes qui parlent et pensent ainsi. En effet, c'est une opinion tout à fait fausse dans laquelle se complait la timidité blâmable de quelques gens de bien. Il y a au moins quatre-vingt-dix-neuf centièmes qui pensent ainsi parmi les classes instruites de l'Allemagne, et dans les sociétés les plus élevées qui donnent le ton, c'est encore pire. Donc ce rapport au lieu de diminuer ne peut qu'augmenter. S'il y a peu d'organes dans ce parti, s'il y a peu d'hommes qui publient cette opinion dans des ouvrages, c'est que toujours dans chaque parti il y a peu d'organes et peu d'écrivains. Mais ceux qui ne font pas imprimer lisent et se délectent dans l'intimité de leur cœur devant l'expression exacte de leurs vrais sentiments.

Les choses sont telles que nous venons de le dire, et nous n'avons pas porté une injuste accusation contre le public. Il est vrai qu'il veille avec soin sur l'expression de ses vrais sentiments tant qu'il conserve son sang-froid ; mais il se trahit lorsque la passion s'empare de lui, ce qui ne manque jamais d'avoir lieu toutes les fois que l'on attaque un de ses organes, un de ceux qui portent la parole pour lui. Alors il se lève tout entier, alors tous se réunissent contre l'ennemi commun comme s'ils étaient attaqués dans leur plus chère propriété.

Quoiqu'il nous soit bien facile de triompher de toutes les personnes prises isolément qui avaient cette opinion, cependant il ne faut pas se contenter à son égard du simple mépris, car elle est et sera encore longtemps l'opinion de la majorité et de la presque unanimité. Le soin avec lequel on évite d'avoir affaire à ces préjugés, sous prétexte qu'ils sont trop au-dessous de nous, ressemble un peu à de la lâcheté. On a l'air de craindre de se souiller en pénétrant dans ces repaires. Mais la puissante lumière du soleil ne pénètre-t-elle pas dans le fond des antres obscurs sans s'altérer par le contact des ténèbres? Si elle ne peut ouvrir les yeux des aveugles qui habitent ces antres, au moins peut-elle montrer à ceux qui voient quel en est l'aspect.

Dans un autre cours j'ai démontré et dans celui-ci j'ai rappelé que, de nos jours, l'opinion dominante avait renversé les vraies notions d'honneur et de déshonneur, et qu'elle compte pour de l'honneur ce qui est infamie, et pour de l'infamie ce qui est de l'honneur. Ainsi, comme cela doit être évident à quiconque nous a entendus avec attention, le scepticisme dont nous avons parlé, que notre siècle s'attribue comme un honneur sous la dénomination de pénétration d'esprit, n'est que de la stupidité, de la légèreté et de la faiblesse. Mais la perversité du siècle se manifeste surtout en ce qui concerne la religion. J'aurais perdu toutes mes paroles si je ne vous avais persuadé que l'irréligion s'arrête à la surface des choses et à la pure apparence, suppose un manque de force et d'énergie, et accuse la faiblesse de l'esprit et du caractère. Au contraire, la religion qui s'élève au-dessus de l'apparence et pénètre dans l'essence des choses atteste le plus heureux usage des forces de l'esprit, le plus haut degré de profondeur et de pénétration, et en même temps la plus grande force de caractère qui en est inséparable. Ainsi d'après tous les vrais principes de l'honneur, l'homme irreligieux devrait être méprisé et l'homme religieux estimé et honoré. Or le siècle fait le contraire. Rien auprès du grand nombre ne déshonore plus aujourd'hui que d'être surpris en une idée ou en un sentiment religieux. Rien, en conséquence, n'honore plus que d'être entièrement dépourvu de pareilles idées et de pareils sentiments. Ce qui pourrait excuser le siècle, c'est qu'il ne comprend la religion que comme la superstition, et qu'il se croit en droit de mépriser cette superstition comme étant bien au-dessous de lui, et, en conséquence, toute religion, puisque religion et superstition sont pour lui synonymes. Or, en ce point, l'inintelligence du siècle et l'ignorance qui en est la suite, lui jouent deux mauvais tours à la fois. Car d'abord il est entièrement faux que le siècle soit au-dessus de la superstition. Comme chacun peut le voir de ses yeux, il en est encore tout entier enveloppé; il est effrayé, il tremble toutes les fois qu'on ébranle fortement une de ses racines. Ensuite la superstition est elle-même l'antithèse absolue de la religion, elle n'est que l'irréligion sous une certaine forme. C'est une sombre et mélancolique irréligion, et, pour s'en délivrer, le siècle voudrait à sa place, si cela était possible, une irréligion frivole et légère. On comprend très-bien que l'on s'accommode mieux de cette seconde forme que de la première, et l'on peut bien tolérer ce léger adoucissement dans l'état de l'homme superstitieux, mais jamais un homme raisonnable ne comprendra comment ce changement, purement extérieur, peut rendre vraie et estimable l'irréligion qui demeure toujours la même dans son essence.

Ainsi la majorité du siècle méprise d'une manière absolue la religion. Comment manifeste-t-elle ce mépris par ses actions? Attaque-t-elle la religion par des raisonnements sérieux? Comment le pourrait-elle, puisqu'elle ne sait absolument rien de la religion? l'attaque-t-elle par la raillerie? Mais comment ces hommes le pourraient-ils, puisque la raillerie suppose une notion quelconque de ce qu'on tourne en raillerie, et ils n'en ont point? Non, mais ils répètent seulement mot pour mot telle ou telle chose qui a été dite en tel ou tel endroit, et qui semble avoir rapport à la religion, sans rien y ajouter qui vienne d'eux, et ils se mettent à rire, et chaque homme bien élevé rit avec eux pour leur tenir compagnie. On ne rit pas parce que celui qui a commencé ou celui qui est venu après lui a eu dans son esprit un véritable sujet de rire, car on ne peut avoir sujet de rire de ce dont on n'a pas d'idée, mais on rit en vertu d'une convention générale. Bientôt tout le monde se prend à rire, sans que personne sache pourquoi, mais chacun suppose que son voisin doit savoir pourquoi.

Quant à étendre cette illustration du temps présent à ce que nous faisons ici actuellement, et à vous raconter ce qui m'a décidé à faire dans cette ville des leçons philosophiques populaires pour un public mêlé, cela m'entraînerait trop loin. Mais la nature de ces leçons étant ainsi déterminée, quiconque a quelque connaissance de cette matière comprendra que le but scientifique une fois écarté, il ne reste rien dans la philosophie de généralement intéressant et intelligible pour un public mêlé que la religion. Déjà j'avais expressément annoncé que mon but était de ranimer les sentiments religieux dans la conclusion des leçons de l'année dernière, qui ont été publiées et qui avaient le même objet. J'avais ajouté que ce cours n'était qu'une préparation au sujet actuel, que nous y avions seulement traité de ce qu'il y a de principal dans la sphère de la religion de l'entendement, mais que nous n'avions pas même touché à la sphère de la religion de la raison. On devait attendre de moi que si jamais je reprenais ces entretiens, je les reprendrais là où je les avais laissés. Je devais encore chercher à désigner d'une manière populaire le sujet de ces leçons populaires, et j'ai pensé que la dénomination de Méthode pour arriver à la vie bienheureuse, les caractériserait parfaitement. Je crois jusqu'à présent ne pas m'être trompé, et vous-mêmes, Messieurs, après avoir suivi ces leçons jusqu'à la fin, vous pouvez décider si ce que vous avez entendu est l'exposition d'une méthode pour arriver à la vie bienheureuse, ou si vous avez entendu autre chose qu'une méthode pour arriver à la vie bienheureuse. Voilà pourquoi j'ai annoncé ces leçons sous ce titre dans les feuilles publiques, et je persiste à croire que cette annonce est tout à fait convenable et naturelle.

Quand il serait arrivé que cette majorité dont je viens de vous faire le portrait eût jugé mon annonce et mon entreprise comme tout ce qu'il y a de plus comique au monde, et qu'elle y eût trouvé le sujet d'un rire extinguible, je n'en aurais pas été surpris et je l'aurais trouvé tout naturel. Je trouverais encore tout naturel que les rédacteurs des feuilles publiques eussent envoyé ici des sténographes pour recueillir et faire passer dans leurs feuilles, afin d'égayer leurs lecteurs, un peu de ce ridicule qui coule ici à pleins bords : Méthode pour arriver à la vie bienheureuse ! Nous ne savons pas ce que cet homme peut entendre par vie et par vie bienheureuse ; mais c'est une association bizarre de mots qui, jusqu'à présent, n'avait pas encore frappé notre oreille ; il est facile de prévoir que dans un tel sujet il ne peut y avoir que des choses dont un homme bien élevé n'oserait pas parler dans une bonne société. Dans tous les cas, ce brave homme n'aurait-il pas dû prévoir qu'il nous prêterait à rire ? Or, comme s'il était un homme raisonnable, il aurait dû éviter cela à tout prix, il a fait preuve d'une grande maladresse. Rions donc par avance, comme c'est notre usage, et peut-être en attendant viendra-t-il à quelqu'un de nous une idée nouvelle qui justifie ce rire.

Il ne serait pas impossible qu'une telle idée arrivât en effet. On pourrait dire, par exemple : Combien il doit être heureux cet homme qui veut enseigner aux autres la méthode pour arriver au bonheur ! Au premier coup d'œil, cette manière de représenter la chose paraît un peu plus spirituelle. Mais ayons la patience d'y jeter un second coup d'œil. Admettons que par une intelligence claire et nette de ses principes, celui dont on se moque ait une vie calme et heureuse, comment pourrait-il être atteint par cette raillerie? « Mais dire pareille chose de soi-même, c'est faire de soi-même un éloge impudent! » Sans nul doute il n'a pas commencé par annoncer cela directement de lui-même, car un homme sérieux qui parle en public trouve à parler de bien d'autres choses que de sa propre personne. Mais si on annonce qu'on possède une pensée qui répand le calme et le repos sur la vie, et qu'on veut la communiquer à d'autres, cela suppose évidemment qu'on est pénétré soi-même de cette pensée, et que par cette pensée, dont le propre est de donner le bonheur, on est soi-même heureux. On ne peut raisonnablement avancer la première chose sans avouer tacitement la seconde; il faut bien accepter cette conséquence. Serait-ce donc une si grande impudence et un ridicule ineffaçable de donner à entendre par une corrélation nécessaire qu'on ne se croit pas un homme impuissant, méchant et misérable?

Certainement, messieurs, c'est là la seule impudence et le seul ridicule que la majorité dont nous parlons puisse saisir en nous, et par ce que nous avons déjà dit nous dévoilons au grand jour l'esprit qui l'anime. D'après le principe réel de tous les jugements de cette majorité, quoique peut-être elle l'ignore, toute relation entre les hommes doit se fonder sur la supposition tacite que tous de la même manière nous sommes de pauvre pécheurs. Selon eux, celui qui croit que les autres sont meilleurs que lui, est un fou ; celui qui se donne pour quelque chose de meilleur que les autres, est un sot présomptueux. Tous deux sont dignes de risée. Nous sommes des êtres faibles et misérables dans l'art et dans la science ; nous ne pouvons rien, nous ne savons rien, et cependant chacun veut dire son mot. Voilà ce que nous devons humblement avouer et reconnaître entre nous ; parlons donc et laissons parler les autres. Mais celui qui l'entend d'une autre manière, celui qui prend les choses au sérieux, comme s'il pouvait et savait réellement quelque chose, celui-là agit contre les convenances, il est arrogant et présomptueux. Nous sommes des êtres faibles et misérables dans la vie ; le dernier but de tous nos efforts, de tous nos travaux, est d'améliorer notre condition extérieure ; qui ne le sait pas ? Il est vrai que la convenance exige que l'on ne le dise pas en face d'un autre, comme cet autre n'est pas obligé non plus de l'avouer hautement, et la convenance permet de dissimuler sous d'autres prétextes ce mobile unique. Mais chacun doit le laisser supposer d'une manière tacite, et celui qui ne veut pas permettre cette supposition est à la fois un arrogant et un hypocrite.

De ce principe généralement établi découle cette plainte commune partout répétée, partout imprimée, au sujet du petit nombre d'hommes honnêtes qui existent dans la nation. Comment donc, s'écrie-t-on, cet homme veut nous entretenir de ce qui est noble et beau! Comme il nous connaît peu! Que dans des plaisanteries sans goût il nous trace un portrait fidèle de notre vie frivole et triviale, voilà ce qui nous plaît, voilà à quelle condition il sera notre homme, et prouvera qu'il connaît son siècle. Nous reconnaissons bien nous-mêmes que ce que nous ne voulons pas est excellent, et que ce qui nous plaît est mauvais et misérable, et cependant c'est ce que nous voulons, car nous sommes ainsi faits. De ce principe découlent tous les reproches de présomption et d'impudence que les écrivains s'adressent réciproquement dans leurs écrits, et les hommes du monde dans leurs paroles. De là découlent tous ces traits d'esprit invariables et stéréotypés qui ont cours dans le public. Je m'engage à ramener, à un millième près, tout ce trésor de plaisanteries ou à ce principe : il ne sait pas encore que tous les hommes sans exception ne valent pas grand'chose, ou à cet autre : il croit mieux valoir que nous tous, ou bien à tous les deux en même temps. Ordinairement ces deux principes sont réunis. Ainsi, dans l'opinion de cette majorité, le ridicule de l'annonce d'une méthode pour arriver à la vie bienheureuse ne consistait pas seulement dans ma croyance à la possibilité de donner une pareille méthode; mais à la possibilité de trouver des auditeurs, et des auditeurs qui revinssent à la seconde leçon, et qui eussent le ridicule d'y revenir dans un but sérieux.

La majorité vit continuellement dans cette supposition que les hommes ne valent pas mieux les uns que les autres; elle exige que chacun juge de la même manière; elle raille celui qui contredit ce jugement, lorsqu'on la laisse en belle humeur; elle s'irrite contre lui lorsqu'on la met en mauvaise humeur. Or, c'est ce qui arrive, par exemple, lorsque, comme nous le faisons ici, on se livre à des recherches profondes sur sa nature et sur ses principes; car, par cette supposition, la majorité devient méchante, profane, impie, et elle le devient d'autant plus qu'elle y persévère plus longtemps. Au contraire, l'homme bon et honnête, quoiqu'il reconnaisse ses défauts et travaille sans cesse à les corriger, ne se croit pas radicalement mauvais ; il ne se considère pas comme essentiellement méchant, car celui qui se reconnaît comme tel, et se résigne en conséquence à cette condition, celui-là est méchant par là même, et le demeurera toujours. A côté de ce qui lui manque, l'homme bon reconnaît ce qu'il possède, et il doit le reconnaître, car c'est précisément ce dont il doit se servir. Il est bien entendu qu'il ne se glorifie pas de ce qu'il possède, car celui qui a encore un *soi-même* ne peut certainement avoir rien de bon en lui. S'il ne se croit pas lui-même mauvais, il ne croit pas non plus que les hommes avec qui il est en rapport sont essentiellement mauvais et misérables; mais il les croit bons, quelle que soit d'ailleurs son opinion théorique sur la société qui l'environne. Il n'a rien à faire avec ce qu'il y a en eux de pervers ; mais seulement avec le bien caché qui se trouve nécessairement en eux à côté du mal. Il ne compte pas sur tout ce qui ne devrait pas se trouver en eux, et il procède comme si cela n'existait pas ; au contraire, il compte fermement sur ce qui doit être en eux dans telle ou telle circonstance, comme sur quelque chose de nécessaire qu'il faut supposer, et dont, sous aucune condition, on ne peut croire qu'ils soient dépourvus. Ainsi si l'homme bon veut enseigner, il ne s'adresse pas à la distraction; mais à l'attention seulement, car la distraction ne doit pas être; et, au bout du compte, il importe plus d'apprendre à être attentif que de retenir certaines thèses. Il ne veut pas ménager la frayeur qu'inspirent certaines vérités; il ne veut pas la calmer, mais il veut la braver; car cette peur ne doit pas exister, et il ne veut pas donner la vérité à qui ne pourrait pas la supporter. La fermeté du caractère serait encore préférable à la possession d'une vérité positive quelconque, encore me paraît-il impossible que sans cette fermeté de caractère on puisse posséder quelque chose qui ressemble à une vérité positive. Ne veut-il donc pas plaire et exercer une influence? Assurément, mais seulement par ce qui est vrai, par ce qui est dans la voie de l'ordre divin. Il ne veut absolument d'aucune autre manière ni plaire ni exercer de l'influence. La majorité suppose encore naïvement que certains hommes, d'ailleurs fort estimables, soit dans l'art, soit dans la science, soit dans la vie, voudraient lui plaire, mais ne savent pas comment s'y prendre, parce qu'ils ne la connaissent pas dans la profondeur de son esprit et de son caractère; elle suppose qu'il faut leur apprendre comment on pourrait lui plaire. Ces bonnes gens ne savent donc pas que ces hommes les connaissent mieux et plus profondément que jamais ils ne pourront se connaître eux-mêmes, mais qu'ils ne veulent pas tenir compte de cette connaissance dans leurs rapports avec eux, parce que peu leur importe de leur plaire ou de ne pas leur plaire, et parce qu'ils ne veulent pas se faire à eux avant qu'ils ne se soient faits à eux-mêmes. Ainsi, messieurs, après vous avoir fait le portrait de la société actuelle, je vous ai en même temps donné le moyen de vous en affranchir profondément, et de vous en séparer. Ne rougissez pas d'être sages, alors même que seul vous le seriez au milieu d'un monde de fous. Quant à leurs railleries, ayez seulement le courage de vous abstenir d'en rire avec eux, pour rester un moment sérieux et en contempler l'objet de sang-froid. Vous ne serez pas pour cela privés de rire, car dans ces circonstances le véritable esprit n'est pas à la surface, il est au fond, et il est pour nous. Autant l'homme bon l'emporte sur l'homme méchant, autant son esprit l'emporte sur l'esprit du méchant. Quant à leur amour et à leurs suffrages, qu'on ait le courage d'y renoncer, car jamais on ne l'obtiendra sans s'avilir comme eux. Voilà ce qui affaiblit et paralyse tellement de nos jours les gens les meilleurs, et les empêche de se reconnaître et de s'unir. Ils ne veulent pas renoncer à réunir deux choses inconciliables, leur vertu et l'approbation des méchants, et ils ne peuvent se décider à déclarer mauvais ce qui est mauvais. Si on s'est mis au-dessus de cette espérance et de ce besoin, on n'a plus rien à craindre, et notre vie suit son cours sans obstacle; les méchants peuvent bien nous haïr, mais ils ne peuvent nous nuire. Leur mauvaise volonté diminue même de beaucoup, lorsqu'ils ont perdu tout espoir de nous rendre semblables à eux, et ils sont plus disposés à nous prendre tels que nous sommes. A prendre les choses au pire, un seul homme de bien ferme et décidé est plus fort que cent hommes méchants.

Je crois maintenant avoir dit tout ce que je voulais dire ici, et je termine par là mes leçons. Je désire votre suffrage, messieurs, mais non votre suffrage sans condition, et je désire qu'il soit tel qu'il vous honore vous et moi.

FIN.

TABLE DES MATIÈRES.

Avant-Propos... 1
Introduction... 4
Préface... 43

PREMIÈRE LEÇON.

La vie est l'amour, donc la vie et le bonheur sont en eux-mêmes une seule et même chose. — Distinction de la vie véritable et de la vie apparente. — La vie et l'être sont aussi une seule et même chose. — L'être véritable est éternellement identique à lui-même et invariable, l'apparence au contraire est variable. — La vie véritable aime l'unité, c'est-à-dire Dieu. — La vie apparente aime le multiple et le varié, c'est-à-dire le monde. — L'apparence elle-même n'est supportée et conservée dans l'existence que par l'aspiration vers l'Éternel. — Or cette aspiration n'est jamais satisfaite dans la vie purement apparente, aussi la vie apparente est-elle toujours malheureuse. — Au contraire l'amour propre à la vie réelle est continuellement satisfait, et en conséquence la vie réelle est heureuse. — La pensée est l'élément de la vraie vie....................... 45

DEUXIÈME LEÇON.

Ce sujet appartient à la métaphysique ou à l'ontologie. — Il doit être traité ici d'une manière populaire. — Réfutation des objections contre la possibilité de cette entreprise. — Nécessité de la tenter. — Explication du caractère essentiel d'une exposition populaire en opposition avec l'exposition scientifique. — En fait, cette méthode a réussi depuis le christianisme. — Des nombreux obstacles qui de notre temps s'opposent au succès de cette méthode. — D'une part, sa forme précise et dogmatique va contre le penchant aux opinions arbitraires et contre cette indécision qui se décore du nom de scepticisme. — D'autre part, son contenu paraît étrange et prodigieusement paradoxal. — Enfin, les gens non prévenus sont troublés et intimidés par les discours des partisans fanatiques de la méchanceté. — Explication génétique du fanatisme de la méchanceté. —

De l'accusation probable de mysticisme contre notre doctrine. — Véritable but de cette accusation et des accusations semblables. 70

TROISIÈME LEÇON.

Comment la vie étant un tout organique, une partie de la vie peut-elle manquer dans la vie réelle, ainsi qu'il arrive dans la vie apparente? — Cette difficulté se résout par la considération suivante : la vie spirituelle ne se développe que peu à peu dans la réalité et seulement en passant par des stations successives. — Exemple frappant tiré du vulgaire qui déduit de la perception sensible la pensée des choses extérieures, et qui croit que toute la connaissance a son fondement dans l'expérience. — Détermination du degré le plus élevé de la pensée en opposition avec la pensée des choses extérieures. — En quoi cette pensée véritable se distingue de l'opinion. — Son objet est le même, mais sa forme diffère. — Application de cette pensée aux éléments les plus élevés de la connaissance. — L'être n'est pas devenu, rien n'est devenu en lui, il est absolument un, il est identique à lui-même. — Il faut distinguer de son essence son existence qui est nécessairement la conscience de l'être. — Cette conscience appartenant à l'être est en même temps conscience de soi-même. — Elle ignore de quelle manière elle découle génétiquement de l'essence même de l'être dans sa propre existence et dans ses déterminations réelles particulières, mais elle sait en général que cette détermination réelle dans son essence est identique avec l'essence intime de l'être................................. 96

QUATRIÈME LEÇON.

Ce qu'il y a d'absolument nécessaire et ce qui est nécessaire seulement sous condition pour la vie bienheureuse. — Comment l'être, puisqu'il existe tel qu'il est en lui-même, peut-il entrer avec son unité dans l'existence ou dans la conscience et la variété? — La réponse à cette question n'est nécessaire que sous condition pour arriver à la vie bienheureuse. — Sa solution. — L'*en tant que* résultant d'une distinction qui n'appartient qu'à l'existence, ou bien la caractéristique par l'antithèse, est l'antithèse absolue et le principe de toute division. — Cet *en tant que* pose comme être fixe ce qui est caractérisé, et par là ce qui est en soi la vie intime de Dieu devient un monde fixe. — Ce monde est caractérisé ou formé à l'infini par le fait de cet *en tant que* qui est absolument indépendant et libre.. 121

CINQUIÈME LEÇON.

Principe d'une division nouvelle de la science. — Cette division n'a pas pour objet le monde lui-même, mais la réflexion sur le monde, et donne les divers points de vue sous lesquels on peut considérer le monde qui en lui-même demeure un et identique. — Cette seconde division se rattache cependant d'une manière intime à la première. — Elle engendre cinq modes divers de conception du monde. — Le premier point de vue et le plus inférieur qui domine dans la philosophie de ce temps consiste à attribuer la réalité au monde sensible ou à la nature. — Le second point de vue place le réel dans une loi qui s'impose à la liberté et qui ordonne le monde; c'est le point de vue de la légalité objective ou de l'impératif catégorique. — Le troisième point de vue consiste à placer la réalité dans une loi de la liberté qui crée un monde nouveau au sein du monde actuel; c'est le point de vue de la vraie moralité. — Le quatrième point de vue met la réalité en Dieu seul et dans sa manifestation; c'est le point de vue religieux. — Le cinquième point de vue consiste à voir clairement l'écoulement de la variété du sein de la vraie réalité qui est l'unité; ce point de vue est celui de la science. — Cependant la vraie religion n'est pas une simple manière d'envisager le monde, elle n'existe qu'à la condition d'être unie à la vie en Dieu. — Sans cette union elle ne serait plus qu'une opinion vide, une pure rêverie.. 144

SIXIÈME LEÇON.

Démonstration de ce qui a été dit en passant, que cette doctrine est la doctrine du véritable christianisme, telle qu'elle est présentée dans l'évangéliste Jean. — Pourquoi nous nous appuyons de préférence sur l'autorité de cet évangéliste. — Notre principe herméneutique. — Distinction dans l'évangile de Jean de ce qui est vrai d'une manière absolue et de ce qui est vrai d'une manière relative. — Ce qui est vrai d'une manière absolue est contenu dans l'exorde de l'évangile jusqu'au verset 5. — Cet exorde ne renferme pas l'opinion particulière de l'évangéliste, mais la doctrine immédiate de Jésus. — Interprétation de cet exorde. — Ce qui est vrai d'une manière relative est cette thèse, purement historique et non métaphysique, que l'essence divine s'est manifestée pure, et sans aucune limitation individuelle, dans Jésus de Nazareth. — Distinction et alliance de ces deux points de vue d'après la doctrine expresse du christianisme. — Appréciation de ce dogme historique. — Du sens de l'évangile tout entier d'après ce point de vue et en réponse à ces deux questions : Qu'enseigne Jésus de lui-même et de son rapport avec Dieu ? qu'enseigne-t-il de ses disciples et de leurs rapports avec lui ?.. 170

Supplément. — Explication plus précise de la distinction entre le point de vue historique et le point de vue métaphysique par rapport au dogme fondamental du christianisme...... 203

SEPTIÈME LEÇON.

Description plus approfondie de la vie purement apparente, considérée dans son principe. — Pour démontrer le bonheur de la vie religieuse, il faut considérer tous les modes possibles de la jouissance de nous-mêmes et du monde. — Il y a cinq modes de conception et en conséquence cinq modes de jouissance du monde. — Le mode scientifique étant exclu, il en reste quatre à examiner. — La jouissance en tant que satisfaction de l'amour se fonde sur l'amour. — L'amour est l'affect de l'être. — De la jouissance sensible et des affects déterminés par l'imagination dans le premier point de vue. — Dans le second point de vue, qui est celui de la loi, l'affect pour la réalité est un impératif d'où résulterait un jugement désintéressé, si l'intérêt pour nous-mêmes en s'y mêlant ne le changeait en un désir de ne pas avoir à nous mépriser nous-mêmes. — Ce système anéantit tout amour dans l'homme et le met au-dessus de tout besoin. — Le stoïcisme n'est qu'une pure apathie par rapport au bonheur sensible et au bonheur spirituel............. . 213

HUITIÈME LEÇON.

Conception plus approfondie de la doctrine de l'être. — Tout ce qui découle de la manifestation de l'être est compris sous la dénomination générale de forme. — Dans la réalité, l'être est absolument inséparable de la forme, et l'existence de la forme est fondée sur la nécessité intime de l'essence divine. — Application de ce principe à l'une des parties de la forme, à l'infinité. — Application du même principe à la seconde partie de la forme, à la quintuplicité ou aux cinq modes de conception du monde. — Cette seconde partie de la forme donne un moi libre et indépendant comme point d'unité organique de toute la forme. — De l'essence de la liberté. — Affect du moi pour son indépendance. — Cet affect disparaît dès que par l'entier épuisement de la liberté sont anéantis les divers modes dans lesquels seuls la liberté est possible. — La présence ou l'absence de l'amour de soi-même engendre deux manières générales et entièrement opposées de considérer le monde. — De la première découle le penchant à la jouissance sensible qui est l'amour pour le moi déterminé d'une certaine manière par les objets, et, dans le point de vue de la conformité à la loi, l'amour pour la liberté purement formelle qui remplace l'amour pour une détermination objective de soi-même. — Caractéristique de l'amour d'où naît l'impératif catégorique. — Par l'anéantissement de l'amour de notre moi, la volonté du moi se confond avec celle de Dieu. — De là résulte le troisième point de vue qui appartient à la moralité supérieure. — Du rapport de ce point de vue avec les circonstances extérieures. — De son opposition avec la superstition qu'engendrent les besoins sensibles. 240

NEUVIÈME LEÇON.

Le nouveau monde que la moralité supérieure crée au milieu du monde sensible est la vie immédiate de Dieu même dans le temps. — Nous ne pouvons connaître ce nouveau monde que d'une manière immédiate, dans notre propre vie. — Nous ne pouvons le caractériser en général que par ce seul signe : chaque chose y plaît par elle-même et non pas comme moyen vers un but quelconque. — Exemples qui éclaircissent l'idée de ce nouveau monde. — Exemples tirés de la beauté, de la science, et des manifestations du talent naturel pour la production de la science et de la beauté. — Néanmoins l'homme élevé au point de vue de cette moralité supérieure aspire par son activité à une certaine influence sur le monde extérieur. — Tant que le désir du succès de son activité s'ajoute au plaisir de la pure activité, la moralité supérieure est encore susceptible de douleur. — Dans le point de vue de la religion disparaissent à la fois ce désir du succès et cette possibilité de la douleur. — Principe de l'individualité. — Chacun a sa part propre à la vie divine. — Première loi de la moralité et de la vie heureuse. — Chacun doit saisir cette part qui lui est propre. — Caractéristique générale de la volonté morale et religieuse en tant qu'elle sort de sa vie propre et intime pour se manifester au dehors.................. 269

DIXIÈME LEÇON.

De l'ensemble et du point de vue le plus élevé de ces leçons. — L'être, en se repoussant lui-même de lui-même dans l'indépendance du mot qui est la forme de la réflexion, est lié à cette forme par l'amour seul placé au delà de la sphère de toute réflexion. — Cet amour engendre la pure notion de Dieu, il est la source de toute certitude. — L'amour saisit par l'idée l'absolu dans la vie sans aucune modification. — L'amour étend réellement jusqu'à l'infini la réflexion dans la forme de laquelle seulement se trouve la possibilité de l'infinité. — L'amour enfin est la source de la science. — Dans la réflexion vivante et réelle cet amour se manifeste immédiatement par l'activité morale. — Caractéristique de l'amour des hommes dans l'homme moral et religieux. — Tableau de son bonheur... 294

ONZIÈME LEÇON.

Considérations pratiques. — Des obstacles qui empêchent une communication intime entre le professeur et l'auditoire. — Du manque de confiance et d'abandon. — Du soi-disant scepticisme. — Des circonstances extérieures actuelles. — De la supposition absolue et réciproque dominante dans la foule, que tous les hommes ne valent pas mieux les uns que les autres. — De l'humanité moderne. — Comment l'homme droit triomphe de ces obstacles.......... 317

www.ingramcontent.com/pod-product-compliance
Lightning Source LLC
Chambersburg PA
CBHW071904230426
43671CB00010B/1468